VERLAG ANTJE
KUNSTMANN

Arno Luik

»WER ZUM TEUFEL SIND SIE NUN?«

Sechzig Jahre Bundesrepublik
Gespräche über uns

Verlag Antje Kunstmann | stern

Umschlaggestaltung: Michel Keller, München
Satz: Schuster & Junge, München
Druck und Bindung: fgb · freiburger graphische betriebe, Freiburg
ISBN 978-3-88897-559-2

INHALT

»Ist Ihnen eigentlich klar, mit wem Sie sprechen?«

25 Deutsche im Gespräch, das sind 25 Blicke auf dieses Land – in die alte BRD, in die absterbende DDR, in das vereinigte Deutschland danach. Es sind Gespräche aus den vergangenen zwanzig Jahren mit Mächtigen und Machthungrigen, mit Politikern und Wirtschaftsführern, Sportlern, Künstlern, Außenstehenden. Sie reden über sich und erzählen so deutsche Geschichte – obwohl ich gar nicht dachte, dass sie das tun, als ich sie befragte. Aber sie tun es. Und geben eine Antwort auf eben jene nicht gestellte Frage: Was ist Deutschland? Und: Was verbindet uns Deutsche, wenn uns etwas verbindet?

Warum sind Sie diesen Weg gegangen und nicht jenen? Wann haben Sie es bereut? Nicht die Fassaden sind interessant, es sind die Risse darin, mich interessiert nicht nur die Funktion eines Menschen in einer Partei, einem Film, einer Firma, sondern das ganze Leben, das Überraschende vor allem: Angela Merkel, die erzählt, dass sie beim Fall der Mauer in der Sauna saß; Oskar Lafontaine, der davon berichtet, was es bedeutet hat, kurz nach dem Attentat als Kanzlerkandidat wieder zu funktionieren; Kati Witt, die sich im Moment des Untergangs der DDR – sehr schmerzhaft für sie – mit ihrer Rolle als Aushängeschild des SED-Regimes auseinandersetzt; der junge Boris Becker, der seine Sympathien zu den linksradikalen Hausbesetzern der Hamburger Hafenstraße offenbart, oder Otto Graf Lambsdorff, der sich daran erinnert, dass er nach dem Attentat auf Adolf Hitler vom 20. Juli 1944 beinahe die Widerständler hätte erschießen müssen.

Was treibt Menschen nach oben? Wenn ich Angela Merkel treffe, will ich erfahren, wie sie, die in der DDR so angepasst war, es an die Spitze der CDU und schließlich des Staates schaffte, wie es ihr gelang, den Koloss Kohl zu verdrängen und die Machos in ihrer Partei auszutricksen. Ich möchte herausbekommen, was in ihr vorgeht: »Angela Merkel, wer zum Teufel, sind Sie nun?«

Was stellt der Erfolg mit Menschen an, was ist der Preis für die Lust an der Macht? Wenn ich Franz Müntefering begegne, will ich herausfinden, wie er innerhalb von Tagen eine komplette Verwandlung vom Sozialdemokraten alter Prägung zum marktliberalen Staatsreformer durchlaufen hat, warum ein Ursozialdemokrat zum Mann der sozialen Kälte geworden ist: »Als Judas, Herr Müntefering, wurden Sie verhöhnt – von Ihren Genossen.«

Ich weiß, dass ich manchmal meinen Gesprächspartnern lästig bin. Das muss auch so sein, denn ich will mich nicht von ihnen – die oft über das Leben von Hunderttausenden, von Millionen Menschen entscheiden – über den Tisch ziehen lassen.

Es war im Bundestagswahlkampf 1994, in Bonn, in der SPD-Baracke, ich saß dem damaligen SPD-Kanzlerkandidaten gegenüber, Rudolf Scharping, er blies mir den Rauch seiner Marlboro-Zigaretten ins Gesicht, und je hartnäckiger die Fragen wurden, desto unwirscher wurde er, desto mehr pustete und blies und fauchte er seine Rauchschwaden über den Tisch. Plötzlich stand er auf, beugte sich zu mir herüber und dröhnte mich an: »Ist Ihnen eigentlich klar, Herr Luik, mit wem Sie sprechen? Mit dem Vorsitzenden der Deutschen Sozialdemokratie!«

Rudolf Scharping gab damals unser Gespräch, wochenlang hatte ich um die Autorisierung gekämpft, zum Abdruck nicht frei. Scharping mag ein Extremfall sein, aber er steht für eine Haltung, die durchaus typisch ist für meine Gesprächspartner (so sie in wichtigen Positionen sind): der Wunsch nach perfekter Kontrolle. Oft auch: nach Unterwürfigkeit.

Und so wird manches Gespräch fast zwangsläufig zum Kampf, und manchmal habe ich, wenn ich mein Mikrofon einpacke, ein schlechtes Gewissen, frage mich: Bin ich zu weit gegangen? Etwa im Fall Walter Jens. Der wortgewaltige Professor versinkt in eine Welt jenseits der Sprache, jenseits der Gedanken. Er ist dement. Ist es erlaubt, zu seiner

Frau zu sagen: »Frau Jens, Sie sind die Witwe eines Mannes, der noch lebt.«? Sie fand: Ja, und antwortete: »Den Mann, den ich liebte, gibt es nicht mehr.«

Viel mehr noch als Erfolgsmenschen und Karrieristen interessieren mich jene, die am Rande der Gesellschaft stehen, und vielleicht erfährt man aus den Gesprächen mit dem aidskranken Kabarettisten Günter Thews oder dem Brandopfer Hans Hammerstingl so viele Wahrheiten über Deutschland, dass Mächtige dagegen plötzlich hilflos und bedürftig erscheinen.

Eines ist mir wichtig: Ich nehme meine Gesprächspartner ernst, sehr ernst, ihr Leben, ihre Lebensleistung. Und deshalb bereite ich mich auf jede Begegnung akribisch vor, das erfordert der Respekt. Und so geschieht es gar nicht selten, dass Gesprächspartner unerwartet Gefallen finden an der Auseinandersetzung. Sie genießen es, sich Mühe geben zu müssen, sie wollen überzeugen und sagen so Dinge, die sie selbst verblüffen, lassen überraschende Einblicke auf ihre Biografie zu, im Guten wie im Bösen – was nach dem Gespräch häufig seine Autorisierung erschwert.

Wie im Fall Martin Walser. Mit ihm hatte ich mich, es war im Sommer 2001, neun Stunden lang gezankt, gefetzt, zwischendurch mit ihm gelacht und gut verstanden und dann wieder gestritten. Ein Schlagabtausch, der einen sehr verletzten Schriftsteller zeigte, einen verbitterten Mann, der sich in Deutschland komplett missverstanden und ausgegrenzt fühlte, der einsam war. Walser zog das Gespräch zurück. Ich war ihm wohl zu nahe gekommen. Doch unsere erste Begegnung inspirierte ihn zu einem Essay, in dem er in einem Selbstgespräch meinen Fragestil analysierte und darüber nachdachte, wie Interviews und öffentliche Meinungen entstehen: »Streicheln und Kratzen«, Walsers Selbstbefragung, ist als Nachwort hier abgedruckt.

Arno Luik

JOSCHKA FISCHER

»Gut, dann bin ich halt auf der anderen Seite«

(1994)

Joschka Fischer sitzt am Esszimmertisch in seiner Frankfurter Wohnung, viele Zeitungen liegen herum, viele Bücher, ziemlich unaufgeräumt – er ist genervt, ziemlich ungeduldig, ziemlich ungehalten, rau ist seine Stimme, er steckt jetzt, 1994, mitten im Wahlkampf. Nein, über seine Vergangenheit möchte er nicht reden, nicht über Molotowcocktails, Straßenkämpfe, schon gar nicht darüber, wie er die Macht bei den Grünen erobert hat. Er möchte nun ein Staatsmann werden, und er weiß, dazu muss er jetzt die Macht über seine Vergangenheit gewinnen, sie so deuten, wie er sie braucht. Und er weiß: Falls er den Wahlkampf nicht gewinnt, die Grünen nicht in den Bundestag kommen, ist er wieder das, was er viele Jahre lang war: ohne Perspektive. Ohne Job. Ohne Zukunft.

Herr Fischer, über Herrn Kohl haben Sie vor zehn Jahren gesagt, er sei ein »Gesamtkunstwerk, das langsam in barocker Opulenz versinkt«. Und jetzt sind Sie selbst recht gut beieinander.

Ja? Aha.

Soll ich Sie in Ruhe lassen?

Ja, das wäre gut.

Ich wollte über das reden, wer Sie waren, wie Sie wurden, was Sie sind.

Aber ich nicht. Seien Sie mir nicht böse, aber ich kann es gegenwärtig nicht mehr hören. Ich lese jeden Tag, wer ich bin, wer ich war, wer ich sein werde und warum. Ich lese täglich neue Dinge über die politische Bedeutung des Körpergewichts und ähnlich substanzielle Sachen mehr. Mir läuft das zu den Haarspitzen raus; vielleicht sind solche Fragen ein halbes Jahr nach der Wahl wieder möglich. Ich kann das jetzt einfach nicht mehr ab.

Sie sind zu sehr den Medien ausgesetzt?

Ja, es reicht. Zur Sache also. Ich bitte darum.

Der spanische Schriftsteller Jorge Semprún klagt über eine beklemmende Ausweglosigkeit: Einerseits seien die Gesellschaften »unüberwindlich«, andererseits aber »unerträglich«. Dennoch müsse man das Unmögliche versuchen: sie »überwinden«.

Es ist dies eine uralte Frage der Politik: Wie viel kann sie bewirken? Wir haben einen epochalen Bruch erlebt. Wie ist er gekommen? Hat ihn jemand herbeigeführt? Hat er es bewusst getan? Ganz gezielt? Ganz geplant? Überschätzen wir uns nicht, wenn wir glauben, wir könnten die historischen Kräfte gezielt einsetzen? Wenn wir Glück haben, können wir uns ihrer bedienen, wie ein Wellenreiter eine Welle nimmt. Aber man kann sie nur unter dem Einsatz unglaublicher Gewalt und Brutalität brechen und das nur für eine eng begrenzte Zeit unter spezifisch historischen Bedingungen. Doch die Vorstellung, dass am Ende aller Mühe eine Gesellschaft stünde, die dem vorgegebenen Ideal entspräche, für das man angetreten ist, ist ein Irrtum. So sehr viel kann Politik wohl gar nicht bewirken.

So sah das schon Goethe vor zweihundert Jahren: »Wie von unsichtbaren Geistern gepeitscht, gehen die Sonnenpferde der Zeit mit unseres Schicksals leichtem Wagen durch, und uns bleibt nichts, als mutig gefasst die Zügel festzuhalten und bald rechts, bald links, vom Steine hier, vom Sturze da bedroht, die Räder wegzulenken.«

Frankfurt hat eben kluge Leute hervorgebracht. Aber diese Zügel können Sie nicht halten ohne ein paar prägende Grundüberzeugungen. Und wenn dieser »Wagen des Schicksals« auf den Abgrund zurollt, dann erst zeigt sich, wie demokratisch eine Gesellschaft tatsächlich ist. Und da glaube ich, dass 68 – auch in seinen Irrtümern – zum Gelingen der zweiten deutschen Nationalstaatsbildung mehr beiträgt, als viele heute glauben. Das war eine innere demokratische Selbstaneignung …

… die bei der Revolution von 1848 nicht geklappt hat?

In einer besonderen Art wurde 1848 in Westdeutschland 1945 und 1968 nachgeholt. 1968 war ein kultureller und politischer Umbruch, der Deutschland völlig verändert hat. Doch der Freiheitsvorrat, um Christian Graf von Krockow zu zitieren, ist in diesem Land immer noch geringer als in anderen Ländern.

Sie haben Angst vor den Deutschen?

Überhaupt nicht. Aber die Mittellage dieses Landes, sein Gewicht, seine Stärke sind Belastung und Verführung zugleich: Für die Nachbarn ist Deutschland eine latente Bedrohung und für Deutsche eine Versuchung zur Hegemonie. Und wenn man da raus will, kann man das nur durch eine Einbindung des Landes in Europa.

Und so wird aus dem einstigen »Nato-raus-Kämpfer« ein Nato-Sympathisant.

Passen Sie auf Ihre Wortwahl auf! Bei diesem Thema ist nicht zu spaßen. Ich war nie ein Nato-raus-Kämpfer. Solange es deutsches Militär gibt, will ich es integriert sehen. Ich will keinen deutschen Oberbefehl, keinen deutschen Alleingang, sondern …

… die Westbindung?

Ja, Europa eignet sich nicht als Aggressor, das verhindert seine innere Interessensgebrochenheit. Aber wenn Kohl Kanzler bleibt oder gar Schäuble ihm nachfolgt, wird die Bundeswehr global interventionsfähig gemacht, und dann heißt es erneut »Weltmacht Deutschland«. Ich halte die Bonner Politik: Habe Armee, suche Auftrag, für völlig falsch. Vom Nationalismus geht in diesem Land die Hauptgefahr aus, das darf die deutsche Linke niemals vergessen. Schäuble ist für mich derjenige in der Union, der diesen deutschnationalen Tiger zu reiten versucht. Vielleicht ist es ja zu viel von der Altlinken verlangt zu begreifen, worum es in diesem Land in den kommenden vier Jahren geht und weshalb wir eine Reformmehrheit brauchen.

Weil sonst – wenn Sie nicht an der Macht sind – die große Katastrophe droht?

Nein, aber eine anhaltende weitere Rechtsentwicklung. Dieses Land ist seit der Einheit kontinuierlich nach rechts gerutscht. Die Reps haben ja durchaus eine nachhaltige Wirkung gehabt: Sie haben die Volksparteien – Asylbedrohung statt Asyl! – wirkungsvoll nach rechts gedrückt, ökologischer Umbau, multikulturelle Gesellschaft, Bewahrung der inneren Freiheit, Absage an jede deutsche Weltmacht-Illusion – das sind die Dinge, um die es jetzt gehen muss.

»Wir müssen die Utopien zerstören«, haben Sie vor ein paar Jahren gesagt, »alle Utopien machen totalitär«.

Man kommt doch nicht darum herum: Alle großen Sozial- und Technik-Utopien haben nach der ersten Hälfte des Jahrhunderts endgültig ihre Unschuld verloren, linke und rechte. Sie alle münden in der Vorstellung: Wir schaffen eine neue Welt ohne Gewalt und Klassenschranken, und um dieses große Glücksversprechen zu realisieren, sind wir legitimiert, das große Unglück zu produzieren.

Dieses Unglück, prognostiziert der »Club of Rome«, produziert auch die von Ihnen verteidigte kapitalistische Gesellschaftsform.

Der Kapitalismus bedarf nicht meiner Verteidigung. Aber gerade der Kapitalismus verfügt noch über starke utopische Elemente. Schauen Sie sich die aktuelle Debatte um die Gentechnik an: Da finden Sie bei den kritiklosen Befürwortern die klassischen technisch-utopischen Glücksversprechungen. Ich könnte Ihnen, sozialistisch gewendet, einen Aufsatz über Techno-Utopien schreiben, affirmativ ganz im Sinne von Ernst Blochs »Prinzip Hoffnung«. Bei Bloch finden Sie ja wunderbare Stellen, wo er von der Atomkraft als der »Energieform des Kommunismus« schwärmt. Nein, ich habe kein Idealbild mehr von einer Gesellschaft, weil das gefährlich wäre, wenn man es ernst meint; überflüssig, wenn es ein bloßes Bekenntnis ist. Ich habe konkrete politische Ziele und moralische Ideale.

Ihr ehemaliger Mitstreiter Thomas Ebermann sieht das so: »Joschka Fischer hat die Ideale der Mächtigen übernommen.«

Ach, der Thomas. Ich habe nicht die Ideale der Mächtigen übernommen. Ich habe was anders gemacht, und das unterscheidet mich radikal von Ebermann. Ich bin vor der praktischen Herausforderung der Macht nicht ins Wirtshaus »Zum ewigen Radikalismus« geflüchtet. Er hat über die Gefährlichkeit der Atomenergie immer nur bramarbasiert, er hat nie versucht, eine Politik zu machen, um das Risiko zu minimieren oder gar ganz zu beseitigen.

Acht Jahre nach Ihrem ersten Amtsantritt als hessischer Umweltminister brummen in Hessen noch immer die Atomreaktoren.

Ich glaube, bei Ihnen brummt was ganz anderes. Wenn es allein nach mir gegangen wäre, wäre Biblis A wegen erheblicher Sicherheitsdefizite schon längst vom Netz. Ich wurde durch eine Bundesweisung an der Stilllegung gehindert. Aber das größte Atomrisiko gibt es nicht mehr: Die alte Plutoniumfabrik in Hanau, die jährlich mit einer halben Tonne Plutoniumoxid umging, ist stillgelegt.

Ihrem Einsatz zum Trotz: Eine neue Plutoniumfabrik wird gebaut.

Sie wird gebaut, weil das Bundesverwaltungsgericht gegen die Kläger entschieden hat. Und wenn wir in Bonn eine Mehrheit für Rot-Grün haben, wird das Kapitel Plutonium endgültig geschlossen.

Das sagen Sie jetzt so. Aber dann heißt es wieder: Zwänge, Kompromisse …

Nein, Sie können sich darauf verlassen. Und wenn ich mir anschaue, was wir in Hessen in der Atompolitik erreicht haben – mehr als unsere Fundis seligen Angedenkens zu träumen gewagt haben. Bei Störfallanlagen in der Chemie und anderswo haben wir eine Sicherheitserhöhung durchgesetzt, die es bundesweit so nicht gibt. Grundwasserabgabe, Sonderfallabgabe, Förderung der alternativen Energien …

Andere schätzen Ihre Arbeit kritischer ein. Jutta Ditfurth meint, Sie haben so gut »wie gar nichts erreicht«. Sie seien vor allem in einem hervorragend: »in der Propaganda«.

Gott ja, Jutta werde ich es nie recht machen können. Mit diesem schweren Los muss ich wohl leben. Aber ich mache das nicht für Jutta von Ditfurth. Sie soll sagen, was sie will. Leute wie Ditfurth und Ebermann belassen es bei radikalen Sprüchen und ziehen sich vornehm zurück und sagen: Nicht ich täusche mich, die Realität täuscht sich. So eine Haltung können wir uns nicht erlauben, und …

… deshalb brauchen wir Joschka Fischer, den Retter?

Na bitte. Jetzt haben Sie es verstanden. Wenn diese Wirtschaftsordnung so bleibt, wie sie ist, kommt die Welt von ihrem Destruktionstrip nicht runter. Wenn es so weitergeht, dass 20 Prozent der Menschheit 80 Prozent der Ressourcen verbrauchen, wird es zu Verteilungskämpfen kommen, die sich gewaschen haben. Wir werden autoritäre Systeme kriegen, in denen ich nicht mehr leben möchte. Das sind die entscheidenden Fragen. Nicht dieser geschmäcklerische Links-rechts-Hickhack. Mir fällt es schwer vorzustellen, wie diese Erde organisiert sein wird mit acht Milliarden Menschen. Deshalb kämpfe ich so heftig für eine ökologische Abrüstung, wir müssen runter mit dem Energieverbrauch. Wir müssen …

Sie sind mal in Hessen angetreten, die Startbahn West am Frankfurter Flughafen zu verhindern. Das Ergebnis »schrittweise Einführung des Nachtflugverbots«. Und nicht mal daraus ist was geworden – es gibt unzählige Ausnahmen. Der damalige Ministerpräsident Börner hat das später süffisant kommentiert: »Wir haben die Grünen zu einer Anhörung runterverhandelt, und das hat zum Ausbau geführt.«

Wir haben viele entscheidende Punkte durchgesetzt. Aber wer die hessische Politik nicht kennt, der tut sich schon schwer bei der Frage: Die erste rot-grüne Koalition ist an der Plutoniumfrage gescheitert. Dann folgten vier Jahre CDU und anschließend die zweite rot-grüne Koalition, die ohne Börner eine völlig andere Reformpolitik betreibt. So ist das in der Politik. Es gibt Niederlagen, es gibt Siege. Oft denkt man, es geht kaum weiter, bloße Millimeterarbeit. Und dann schaut man zurück und sieht plötzlich, was für eine große Wegstrecke man bereits erfolgreich zurückgelegt hat.

Vielleicht merkt man gar nicht, wie sehr man sich auf dieser Wegstrecke verändert hat: »Man erreicht dies und jenes«, meint Tucholsky. »Man bildet sich ein, noch mehr zu verhüten. Und man kommt mit den Herren Gegnern ganz gut aus, und eines Tages sind es eigentlich gar keine mehr.«

Tja, Tucholsky. Er zitiert sich angenehm bei radikaler Tatenlosigkeit. Aber damit kann ich leben: Gut, dann bin ich halt auf der anderen Seite. Abgehakt, lassen wir das. Es geht um den ökologischen Umbau dieses Landes und nicht um den »ewigen Sozialismus«.

Aha.

Jawohl, Euer Ehren: Es geht um den ökologischen Umbau der Industriegesellschaft und nicht mehr um die proletarische Revolution. Dazu muss Kohl weg. Wenn das nicht passiert, vergeigt das Land für weitere vier Jahre seine Chancen. Wir werden weiter abwärts rutschen, und zwar in eine Richtung, die fatal ist. Wir haben eine Rechtsverschiebung, die unerträglich ist, die schlimme Folgen hat. Und eine Linke, die die Machtfrage ängstlich umgeht, Opposition bleiben will um fast jeden Preis, die ist nur noch jammervoll. Die kotzt mich an.

Die Linke, meinen Sie, findet sich mit den Verhältnissen ab?

Ja, das tut sie. Und ihr linksradikales Gequatsche geht mir so auf den Senkel. Jetzt lassen Sie sich von mir, der bis vor ein paar Tagen noch Minister war, mal was sagen: Für die Firma Siemens oder die Firma RWE ist ein Joschka Fischer, sind die Grünen in der Opposition ein Minimum an Ärgernis. Aber in der Regierungsverantwortung ist das völlig anders. Gerade deshalb hält der BDI uns gegenüber der PDS auch für das größere Risiko, und das sagt fast alles.

Kann es sein, dass Sie sich überschätzen?

Nein! Es regt mich immer noch wahnsinnig auf, dass die Linke in diesem Land von einer elenden Oppositionssüchtigkeit befallen ist. Und das heißt, dass sie die Vorherrschaft der Konservativen auf Dauer akzeptiert. Gewiss, inhaltliche Opposition ist das A und O jeder Reformpolitik, klar. Man muss den Status quo infrage stellen – das hat mich immer interessiert, und deshalb tauge ich auch nicht zum konservativen Politiker. Aber nur Opposition ohne Mehrheits- und Machtperspektive heißt schlichte Kapitulation vor der Wirklichkeit. Ach je, ich hasse dieses Gejammere, diese Angst: Die Machtfrage ist zu brenzlig, sie könnte uns schmutzig machen, und überhaupt ist das alles zu anstrengend und zu kompliziert … Das macht mich rasend. Und diese Oppositionssehnsüchtigkeit steckt auch zum Teil in der Sozialdemokratie – auch das macht mich rasend. Reformpolitik, verdammt noch mal, ist kein Teufelszeug!

Die Grünen in Rheinland-Pfalz haben ihre Erfahrungen mit dem SPD-Kandidaten Rudolf Scharping. In einem Memorandum stellen sie fest: Scharping hat keine Nähe zu ökologischen Themen. Und die ehemalige Fraktionschefin Gisela Bill ist froh, wenn der konservative Scharping »endlich nach Bonn geht«. Denn: »Mit dem ist nichts anzufangen.«

Die Alternative heißt Kohl oder Scharping. Tertium non datur.

Will sagen?

Ich habe keine Angst, mich auf Scharping und die SPD einzulassen. Wir werden ein gutes Verhandlungsergebnis hinbekommen. Unsere Vorstellungen sind klar und eindeutig. Sollte es am 16. Oktober eine rotgrüne Mehrheit geben, dann werden wir den Reformzug in die richtige Richtung bewegen. Je stärker die Grünen sind, desto mehr Kraft haben wir, soziale und ökologische Reformpolitik durchzusetzen. Und dazu gehört zum Beispiel ein Einwanderungsgesetz, die doppelte Staatsangehörigkeit, Änderung des Staatsbürgerrechts bis hin zu ius solis …

… **wer in Deutschland geboren ist, ist deutsch.**

Ja, das alles sind Grundpositionen unserer multikulturellen Politik.

Also Knackpunkte in einer Koalitionsverhandlung?

Ich führe keine Koalitionsgespräche über die »taz«.

Das demontierte Asylrecht, wäre das für Sie ...

Das heutige Asylrecht ist ein Monstrum. Es wurde von den Konservativen mithilfe der SPD zu einem Asylabschreckungsrecht. Es war eine der schwersten Niederlagen der demokratischen Linken in den vergangenen vier Jahren. Aber ich führe jetzt keine Koalitionsverhandlung.

Man möchte doch gerne wissen, woran man mit den Grünen ist – etwa dem Ausstieg aus der Atompolitik innerhalb von zwei Jahren, wie es Ihre Partei beschlossen hat.

Mich interessiert allein die Frage: Ist dieser Parteitagsbeschluss praktisch umsetzbar – ja oder nein? Und ich halte es nicht für glaubwürdig zu sagen, wir können in zwei Jahren aus der Atompolitik aussteigen. Aber das ist meine persönliche Ansicht. Wer es in zwei Jahren schafft, derjenige sollte es tun. Und ich würde ihn bewundern und unterstützen. Ich kann das nicht. Aber klar ist: Wir wollen so schnell wie möglich und mit aller Kraft raus.

So sagt das die SPD auch – und die hat vor acht Jahren mal beschlossen: Ausstieg bis 1996.

Sie können davon ausgehen: Mit uns kriegt die SPD nicht die Katze im Sack. Es kommt die Energiewende: Atomausstieg, der Durchbruch bei erneuerbaren Energieträgern, die Einführung der Ökosteuern und die Verkehrswende: Sommersmogverordnung, Tempolimit. Auch der Transrapid wird abgehängt. Diese zwölf Milliarden Mark werden nicht im märkischen Sand versinken.

Beim Transrapid hat Ihnen gerade die SPD Hessen gezeigt, wo der Hund den Most holt: In einem kühl durchgezogenen Koalitionsbruch hat sie für den Transrapid gestimmt, und Sie haben das ganz brav geschluckt.

Beim Transrapid haben wir nicht bei der Sache nachgegeben, sondern weil wir in Hessen eine insgesamt erfolgreiche Koalition vier Monate vor der Landtagswahl nicht scheitern lassen wollten. Aber diese Erfahrung wird Konsequenzen haben.

Die Verhandlungen mit der SPD werden härter?

Das wird Konsequenzen haben.

Hier spricht der Staatsmann.

Jede Zeit hat ihre Formulierung.

Und noch etwas beunruhigt Ihre Klientel: Wer womöglich mit der FDP koalieren will, dem kann es mit den ökologischen und sozialen Reformen doch nicht sehr ernst sein. Der will einfach mal dabei sein beim Machtpoker in Bonn.

Mein Lieber, ich sage Ihnen jetzt mal was: Sie scheinen bereits Tagträume vom Machtpoker zu haben, nicht ich. Koalieren Sie mit Lambsdorff oder mit Lenin, unterstellen Sie mir weder das eine noch das andere. Ich bin nicht scharf drauf, Minister zu werden. Ich brauche das Bonner Ministeramt nicht, um mein Ego zu kitzeln. Und ich gehe nicht in eine Regierung, die die jetzige Politik mit ein paar grünen Tupfern versieht. Ich kämpfe um Rot-Grün, für eine andere Politik und nicht bloß für andere Köpfe. Meine Fantasie reicht nicht aus, um mit Kinkel, Lambsdorff und Möllemann eine Ampel hinzukriegen.

Im Klartext: Es gibt keine Ampel?

Es wird mit uns keine Fortsetzung der Pro-Atom-Politik geben, keine Politik des Sozialabbaus, kein Verzicht auf die Umweltsteuerreform. Eine solche Koalition hielte ich für uns für selbstmörderisch.

Vielleicht kommt ja alles ganz anders: Sie müssen draußen bleiben, und die PDS ist die einzige Oppositionspartei.

Das wäre eine historische Katastrophe. Das Experiment von 68 wäre dann kaputt. Helmut Schmidt hätte dann doch noch gesiegt. Unsere Partei würde das nicht aushalten. Es wäre auch der größte Treppenwitz der Geschichte, wenn Kohl dranbleibt wegen Gysi. Die PDS als pazifistisches Resozialisierungsprojekt von NVA, Volkspolizei und Berufsmilitärs, eine Partei, die keinen einzigen neuen Gedanken hat. Eigentlich ist es was fürs Kabarett, dass Voll-Autonome bei dieser Partei landen, die …

… aber spaßguerillahaft eines ermöglicht: Mit ihr kann man die in Bonn mächtig ärgern.

Eine Linke, die so denkt, tut mir bloß noch leid. Diese Linke will Kohl ärgern! Hübsch. Zwölf Jahre hat die Linke Kohl geärgert, und der war mächtig beeindruckt. Wie wäre es damit, ihn mal ablösen zu wollen? Daß die antistalinistische westdeutsche Linke auf die PDS reinfällt – mich wundert nichts mehr.

Vielleicht sind am großen Politfrust auch die Grünen mit schuld?

Klar, klar. Die Grünen sind an allem mit schuld, selbst am Untergang der Sowjetunion und des glänzenden Sozialismus. Deshalb müssen Sie uns wählen.

Vielleicht haben die auf ihrem Marsch zur Regierungsfähigkeit zu viele Ideale und Positionen aufgegeben.

Nein.

Undenkbar wäre es noch vor ein paar Jahren gewesen, dass die Grünen nach Washington reisen, um sich im Weißen Haus die Regierungstauglichkeit bestätigen zu lassen – wie Sie es vor ein paar Wochen getan haben. Gaby Gottwald, die für die Grünen 1983 im Bundestag saß, ist »vor Scham rot geworden«. »Nur noch peinlich« sei diese Buhlerei um Akzeptanz und schlimm zu erleben, »wie stolz die Grünen waren, von zweitrangigen Mitgliedern der Clinton-Administration empfangen zu werden«.

Ich bin zutiefst erschüttert. Früher war das wirklich anders. Besonders gern erinnere ich mich an Ditfurths Auftritt …

Die mögen Sie wirklich nicht …

… und an ihre Rede beim »Treffen von Parteien und Bewegungen zum 70. Jahrestag der Oktoberrevolution« in Moskau 1987. Ei, war das revolutionär!

Angenommen, Sie würden Außenminister …

Jetzt fängt der schon wieder an. Vergessen Sie's!

… würden Sie dann die Staatsempfänge mit dem Aufmarsch des Wachbataillons abschaffen? Das seien, meint der ehemalige Chefredakteur Rolf Winter, Imponiergesten eines autoritären Staates: Da wird der Schellenbaum herumgetragen, »ein schepperndes Penissymbol, und so albern, dass …

Ich bin jetzt echt an meiner Kompetenzgrenze angelangt. Und damit ist exakt bewiesen, was zu beweisen war: Ich tauge nicht zum Minister, denn – Schande! – ich weiß gar nicht, ob der Außenminister dieses martialische Zeremoniell überhaupt abschaffen kann. Aber das verspreche ich: Wenn es so weit ist, will ich mein Bestes versuchen. Und von wegen der Penissymbole: Bei uns ist alles streng quotiert!

Joschka Fischer, 1948 geboren, gibt Bob Dylan die Schuld: Er sagt, diese Stimme habe ihn »aus der kleinbürgerlichen Existenz rausgetrieben – so, wie man früher nach Amerika gegangen wäre«. Der Ex-Ministrant und Schulabbrecher Fischer floh 1967 bis Gretna Green, wo er zum ersten Mal heiratete, 2005 heiratete er zum 5. Mal – die 28 Jahre jüngere Minu Barati. Dazwischen: Filmstatist, Straßenkämpfer, Taxifahrer, Buchhändler, der erste grüne Umweltminister, nicht bloß von Hessen, sondern »des ganzen Planeten« (Fischer), Außenminister (1998–2005) im Kabinett Gerhard Schröder. 1999 unterstützte er den völkerrechtlich umstrittenen Kosovokrieg, wodruch erstmalig seit dem Zweiten Weltkrieg wieder deutsche Soldaten an einem Krieg beteiligt waren. Am 1. September 2006 legte er sein Bundestagsmandat nieder.

OTTO GRAF LAMBSDORFF

»Ein amerikanischer Tiefflieger traf mich fünf Mal«

(1994)

Otto Graf Lambsdorff, Ehrenvorsitzender der FDP, muss sehr lachen. Über die SPD und ihren Scharping: »Er muss noch üben, der Herr!« Über die Grünen und ihren Fischer: »Das einzig Zuverlässige ist seine Unzuverlässigkeit.« Kanzler Kohl? Eine Art Verfassungsfeind. Ärgerlich für den Grafen: Noch läuft in diesem Land nicht alles so, wie er es gerne hätte. Mit schnarrender Stimme – es ist der Wahlkampf 1994 – urteilt und verurteilt er gnadenlos politische Freunde und Gegner, aber der Mann ist auch ein Realist. Er weiß, dass ihm im Jenseits nur eins bleibt: »Auf Gnade« zu hoffen.

Herr Lambsdorff, Sie wollten schon immer etwas Besonderes sein.

Ich habe mich einfach in einer gewissen Tradition bewegt. In der Schule, das war noch im Dritten Reich, wollte ich aktiver Offizier werden. Das war die Stimmung der Zeit. Und auch in meinem Internat, der Ritterakademie Dom zu Brandenburg, war das so: dass man dem Staat hilft, vor allem wenn er bedroht ist.

Eine harte Zuchtanstalt war dieses Internat.

Sie sagen das so negativ. Da gab es Ordnung, Disziplin, es war nüchtern, es war spartanisch. Man lernte, sich gegen andere durchzusetzen. Ich war gern da.

So müsste Erziehung auch heute noch sein?

Die Werte, die ich da mitbekam, haben mir in meinem ganzen Leben geholfen. Die Selbstdisziplin, die Härte, die Ausdauer, die …

… notwendig waren, um die Flick-Affäre durchzustehen?

… habe ich sicherlich auch da mitbekommen. Es waren das, was man landläufig abschätzig Sekundärtugenden nennt.

Mit denen man auch ein KZ führen kann.

Diesen berühmten sagenhaften Ausspruch Lafontaines …

… der »ein scheußlicher Mensch« ist, laut Lambsdorff.

So hab' ich das nicht gesagt.

So zitierte Sie die »SZ«.

Ich habe mich ja neulich selbst als »Opa fürs Grobe« bezeichnet, aber so eine Beleidigung läge auch für mich unter der Gürtellinie. Nein, diesen Ausspruch Lafontaines an die Adresse von Helmut Schmidt fand ich wirklich niederträchtig. Es ist ja richtig, dass man mit diesen Tugenden, wenn es keine anderen Wertmaßstäbe gibt, großes Unheil anrichten kann.

Gerade 17-jährig, zogen Sie an die Front – als Freiwilliger. Hat Sie der Krieg auch als Abenteuer gepackt – wie Ernst Jünger »im Rausch«?

Wenn man den Krieg erlebt hat, kann man so manches nicht nachvollziehen, was Jünger geschrieben hat. Die Gefallenenliste in der Ritterakademie war riesig lang und …

… da gab es bei Ihnen nie den Gedanken: Halt?

Es gab keinen Moment des Nachdenkens, obwohl wir ein Regime verteidigten, das wir gar nicht so sehr mochten. Nicht, weil uns die Untaten bekannt gewesen wären, sondern weil wir die lärmenden SA-artigen Äußerungen für zu proletenhaft hielten.

Sie gingen in die Mordmaschinerie Adolf Hitlers. Auf Ihrem Weg zur Schule kamen Sie jeden Tag an dem Gefängnis vorbei, in dem Erich Honecker wegen Widerstands gegen dieses Regime einsaß.

Das wusste ich damals nicht. Ich hatte auch nie das Gefühl, in eine Mordmaschine eingegliedert zu werden. Dass es dann so war, ist bedauerlicherweise richtig.

War der Krieg für Sie auch die Möglichkeit, private Rache an den verhassten Bolschewiki zu nehmen, die Ihren Vater 1917 als zaristischen Kadetten aus St. Petersburg vertrieben hatten?

Nein. Mein Vater war gegen die Nationalsozialisten. In unserer Familie war keiner Parteimitglied. Ich hatte die größten Mühen, als 13-Jähriger die Erlaubnis von meinem Vater zu bekommen, ins Deutsche Jungvolk einzutreten. Ich verstand das nicht, denn alle meine Schulfreunde waren da drin.

Mit achtzehn Jahren wurden Sie zum Krüppel geschossen.

Ein amerikanischer Tiefflieger traf mich fünf Mal, hat mir das linke Bein praktisch abgetrennt. Aber ich hatte Glück. Ich wurde auf einen Lkw gepackt, der zufällig vorbeikam, und in ein Hilfslazarett gebracht. Da hieß es: Habt ihr Tote drauf? Und ich rief: Tot bin ich nicht, aber ich möchte hier runter. Im OP fragte mich der Arzt, was ich – und das war am 31. März '45 – für ein Berufsziel hätte. »Aktiver Offizier«, sagte ich, und er meinte, damit sei es vorbei, eine Amputation sei notwendig. Ich hab' mir das angehört, ich hab' das hingenommen. Am nächsten Tag wachte ich auf, schlug die Decke zurück und sah: da war bloß noch ein Stumpf. Das war es dann. Ganz selten hab' ich mich in meinem Leben als Krüppel gefühlt.

Der »Spiegel« hat mal über Sie notiert, der Lambsdorff tanze, als ob er drei Beine hätte.

Das ist ein Zerrspiegel. Ich tanze einfach gerne, ich mag Rock 'n' Roll. Ich liebe den Rhythmus, mir macht das einfach Spaß – erst letztes Wochenende hab' ich getanzt.

Ihre Verwundung verdanken Sie ja auch Ihren liberalen Ahnherren, etwa Theodor Heuss, der mit seinem »Ja« zum Ermächtigungsgesetz Hitlers Marsch an die totale Macht mit ermöglicht hat.

Ich habe dies nie so personenbezogen gesehen. Jeder weiß, wie schwer Theodor Heuss an dieser krassen Fehlentscheidung sein ganzes Leben zu tragen hatte. Ich finde es auch richtig, dass er – nicht von der Kollektivschuld – aber von der Kollektivscham sprach. So empfinde ich das auch. Für mich war es ein langsamer Prozess, zu erkennen, was die Deutschen angerichtet hatten. Das ging schrittweise und stand in Verbindung zu den Nürnberger Prozessen. Das war schlimm, so hatte ich mir Deutschland nicht vorgestellt. Langsam erfuhr ich die Wahrheit über den 20. Juli. Den hatte ich im Keller der Kaserne in Stahnsdorf bei Berlin erlebt. Wir bekamen scharfe Munition, wussten nicht für wen oder gegen wen. Es hieß, für den Einsatzfall am nächsten Tag.

Sie hätten die Verschwörer erschießen können?

Ich guckte damals meinen Kameraden an und fragte: Wofür gurten wir MG-Munition? Am nächsten Tag erfuhren wir, dass unser Kommandeur ein persönlicher Freund von Goebbels gewesen ist … alles hätte passieren können.

Der 8. Mai – ist das für Sie der Tag der Befreiung oder der Tag der Kapitulation?

Es ist der Tag des Zusammenbruchs des Deutschen Reichs, es ist das Datum, das den Verlust großer Teile des Reichsgebiets besiegelt. Und es ist auch der Tag der Befreiung von dieser Bande, von der man sich gar nicht vorstellen kann, wie Europa ausgesehen hätte, wenn die den Krieg gewonnen hätten. Erich Kästner hat recht: Zum Glück gewannen wir ihn nicht.

Fünfzig Jahre danach verlöscht die Erinnerung an das Grauen. Seit dem

12. Juli 1994, an dem das Bundesverfassungsgericht das Urteil über Kampfeinsätze gefällt hat, darf die Bundeswehr wieder weltweit »deutsche Interessen« durchsetzen.

Jetzt tun Sie mal langsam. Wer sagt denn so was?

So steht es in den neuen Bundeswehrrichtlinien von Herrn Rühe.

Ach, das ist Herrn Rühes Sprache, und das sind Herrn Rühes Überlegungen.

Das sind Ziele, für die Deutsche wieder kämpfen sollen, für den »ungehinderten Zugang zu Märkten und Rohstoffen in aller Welt«.

Für mich ist Rohstoffsicherung ein Teil des multilateralen Welthandelssystems. Es ist nicht Aufgabe der Bundeswehr.

»Eine Machtgeilheit«, notiert der »Stern«, herrsche in Bonn, die es kaum abwarten könne, dass es wieder heißt: »Germans to the front!« Und Ihr Parteifreund Kinkel hat nach dem Urteil trompetet: »Jetzt sind wir frei« – als ob ihm der Knebel der Verfassung die Kehle abgeschnitten hätte.

Kinkel trompetet nicht. Das ist nicht seine Art. Und es heißt auch nicht: Wir sind wieder wer. Es wird bei den Bundeswehreinsätzen bei der bewussten Kultur der Zurückhaltung bleiben.

Ihr Wort in Gottes Ohr, aber so rasant wie sich das Koordinatensystem in diesem Land nach rechts verschiebt, da scheint Undenkbares plötzlich möglich. Da gibt es Diskussionen, die vor ein paar Jahren völlig absurd gewesen wären: dass der Geheimdienst mit der Polizei kooperieren soll, dass ...

Ich teile Ihre Bedenken: Ich halte nichts davon, dass die Bundeswehr im Inland eingesetzt wird. Ich stimme auch dem Pressegesetz von Herrn Lafontaine nicht zu, und ich will das Polizeigesetz des sächsischen Innenministers Eggert nicht. Die FDP hat gegen die Notstandsgesetze gestimmt – in Rechtsstaatsfragen muss die FDP klare Konturen bewahren.

Wahlkampfgerede.

Das sind liberale Grundüberzeugungen. Und in diesen Fragen stehe ich ganz klar auf einer eher linksliberalen Position.

Dann muss Ihnen ja angst und bange werden vor Ihrem Koalitionskollegen Wolfgang Schäuble mit seinen offen nationalistischen Tendenzen.

Ich sehe die Gefahr, dass das Land nationalistischer wird. Und Schäuble treibt das Spektrum nach rechts. Für mich ist er zu sehr auf der rechten Seite angesiedelt. Aber ich halte es dennoch für keine gute Wortwahl, wenn Herr Scharping von ihm als einem Nationalisten spricht. Das sind Leute wie Schönhuber, Frey und ähnliche Zeitgenossen. Und ich finde schon, dass die CDU dafür sorgen muss, dass rechts von ihr keine undemokratische rechtsextreme Partei Stimmen fängt. Da akzeptiere ich auch gelegentliche Äußerungen, die mir nicht gefallen.

Nach Hoyerswerda, Mölln und Solingen: das ist ein Spiel mit dem Feuer.

Das ist gefährlich, sicher. Da muss es klare Konzeptionen geben, wie weit es gehen darf. Ich wünsche mir allerdings auch, dass die SPD klare Grenzen gegenüber der PDS zieht.

Der schreckliche Popanz PDS – für den CDU-Politiker Loos ist es klar: »Die PDS ist eine terroristische Vereinigung.« Und ich nehme an, für Sie ist die Partei einfach widerlich?

Die PDS ist undemokratisch. Ich habe das Programm durchgelesen. Sie ist, was die Verfassungsordnung dieses Landes anbelangt, eine verfassungsfeindliche Partei: in der Frage des Sozialismus, in der Änderung der Gesellschaftsverhältnisse bei uns und …

… ganz brav singt die Partei das Loblied auf den Pluralismus. Sie preist das Wertesystem von Freiheit, Gleichheit, Solidarität, garantiert dem Einzelnen sogar »ein Recht auf seelische Unversehrtheit« und …

… gegen diese Werte ist an und für sich nichts zu sagen, nur: sie werden nicht eingehalten. Sehen Sie sich die Kommunistische Plattform an …

Das sind gerade mal 3500 von über 130000 Mitgliedern …

… eine sehr einflussreiche Gruppe innerhalb der PDS. Und der Mitgliederbestand dieser Partei setzt sich zu 85 Prozent …

Die CDU sagt, zu 95 Prozent …

… oder 90 Prozent aus alten Kadermitgliedern der SED zusammen.

Aber ihre Wähler sind so verdammt jung.

Das ist eine andere Frage, und wir müssen uns überlegen, was wir falsch gemacht haben, dass diese undemokratische Partei so viele Wähler hat.

Der Berliner Kabarettist Peter Ensikat kann Ihnen drei Gründe nennen: »CDU, FDP, SPD«.

Das ist Unsinn.

Jetzt muss ich mal ganz tief Luft holen: Sie sind Aufsichtsratsvorsitzender der NSM-Apparatebau GmbH & Co, Sie sind Aufsichtsratsvorsitzender der Alcatel N. V. Amsterdam, der Iveco Magina AG, Sie sitzen im Aufsichtsrat der Volkswagen AG, der Isola AG, Sie sind Präsident der Deutschen Schutzvereinigung für Wertpapierbesitz e.V. Sie haben ganz schön viel an der Hacke: Alles in allem sitzen Sie in neun Aufsichtsräten und halten zehn weitere Posten in Verbänden und Kuratorien …

Zehn Posten, glaube ich, sind es nicht. Aber die Frage ist doch: Mache ich meine Arbeit im Bundestag? Hat irgendjemand in der deutschen Öffentlichkeit den Eindruck, dass ich schlecht arbeite? Haben Sie Klagen gehört? Nein. Es ist mir klar, dass es nur wenige Abgeordnete gibt, die öffentlich so präsent sind und ein solches Arbeitspensum bewältigen wie ich.

Die Jungliberalen haben einen Ehrenkodex gegen Raffkes gefordert: Die Abgeordneten sollen nicht so viele Nebenjobs haben.

Ich höre das immer wieder: Das kann keiner schaffen, das ist geradezu übermenschlich.

Das ist nicht das Problem: Sie sind der perfekte Lobbyist.

Ich bin für niemand ein Lobbyist.

Da kann ich Ihnen nur mit Dieter Hildebrandt antworten: »Ich kenne einen Menschen von nicht fünfzig Lenzen, der hat als Einzelner vier Existenzen: als Minister, als Mensch, als Partei und als Christ, muss sich jeweils entscheiden, wer wo wann welcher ist. Zur Atomenergie sagt als Minister er ja – als Mensch meint er nein – als Partei bla-bla-bla. Er entscheidet als Christ, und der Christ in ihm spricht. Der Herr sprach ja selbst: Es werde Licht.«

Das finde ich ziemlich blödsinnig. Ich bin im Aufsichtsrat der Victoria-Versicherung. Aber ich vertrete, ohne auch nur einen Zentimeter davon abzuweichen, was die Versicherungswirtschaft überhaupt nicht haben wollte: weitere Liberalisierung. Nein, wer von mir einen Rat erbittet, der kennt meine Haltung und weiß ganz genau, dass ich sofort hinausmarschiere, wenn ich das Gefühl hätte, das sei mit meinem Abgeordnetenmandat nicht kompatibel.

Sie sind die Symbolfigur für die gekaufte Republik, Millionen haben Sie dem Staat an Steuern hinterzogen: Sie sind, sagt »Spiegel«-Herausgeber Augstein, »der Spitzenpolitiker mit der bekleckertsten Weste«, der »rotzfreche Graf«.

Na und? Rudolf Augstein hat in den letzten zwanzig Jahren eine ganze Menge über mich geschrieben. Das hindert ihn nicht daran, was ich freundlich finde, mir zum Geburtstag Briefe zu schreiben oder Telegramme zu schicken und mir herzlich zu gratulieren. Die Parteienfinanzierung und auch der Vorwurf der Bestechlichkeit, von dem ich freigesprochen wurde, liegen lange zurück. Sie kriegen da nichts Neues raus.

Es muss Sie doch wurmen, dass Helmut Kohl über Jahre hinweg in Kuverts insgesamt 515 000 Mark einstrich – in bar, dazu als eine Art Extraschmiere noch ein paar Dosen Kaviar von der Familie Brauchitsch: Er wurde Kanzler, er blieb Kanzler, womöglich wird er wieder Kanzler.

Ich habe mich niemals hingesetzt und gesagt: Weil du Gegenstand eines Verfahrens bist, muss das auch anderen widerfahren. Aber ich habe mir die Frage gestellt, wie es dazu kam, dass ausgerechnet ich ausgesucht wurde.

Geben Sie mir Ihre Antwort.

Da gibt es keine definitive Antwort. Sie könnte nur in Mutmaßungen bestehen, und die würden als Verdächtigungen ausgelegt – nein, das führt zu nichts.

Frau von Brauchitsch, die Politiker zur Genüge kennt, hat auf die Frage nach den wesentlichen Eigenschaften eines Politikers geantwortet: »Gar keine. Er darf nicht einmal Charakter haben.« In der politischen Führungsschicht sei die Haltung verbreitet, »alles mitzunehmen«.

Ich verstehe die Verbitterung von Frau von Brauchitsch. Aber so sehe ich das nicht.

Aber könnte es sein, dass nach dem Kaviar als Schmierstoff, den Affären um

Lafontaine und Lambsdorff, dem Dienstwagen der Frau Süssmuth, den Amigos mit ihren Reisen und dem Gekungel mit Zwick die Wähler sagen: Politik – pfui Teufel: Ihr widert mich an – aber alle! Ohne mich!

Dieses Gefühl kann durch so etwas Nahrung erfahren. Das sollte nicht sein, aber es wird leider immer so bleiben – Politiker sind keine Idealfiguren, sie sind vielen Versuchungen ausgesetzt.

Ist Ihnen mal der Gedanke gekommen, dass es für die politische Hygiene besser wäre, Sie zögen sich aus der Politik zurück?

Ich habe Konsequenzen gezogen. Ich bin als Wirtschaftsminister zurückgetreten, um …

… als Parteivorsitzender 1988 ein Comeback zu feiern.

Ich habe mich demokratischen Entscheidungsprozessen unterworfen. Ich habe mich meinen Wählern gestellt und sie gefragt: Wollt ihr mich noch? Ich habe die Partei gefragt: Bin ich für euch noch akzeptabel? Und die Antworten waren Ja.

Sie haben eine Stimme, die Menschen zersägen kann.

Mir wird immer wieder gesagt, auch wenn ich ins Fernsehen gehe, sei doch freundlicher. Aber ich bin kein Beckenbauer, bei dem die Sonne aufgeht, wenn er einen Raum betritt. Ich bin auch kein Dampfplauderer, der losredet und daherschwadroniert, ob ihm die Welt gefällt. Wenn ich um eine Stellungnahme gebeten werde, gucke ich mir die Problemstellungen genau durch. Und dann geht es konzentriert darum, die Sachverhalte so präzise rüberzubringen, dass ich glasklar verstanden werde.

Ihre Botschaft ist unmissverständlich: Gürtel enger schnallen! Ihr Befehl an die Deutschen eindeutig: »Mehr arbeiten, weniger krankfeiern!«

Das war vor zwölf Jahren, als ich aus Japan zurückkam, und der Satz hat mich durch einen ganzen Wahlkampf getragen. Verheugen, der damals noch bei uns war, rief mich an und sagte: »Sie haben das richtige Motto gefunden!« Und er hatte recht, er ist ja nicht dumm.

Seit einem Vierteljahrhundert ist die FDP an der Macht. 1969 wuchs jedes 73. Kind in einem Sozialhilfehaushalt auf, heute wächst jedes elfte in so unwürdigen Zuständen auf.

Ich will, dass so viele Menschen wie möglich durch eigene Arbeit ihren Lebensunterhalt bestreiten. Aber die Unternehmenssteuern in Deutschland sind die höchsten in Europa – so können wir dem Wettbewerb nicht standhalten. Die Arbeit muss billiger werden. Wir müssen die Subventionen an die Wirtschaft beschneiden, wir brauchen eine größere Flexibilität in der Arbeitszeit, wir brauchen eine Jahresarbeitszeitregelung ...

Die Sozialpolitik, schreiben Sie, »ist zur Spielwiese für Heilsprediger der sozialen Beglückung geworden«.

Das ist doch auch so. In welchem Land gibt es so etwas wie Sozialhilfe mit Rechtsanspruch? Und wenn ich sehe, dass Frau Hildebrandt für jedes neu angekommene Baby 1000 Mark bezahlen will, dann finde ich das moralisch minderwertig. Das kommt mir vor wie ein Sprunggeld – so etwas gibt es in der Landwirtschaft ...

Sie jedenfalls würden kürzen. Macht – das ist, was Sie mögen.

Ich habe mal gesagt, Politik ist eine gute Möglichkeit, seinem Affen Zucker zu geben. Ich mache jetzt doch nicht den Wahlkampf widerwillig mich dahinschleppend. Politik macht mir Spaß. Es macht mir Spaß, mit den Leuten zu reden. Ich habe großen Spaß an Bundestagsreden und an Zwischenrufen.

1992 haben Sie den Spaß auch so begründet: »Als Parteivorsitzender hat man wirklich Einfluss.« Ganz im Gegensatz zu den Ministern, die mit lästigem Alltagskram zugemüllt seien, mit Verwaltung, Terminen und unnötigen Verpflichtungen. Im Klartext hieß das: Die Kabinettsrunde ist ein Verein von Kopfnickern.

Das ist einfach der Regierungsstil von Helmut Kohl, der sich in zwölf Jahren herausgebildet hat. Ich finde ihn für die Ressortminister entmündigend: Das Kabinett in der Regierung Kohl ist eine eher notarielle Veranstaltung. Die Entscheidungen sind fertig und werden im Kabinett nur noch mit einem formellen Beschluss abgesegnet – das muss ja so sein, ist ja so vorgeschrieben. Aber im Kabinett wird kaum diskutiert. Die Kabinettssitzungen dauern bei Kohl, na ja, gerade mal eineinhalb Stunden. Bei Helmut Schmidt dauerten sie von 9 bis 16 Uhr.

Eifrig wie ein Musterschüler sollen Sie sich bei Schmidt immer gemeldet haben.

Ich habe es immer wichtig gefunden, mich nicht nur auf mein Ressort zu beschränken. Ich gehörte einem Organ der Bundesregierung an, und wenn die Regierung Entscheidungen traf, wollte ich mitreden, mit entscheiden. Aber bei Helmut Kohl ist das für die Ressortminister kaum mehr möglich. Die Gefahr besteht, dass der Kanzler der alleinbestimmende Herrscher ist und dass die anderen auf ihrem Fachgebiet erst was zu sagen haben, wenn sie wissen, wo der Kanzler hin will, wie der Kanzler sich entschieden hat. In seiner Regierungszeit hat Kohl aus dem Bundeskanzleramt immer mehr ein Weißes Haus gemacht, eine Art Überregierung. Aber davon steht in der Verfassung nichts. In der Verfassung heißt es, dass die Ressortminister zuständig sind und nicht Abteilungen oder Abteilungsleiter des Bundeskanzleramtes. Es ist ein Stil, der in eine Präsidialdemokratie hineinpasst, aber nur sehr beschränkt in unsere parlamentarische Demokratie.

Das hört sich an, ab ob Sie den »Verfassungsfeind« Kohl …

Jetzt übertreiben Sie mal nicht.

… wegwählen wollten. Also: rein in die Ampelkoalition?

Es gibt keine Ampelkoalition. Da gibt es keine Basis, keinen Vorrat an Gemeinsamkeiten – weder mit den Grünen noch der SPD.

»Einen Meister der Profillosigkeit« haben Sie Scharping genannt.

Die SPD – Gott sei Dank – tut genügend dazu, die Wahlen nicht zu gewinnen. Ich finde Rudolf Scharping beim besten Willen nicht überzeugend. Ich finde seine politischen Inhalte – denken Sie an die Diskussion um die Steuern, um die Sozialpolitik, sein Achterbahnfahren um das Tempolimit – völlig abwegig. Denken Sie an sein Benehmen nach der Wahl des Bundespräsidenten – unmöglich. Zum Bundeskanzler reicht es bei ihm nicht. Er muss noch üben, der Herr!

Eine absurd altmodisch anmutende Angst haben Sie vor den Grünen. Wer grün wählt, menetekeln Sie, mache aus den Deutschen »ein Volk von Jägern, Sammlern und Fallenstellern«.

Wenn ich lese, was in den Mannheimer Parteitagsbeschlüssen der Grünen zur Wirtschafts- und Energiepolitik drinsteht: Da habe ich den Eindruck, die Grünen hätten die Vorstellung, wir lebten in einem Land mit einer Mauer drum herum und wir könnten hier tun und lassen, was wir wollten. Ich kann da den Wählern nur sagen: Zu Risiken und Nebenwirkungen lesen Sie die Parteiprogramme.

Selbst die »Wirtschaftswoche« gibt den Grünen, wo sie auf Landes- oder Kommunalebene mitregieren, die allerbesten Noten – sie wählte das rotgrün regierte Aachen zur »unternehmerfreundlichsten Stadt«. Herr Lambsdorff, ich fürchte, Sie haben sich politisch überlebt.

Es macht mir nichts, was Sie fürchten. Die Meldung der »Wirtschaftswoche« bestätigt den neuen rot-grünen Trend des Blattes.

Jetzt wird's amüsant, Herr Lambsdorff. Die kapitalfreundliche »Wirtschaftswoche«: eine alternative Postille ...

Ich kenne meine Geburtsstadt Aachen besser. Die rot-grüne Mehrheit hat dort die Finanzlage fast völlig ruiniert. Was wollen Sie denn mit den Grünen? Die Grünen wollen die Bundeswehr auflösen, sie wollen raus aus der Nato. Sie sind nicht koalitionsfähig. Auch mit dem Herrn Fischer können Sie nicht koalieren. Obwohl Sie mit dem Herrn ja alles haben könnten. Den interessieren seine Parteiprogramme überhaupt nicht. Sie wissen nie, wo Sie mit ihm dran sind. Das einzig Zuverlässige bei ihm ist seine absolute Unzuverlässigkeit – ich meine das nicht moralisch, sondern politisch. Der Mann ist so wendig, dass er schon um die nächste Ecke rum ist, bevor Sie mit ihm anfangen zu streiten.

Im Unbewussten, sagt Freud, sind wir alle von unserer Unsterblichkeit überzeugt. Aber was wir ab einem bestimmten Alter nicht mehr verdrängen können, ist die Angst vor dem Tod: Wir sehen das Ende des Tunnels, aber wir sehen da kein Licht.

Ich sehe noch nicht dieses Ende. Aber für mich ist eine feststehende Glaubensgewissheit, dass es ein Leben nach dem Tod gibt. Ich habe keine Angst vor dem Tod, vielleicht wird das Sterben mühsam, schmerzhaft, quälend.

Was erwarten Sie, wenn alles vorbei ist?

Eben dieses Weiterleben im christlichen Sinne. Ich werde sicherlich vor meinem Richter mit einer sündhaften Bilanz erscheinen – oben oder unten. Aber deswegen habe ich keine Furcht, weil am Ende das Stichwort Gnade das entscheidende Lösungswort ist.

Bert Brecht hat für seinen Grabstein verschiedene Inschriften vorgeschlagen, etwa: »Er hat Vorschläge gemacht, wir haben sie angenommen. Durch eine solche Inschrift wären wir alle geehrt.«

Ich halte Brecht neben Shakespeare und Schiller für einen großen Dramatiker. Aber seine Lobpreisungen auf Stalins Säuberungsprozesse stören mich gewaltig. So wie hier diese Anmaßung ohne Demut. Nein, ich brauche keine Inschrift auf meinem Grabstein.

Nur Ihr Name soll da stehen?

Ja. Nur Otto Graf Lambsdorff.

Otto Friedrich Wilhelm von der Wenge Graf Lambsdorff, aus westfälischem Uradel stammend, wurde am 20. Dezember 1926 in Aachen geboren. Auf dem Höhepunkt seiner Macht war Lambsdorff 1982, als er mit dem sogenannten »Wendepapier« die sozialliberale Koalition unter Kanzler Helmut Schmidt sprengte. Am 26. Juni 1984 wurde die Karriere des radikalen Marktwirtschaftlers gebremst: Er trat als Wirtschaftsminister zurück, als gegen ihn Anklagen erhoben wurden in der Flick- und Parteispendenaffäre. Zwar wurde Lambsdorff vom Vorwurf der Bestechlichkeit freigesprochen, aber wegen fortgesetzter Steuerhinterziehung in Millionenhöhe zu einer Geldstrafe verurteilt. Lambsdorff saß von 1972 bis 1998 im Bundestag, kein Abgeordneter hatte so viele Aufsichtsratsposten wie der Ehrenvorsitzende der FDP.

MANFRED ROMMEL

»Ehret die Alten, eh sie erkalten«

(1999)

Mein Gespräch mit Manfred Rommel dauerte fast sechs Stunden. Es war in der Adventszeit 1999. Rommel trank Kaffee, knabberte Weihnachtsgebäck, und es wurde dunkler und dunkler in seinem Wohnzimmer. Licht wollte er nicht anmachen: »Es ist gut so«, sagte er, »dass es Nacht wird. Das passt zu unserem Thema: meine Parkinson-Erkrankung.« Irgendwann klingelte das Telefon, mühsam stemmte sich Rommel aus dem Sessel hoch, helfen lassen wollte er sich nicht. Das Aufstehen war Training im Kampf gegen die zunehmende Lähmung. »Da war einer von der Bild-Zeitung dran«, sagte er nach dem Telefonat, »alle vier Wochen rufen die an und gucken, ob ich noch lebe.«

Herr Rommel, sind Sie eines Morgens aufgewacht und wussten: »Verdammt! Ich habe Parkinson«?

Nein, das kam ganz schleichend.

Sie haben nur bemerkt: »Ich werde ungeschickter«?

Ja, ich wurde immer ungeschickter. Ich habe das einfach darauf zurückgeführt, dass ich mich zu wenig bewege, dass ich zu viel am Schreibtisch sitze. Und dann ist mir aufgefallen, dass ich beim Tanzen – ich mache das nicht so gerne, aber als Oberbürgermeister müssen Sie halt manchmal ran – den Takt nicht mehr halten konnte. Auch beim Wandern ging es plötzlich nicht mehr so zügig wie vorher. Und dann musste ich mal in der Schleyerhalle eine Ehrenkompanie der Bundeswehr abschreiten, und wie ich zu meinem Platz zurückkomme, sagt einer zu mir: »Da ist Ihr Vater schon anders dahergekommen. Ein bisschen zackiger!«

Da wussten Sie, dass Sie an Parkinson leiden?

Nein, immer noch nicht. Mir tat ja mein Rücken immer so weh, ich dachte, das wäre ein eingeklemmter Nerv. Ich habe mich jahrelang mit übel riechenden Salben selbst therapiert – bis schließlich eine Neurologin zu mir sagte: »Herr Rommel, Sie haben Parkinson.«

Das war ein Schock?

Nein, ich habe nur gedacht: »Gott sei Dank habe ich es nicht früher gekriegt.«

Sie klingen recht gelassen.

Mein Gott, was soll ich denn machen? Ich kann das doch nicht ändern. Parkinson ist ja eine ehrenwerte Krankheit. Syphilis wäre schlimmer.

Ja?

Ich habe mir antrainiert, mich nicht über Dinge aufzuregen, die ich eh nicht ändern kann. Es hat keinen Wert. Man könnte sich verlieren. Mein Rücken belastet mich mehr, weil ich da sehr starke Schmerzen habe. Ich habe Schmerzspritzen bekommen, aber die kann ich nicht mehr nehmen, weil ich nun eine Thrombose gekriegt habe. So nehme ich jetzt Valeron, da sehe ich alles durch einen Nebel. Aber das macht nichts. Meine allzu starke Fantasie, mein übertriebener Tätigkeitsdrang werden gedämpft.

Ihre Zukunftsperspektive ist schrecklich: Sie werden langsamer, versteifen, erstarren.

Ja, was soll ich machen? Nein, ich habe mir fest vorgenommen, mich nicht aufzuregen.

Und das geht?

Ja, doch. Die Leute haben Mitleid mit einem, etwas Schöneres gibt es gar nicht. Wenn ich jetzt daherwackle, sagen sie: »Jetzt guck amol, wie der Rommel daherkommt! Oh!« So was tut doch gut.

Parkinsonkranke beobachten sich häufig genauer, hören akribisch in sich hinein.

Ja. Ich merke, dass ich immer kleiner schreibe, meine Krankheit wird meine Schrift vollends zum Verschwinden bringen. Sie wird immer kleiner, das ist typisch für Parkinson. Aber ich zittere nicht. Ich habe neulich bemerkt, dass ich morgens auf dem Heimtrainer meine Beine nicht mehr richtig synchronisieren kann. Ich war längere Zeit nicht beim Neurologen, und er hat mir eine neue Dosis von Tabletten gegeben – wie eine Maschine wird man da neu eingestellt. Jetzt kann ich wieder einigermaßen auf meinem Heimtrainer radeln.

Sie machen das täglich.

Ja, ich mache jeden Morgen eineinviertel Stunden Gymnastik, um die Versteifung zu bekämpfen, um das, was von meinem Körper verblieben ist, nicht allzu sehr abschlappen zu lassen.

Aber dennoch erleben Sie: Sie werden immer steifer.

Jetzt rede ich hier so mit Ihnen, aber im Grunde müsste ich alle zehn Minuten aufstehen.

Sie kommen sonst nicht mehr aus dem Stuhl hoch?

Ja, wenn ich das lange rauszögere, muss ich wippen, um hochzukommen. Aber ich habe nicht den Eindruck, am Schluss ganz starr dazuhocken, und meine Frau sagt: »Sie können ruhig laut sprechen. Taub ist er auch noch!« Diesen Gedanken habe ich nicht, nein. Dem kann man entgegenwirken. Aber irgendwann sterben Sie ja sowieso. Und dann stirbt man leichter.

Man bleibt nur gesund, wenn man früh genug stirbt?

Sie können es so sehen, Sie sind lustig! Die moderne Medizin lässt Sie ja ewig leben. Da muß man schon nachdenken, wann der Sinn in Unsinn umschlägt.

Ein Verwandter von mir leidet auch an Parkinson. Der Gedanke ist ihm unerträglich, dass diese langsame, unerbittlich fortschreitende Krankheit Körper und Geist in immer größere Unselbstständigkeit drängt: »Ich will nicht wie ein hilfloses Kleinkind gewaschen und gefüttert werden.« Er denkt an Selbsttötung.

Dieser Gedanke beseelt viele, weil natürlich die Pflege in einem Pflegeheim grauenvoll ist. Meine Schwiegermutter ist auch im Pflegeheim. Da liegen Sie, Sie werden gewindelt, langsam erlahmt Ihr Gehirn, weil Sie keine Anregung mehr haben. Sie sehen nichts mehr. Sie erleben nichts mehr. Das ist sehr bitter. Aber, nein, Selbsttötung ist für mich keine Möglichkeit.

Immer wieder gibt es Berichte, dass nun das Wundermittel gegen Parkinson gefunden sei.

Jaja. Ich lese das nicht. Ich erwarte, dass mein Neurologe diese Dinge für mich beobachtet.

Ärzte versuchen, beschädigte Nervenzellen im Kopf durch gesunde Neuronen aus Föten zu ersetzen.

Ja, ich bin der Meinung, dass die Verwendung von Körperteilen für medizinische Zwecke großzügig gestattet werden soll.

Auch von abgetriebenen Föten?

Wenn es hilft.

Es ist ethisch umstritten und …

… von mir aus könnten sie da Holzwolle reintun, wenn es dann besser funktioniert. Warum nicht?

Der Eingriff ins Gehirn, dem Schlüsselorgan des Menschen, dem Sitz der Persönlichkeit, könnte das Wesen des Menschen verändern.

Die Krankheit verändert auch das Wesen. Und vielleicht würde es ja tatsächlich besser werden. Früher bin ich mehr rumgesprungen, ich war quirlig … Aber ich habe es Ihnen schon gesagt: Ich kann es nicht ändern, also rege ich mich nicht auf. Das habe ich von meinem Vater gelernt: Was vergangen ist, ist erledigt. Wenn ich mich ertappe zu denken: »Hätte ich doch damals das gemacht, hätte ich nur das noch getan« – dann verbiete ich mir diesen Gedanken sofort.

Das klingt hart.

Nein. Manches hätte viel schlimmer kommen können. Kennen Sie den Lieblingswitz von Lothar Späth?

Nein.

Der beschreibt so ein bisschen meine Seelenlage. Also: Da versammelt sich ein Stammtisch, und einer der Stammtischbrüder sagt immer: »Es hätte noch viel schlimmer kommen können!« Mit dem Spruch geht er den anderen schwer auf die Nerven. Dann passiert eines Tages ein fürchterliches Unglück. Da kommt ein Ehemann nach Hause in sein Hochhaus, 13. Stock, und er überrascht seine Frau mit einem Liebhaber. Er wirft die Frau den Balkon runter, den Liebhaber hinterher, und dann springt er auch noch selber runter. Da sagt der eine Stammtischbruder: »Es hätte noch viel schlimmer kommen können!« »Jetzt hör' mal auf«, sagen die anderen, »was hätte denn da noch viel schlimmer kommen können? Alle sind tot!« Sagt der: »Vor 14 Tagen war ich in der Wohnung!«

Humor, sagt Freud, diene dazu, dem Schmerz und dem Leid den Boden zu entziehen.

Ja, da hat er recht. Das schreibt er in seiner »Psychologie des Witzes«, ein sehr gescheites Buch. Vor allem stehen da gute Witze drin. Er zitiert beispielsweise Lichtenberg. Bei Shakespeares »Hamlet« heißt es: »Es gibt mehr, Horatio, zwischen Himmel und Erde, als sich Eure Schulweisheit träumen lässt.« Und Lichtenberg, so schreibt Freud, hat hinzugefügt: »Es gibt auch mehr in der Schulweisheit, als Himmel und Erde sich träumen lassen.« Diese Form des Witzes mag ich, wenn man etwas variert, es auf den Kopf stellt.

Für einen Politiker haben Sie immer recht witzige Reden gehalten.

Ja, ich habe oft erst als Dritter das Wort bekommen, wenn die anderen schon die hochinteressanten Tatsachen aufgelistet haben, also: »Meine Damen und Herren, im letzten Jahr ist das Bruttosozialprodukt um 2,3 Prozent gestiegen, während es im vorletzten Jahr um 1,7 Prozent gestiegen ist. Das macht zusammen immerhin vier Prozent, ich möchte es jetzt genau ausrechnen …« So Zeugs musste ich dann gar nicht mehr sagen. Ich habe immer nur zwei Sätze zum Thema gesagt, das habe ich von Kurt Georg Kiesinger gelernt …

… für den Sie, als er Kanzler war, selbst Reden geschrieben haben.

… dass man ein, zwei Sätze verwendet, um aus dem Thema auszusteigen, und sich für den Schluss zwei Sätze überlegt, um zum Thema wieder zurückzukommen. Da merkt der Zuhörer gar nicht, dass man nicht übers Thema gesprochen hat. So war das bei Kiesinger auch. Der hatte immer seine Außenpolitik, dann kam der Feuerwehrtag, der Weltenbrand, der müsse verhindert werden, dann war er wieder in der Außenpolitik und »Vorsorgen, Vorbeugen heißt die Devise!«. Beifall. Aus.

In fast allen Ihren Reden zitierten Sie Hegel.

Er ist ein glänzender Aphoristiker – wenn Sie die Nebensätze rausstreichen. Auch Goethe hat von ihm Weisheiten übernommen. Hegel, ein Mann mit Witz, wirklich bemerkenswert. Bei ihm findet man ständig Sätze wie: »Die guten Seiten in der Geschichte sind die leeren Blätter im Buch der Geschichte.« Sein Problem ist nur: Er wollte immer alles auf einmal sagen, und er hat das Verb dann irgendwo verborgen.

Hegel, höhnte Marx, habe geschrieben, als ob er nicht verstanden werden wolle.

Genauso hat es auch Heine gesehen. Ich habe viel von Hegel gelesen und ihn sorgfältig exzerpiert. Das habe ich immer so gemacht, mit allen Büchern. Meistens habe ich ernste Bücher gelesen, jeden Morgen und Abend etwas, immer eine halbe Stunde, oft eine ganze Stunde. Und ich habe die Stellen, die mich interessiert haben, mit dem Fingernagel markiert und sie nachher mit dem Bleistift angestrichen und schließlich rausgeschrieben. Ich habe so einen Haufen von Heften mit Zitaten, der ist einen halben Meter hoch.

Da drüben steht ein dickes Buch von Lenin.

Ich habe viel von Lenin gelesen. Er ist ein unglaublich origineller Mensch.

Muss ich mir das so vorstellen? Der CDU-OB von Stuttgart kommt abends heim und studiert Lenin?

Ja, er hat hier in Sillenbuch gelebt, es gibt einen Zettel von Lenin: »Eine Wegbeschreibung nach Sillenbuch«. Ich bin mal Anfang der 80er nach Moskau eingeladen worden, die haben gestaunt und waren hoch erfreut, dass ich so viel über Lenin wusste. Ich konnte ihn zitieren, aber als ich gesagt habe, dass Lenin sich hat kirchlich trauen lassen, also doch ein Gläubiger war, haben die entsetzt gerufen: »Nein!«

Dass Sie ein Leninist sind!

Ich habe für ihn immer etwas übrig gehabt. Er ist eine große Figur der Geschichte. Ein Mann, der auf sich selbst zurückgeworfen, mit einigen Briefen eine Weltrevolution anzettelt. In Zürich – wer hat ihn da unterstützt? Er hat im Elend gelebt, aber seinen Glauben, seinen Optimismus nie aufgegeben.

Er schrieb ja auch Sätze wie: »Der Zwiespalt zwischen Traum und Wirklichkeit ist nicht schädlich, wenn nur der Träumende ernstlich an seinen Traum glaubt.«

Ja, diese Flucht in den Traum, das ist schon ein Marx'scher Gedanke. Faszinierend, wie er eine theoretische Idee gehabt hat, die ihn beseelt, besessen gemacht hat. Er war natürlich auch ein fürchterlicher Gewaltmensch, der sich nicht gescheut hat, über Leichen zu gehen. Leider kann ich jetzt nicht mehr so viel lesen, ich kann jetzt nicht mehr so lange sitzen.

Vor ein paar Jahren haben Sie über das Altwerden so gekalauert: »Ehret die Alten, eh sie erkalten.«

Ja, denn wenn sie erst mal gestorben sind, dann kann man sie nicht mehr verehren, dann nützt es ihnen nichts mehr. Ich habe noch ein anderes Gedicht gemacht: »Das Steuerrecht verdirbt den Erben langsam jede Freud' am Sterben.«

Im Unbewussten, sagt Freud, sind wir alle von unserer Unsterblichkeit über-

zeugt. Aber, was wir ab einem bestimmten Alter nicht mehr verdrängen können, ist die Angst vor dem Tod.

Ich habe keine Angst vor dem Tod. Es ist auch ein Stück Glauben, Vertrauen. Der Mensch neigt dazu, sich so einzuschätzen, dass für ihn das ewige Leben der angemessene Zustand wäre. Er überschätzt sich. Mir ist das alles ein Geheimnis, aber ich halte ein Weiterleben nach dem Tod für möglich. Ob in vollem Bewusstsein und Kenntnis dessen, was auf Erden geschehen ist – da komme ich ins Fantasieren, das lehne ich ab. Da halte ich es mit den alten Juden, die sagen: »Das muss man Gott überlassen.«

Kurz vor seinem Tod hat Hajo Friedrichs gesagt: »Am schlimmsten sind die langen Nächte, da lieg' ich wach und versuch', meine Träume einzufangen.«

Die Nächte sind lang. Mein Rücken schmerzt. Wenn ich längere Zeit wach liege, höre ich Kassetten mit französischen Texten an. Ich habe auch schon sämtliche Wagner-Opern angehört. Oder Interviews mit Leuten aus den unterschiedlichsten Berufen. Dann schlafe ich wieder für eine halbe Stunde ein, dann wache ich wieder auf, dann setze ich mir den Walkman auf die Ohren und höre zu. Ich liege mit Schmerzen im Bett, auf der Seite kann ich kaum liegen, auf dem Rücken geht es noch einigermaßen, dann stört wieder mein Parkinson. Wenn ich mich entschließe, mich im Bett umzudrehen, muss ich jede Bewegung, die Sie automatisch machen, ganz bewusst planen, mir sagen: »Linker Fuß vor, jetzt mit dem Ellbogen abstützen, dann …« Es ist ein Riesenvorgang, und es dauert lange.

Was haben Sie heute Nacht gelernt?

Heute Nacht habe ich französisch gelernt. Es gibt die Zeitschrift »Écoute«, die haben solche Kassetten, da wird unter Geräuschpegel, realistischen Bedingungen also, französisch geredet, auch Dialekt.

Et maintenant vous parlez comme un Français?

Pas du tout, non, non, mais je sais beaucoup mieux parler qu'avant. J'ai reappris mon français, ich spreche jetzt besser als früher. Heute Nacht habe ich mir ein Band angehört, da ging es um »les droits des femmes«.

Um die Frauenbewegung?

Oui, ja, le mouvement pour la libération des femmes. Es ging um die 70er-Jahre, ist aber immer noch aktuell.

Herr Rommel, bundesweit wurden Sie in den siebziger Jahren bekannt, als Sie zuließen, die RAF-Mitglieder Raspe, Ensslin und Baader in Stuttgart zu beerdigen.

Das kam mir so heillos vor. Es war so dramatisch, dass sie sich umbringen und dabei noch den Anschein erzeugen, sie seien umgebracht worden.

So denken noch viele.

Es ist natürlich nicht richtig. Ich habe gedacht, dem alten verwirrten Pfarrer Ensslin brauchst du nicht auch noch einen Tritt versetzen, wenn die Angehörigen wünschen, dass sie in Stuttgart beerdigt werden. Mein Friedhofamtsleiter sagte: »Die haben kein Grabrecht.« Und ich habe gesagt: »Um Gotteswillen, wenn das gewünscht wird, werden die gemeinsam beerdigt.«

Sie waren eine Hassfigur.

Ja, aber bei der Bevölkerunng nicht, die verstand das, eher bei den höheren Kreisen.

Eine englische Zeitung schrieb damals, Sie seien Deutschlands letzter Demokrat.

Das ist übertrieben, aber es war eine hysterische Terroristenfurcht da. Mir schien eine großzügige Geste wichtig, damit man merkt, übers Grab hinaus hassen wir nicht. Es waren ja Verwirrte. Bei der Beerdigung von Hanns Martin Schleyer habe ich mit der Frau Schleyer gesprochen, denn viele hatten zu ihr gesagt: »Der Rommel richtet eine Ehrenstätte für die ein.« Aber sie war sehr vernünftig und gelassen.

Was viele kurz vorher aufgeregt hatte, war, dass Sie den Schauspieldirektor Claus Peymann nicht entließen, als er für eine Zahnbehandlung von Gudrun Ensslin spendete – wie er sagte: »einen namhaften Betrag«.

Damals meinte Franz Josef Strauß, jetzt hätte ich das Ende meiner Laufbahn erreicht. Da gab es eine Zeit lang einen kollektiven Massenzorn, man müsse sich von Peymann, diesem Sympathisanten der Terroristen trennen. Ich hielt den Begriff »Sympathisant« sowieso für überzogen. Aber über diesen »namhaften Betrag« muss ich heute noch lachen. Es waren bloß 100 Mark. Der Schauspieldirektor hat damals schon über 200 000 Mark im Jahr verdient, und für jede Inszenierung hat er noch extra etwas gekriegt. Ich habe damals zu Peymann gesagt: »Wenn das rauskommt, dann gibt es für Sie wirklich keine Rettung mehr.«

Er galt immer als ein launiger und auch gegen die eigene Partei recht streitbarer Christdemokrat: Manfred Rommel, 1928 geboren. Bis 1996 war er, 22 Jahre lang, Oberbürgermeister von Stuttgart. Die Anrede, er sei »dem Wüstenfuchs sei Kloiner«, kontert er gern damit, dass »der Kloine« längst viel älter sei, als es sein Vater, der Generalfeldmarschall, wurde.

ANGELA MERKEL

»Als die Mauer fiel, war ich in der Sauna«

(2000)

Seit knapp hundert Tagen, seit dem 10. April 2000, ist Angela Merkel Parteichefin, die erste Frau an der Spitze der CDU, als sie zum Interview empfängt. Sie residiert nun ganz oben in der Parteizentrale, in einem großen, hellen Büro voller Fenster – sie, die Frau aus dem Osten, hat sich gegen Helmut Kohl durchgesetzt, gegen die Wulffs, Oettingers, Kochs, für die CDU-Jungmachos war sie nur ein »Mädel«, ein »Aschenputtel«, nicht wirklich ernst zu nehmen. Allerdings, was kaum einer in der Partei ahnte: ein Aschenputtel mit Kohlscher Machtlust. Selten bin ich einer Führungsfigur begegnet, die so entspannt wirkte, so unheimlich in sich ruhend.

Frau Merkel, die einen verspötteln Sie als »bieder«, »mausgrau«, »trantütig« gar. Andere bejubeln Sie als »blitzgescheit«, »selbstbewusst«, sogar als »überheblich«.

Ich finde es nicht schlimm, ein Rätsel zu sein. Das erhält die Spannung.

Aber wer, zum Teufel, sind Sie nun?

Moment. Ich habe viele Facetten – wie jeder Mensch. Es verblüfft mich immer wieder, mit welcher Schnelligkeit abschließende Urteile gefällt werden. Und noch mehr verblüfft mich, mit welcher Selbstverständlichkeit Journalisten manchmal die Urteile voneinander abschreiben – oft ohne mit mir zu sprechen. Dann gibt es wichtige Ereignisse, und plötzlich hat man ein anderes Image. Gestern war ich mausgrau, plötzlich bin ich brutal und herzlos. Und morgen? Manchmal denke ich, vielleicht runden sich all diese Sichtweisen irgendwann zu einem Gesamtbild.

Wer also sind Sie?

Ich bin ein Mensch. Eine Frau. 46 Jahre alt. Interessant finde ich, dass die Distanz zwischen dem eigenen Wunschbild und dem Erleben der eigenen Person immer geringer wird.

Sie sind mit sich einverstanden?

Ich bin auf gutem Weg. Mit sich selbst Frieden zu schließen, das ist ja ein lebenslanger Prozess, aber ich finde den Vorgang interessant. Man hatte ja als Kind so Ideale. Ich wollte mal Eiskunstläuferin werden. Oder auch Balletttänzerin.

Sie waren doch, O-Ton Merkel, ein »Bewegungsidiot«.

Ja eben! Aber da war die Sehnsucht nach genau dem, was ich eben nicht konnte oder nicht hatte. Ich wollte dickere Haare. Ich wollte blass aussehen, das war für mich wunderbar, denn ich hatte immer so rote Wangen!

Und mit fünf Jahren konnten Sie noch keinen Berg runtergehen.

Man musste mir das rational erklären. Ich hatte da Angst. Mein Vater musste mir sagen, was ich tun muss: »Du musst ein Bein vorsetzen und noch ein Bein, und wenn es zu steil wird, dann musst du die Ferse aufsetzen.« Ich hab das brav nachgemacht, und dann ging es. Dann war die Angst weg.

In einem sind sich alle einig: Sie haben einen starken Willen, Sie sind ehrgeizig.

Was soll ich dazu sagen? Mit Sicherheit bin ich nicht unehrgeizig. Sonst hätte ich mir einen anderen Job ausgesucht, wo ich am Freitag um 14 Uhr zu Hause und nicht mit Ihnen hier sitze.

Ulrich Merkel, Ihr erster Mann, hat Sie so beschrieben: »Sie ist eine Kämpfernatur.«

Ist doch nicht schlimm, oder? Ich empfinde das als ein Kompliment. Ein Politiker muss machtbewusst sein. Er muss ehrgeizig sein. Er muss sich selber etwas abverlangen können.

Und er muss kämpfen können?

Ich glaube, dass ich kämpfen kann, aber ich gehe nicht jeden Kampf ein. Ist der Kampf erfolgversprechend? Reichen die Kräfte? Man kann nicht an allen Fronten gleichzeitig kämpfen. Manche Kämpfe muss man delegieren, manche muss man verschieben.

Aber Mitte Dezember 1999 wussten Sie: Jetzt muss ich den Brief in der »FAZ« schreiben und die CDU auffordern, sich von Kohl zu lösen. Da wussten Sie: Jetzt kann ich den Kampf führen!

Nicht: kann. Sondern: muss! Um der Zukunft der CDU willen.

Waren Sie beim Schreiben des Briefs aufgeregt?

Erstens war es kein Brief, sondern ein Aufsatz, zweitens haben Sie einen Hang zum Theatralischen...

Ich bitte Sie: Mit diesem Schreiben legten Sie sich mit dem Übervater der CDU an. So etwas macht man nicht jeden Tag.

Nein. Zuerst ordnet man da seine Gedanken. Dann ringt man mit sich, ob man es macht oder nicht. Die Haderphase. Und dann ist es entschieden.

Ein Bein vor, noch ein Bein vor – es ist wie beim Berg-Runtergehen.

Wenn man sich entschieden hat, ist es durch. Dann ist es ein Point of no return, und dann ist es gut.

Egal, wie Sie sich mühen: Sie haben keine Chance, Sie sind eine Vorsitzende auf Abruf, Ihr alter politischer Ziehvater zieht weiterhin die Fäden und ...

Moment, ein Vorsitzender ist immer ein Vorsitzender auf Zeit, auf Abruf. Ich habe ein schönes Amt in einer schwierigen Zeit. Ich muss mich bewähren. Die Amerikaner würden es »challenge« nennen, und ich nehme die Herausforderung an.

Sie stehen auf der Kommandobrücke eines Tankers, und vorn am Bug brennt es. Sie sehen Leute rumrennen, aber Sie wissen nicht, ob die wirklich löschen oder Öl ins Feuer gießen. Es ist nur eine Frage der Zeit, bis Ihnen der Laden um die Ohren fliegt.

Das glaube ich nicht. Ich habe einen guten Überblick über den Laden, und der fliegt uns nicht um die Ohren. Im Gegenteil, er macht Rot-Grün wieder Dampf.

Die Regierung Schröder hat Sie mit der Steuerreform elegant aufs Kreuz gelegt.

Na ja. Unser Weg in der Sache war richtig. An den Nachbesserungen sehen Sie ja, dass die Regierung die Schwächen ihrer Reform kannte. Jetzt trägt sie in vielen Teilen die Handschrift der Union.

Doch ausgeknockt liegt Ihr Fraktionschef Friedrich Merz da.

Friedrich Merz ist ein guter Fraktionsvorsitzender. Um in der Boxersprache zu bleiben: Die anderen haben einen Punkt gemacht. Aber der Kampf ist noch lange nicht entschieden.

Und der wird hart – auch parteiintern. Im Bundestag sitzt Helmut Kohl, seine Getreuen kommen zu ihm, streicheln ihn, berühren ihn, tuscheln mit ihm. Das sind doch Machtdemonstrationen gegen Sie.

Was? Sie brauchen gar nicht so eine dramatische Sprache zu wählen. Die Sache ist nämlich sehr nüchtern und sachlich zu sehen: Die CDU ist in einer Umbruchphase. Und die politische Zukunft dieser Partei wird nicht mehr von Helmut Kohl bestimmt. Sondern von der neuen Parteiführung. Aber die Zukunft wird auch dadurch bestimmt, wie sich die Partei zu ihrer Vergangenheit verhält. Wir müssen da eine gerechte Beurteilung hinbekommen.

Nach all dem, was über die CDU herauskam, den Lügereien, Betrügereien,

den verschwundenen, verfälschten Akten, schwarzen Konten, Schweizer Konten – würden Sie heute nochmals in die CDU eintreten?

Ja, denn die CDU ist viel mehr als das, was Sie hier aufzählen. Ich gehe heute meinen Weg, so wie ich ihn gehe, weil ich überzeugt bin, dass die CDU sonst nur von bestimmten Leuten auf die Fehler reduziert würde. Damit wir aber auch über unsere Leistungen sprechen können, nenne ich auch die Fehler.

Gab es in den letzten Monaten Momente, in denen Sie sagten: »Verdammt! Was für einer Partei gehöre ich bloß an?«

Nein.

Ach, kommen Sie.

Es gab Stunden, da hat es mir die Sprache verschlagen.

Glauben Sie, dass Helmut Kohl beim feierlichen Akt zur Wiedervereinigung am 3. Oktober in der ersten Reihe sitzen wird?

Warten Sie es ab. Aber sagen Sie mal, worum geht es Ihnen eigentlich?

Es geht mir um Sie.

Ja?

Ja, aber Helmut Kohl hat Sie doch geprägt.

Zu einem Teil sicherlich. Ich habe viel von Helmut Kohl gelernt – die politische Beurteilungskraft, das Gefühl und das Gespür für politische Vorgänge, für Mehrheiten. Aber ich bin ich und gehe meinen Weg mit meinem Stil.

Sie werden als Chefin nicht so diktatorisch wie er regieren?

Was heißt »diktatorisch«? Diese Frage akzeptiere ich nicht bei einem demokratisch gewählten Parteivorsitzenden, ob er Helmut Kohl oder Merkel oder sonst wie heißt. Sie müssen als Chef in den Ring. Sie müssen Mehrheiten zusammenbringen. Was Helmut Kohl richtigerweise – sonst kann jemand auch nicht Parteivorsitzender sein – nicht geduldet hat, ist persönliche Illoyalität. Ein gesundes Misstrauen gehört zur politischen Arbeit.

Es ist ein hartes Geschäft?

Sicherlich. Aber auch ein Langstreckenlauf ist hart. Manager bei einem Großunternehmen zu sein ist hart. In Parteien geht es doch nicht anders zu als anderswo. Politik ist natürlich hart, wenn man an der Spitze ist. Dazu gehört auch Einsamkeit. Nun können Sie fragen, warum tun sich Menschen das an? Weil es Spaß macht. Weil es eine Herausforderung ist. Ich wurde mal gefragt, was der entscheidende Unterschied gegenüber dem Leben in der DDR ist. In der DDR war es fast unmöglich, seine Fähigkeiten auszuleben und an die eigenen Leistungsgrenzen zu stoßen. Aber daran habe ich Freude.

Die Grüne Antje Radcke hat den Drang in die Politik mal so begründet: »Es macht Spaß, wichtig zu sein!«

Ich denke nicht darüber nach, ob es schön ist, wichtig zu sein. Es ist schön, an die eigenen Leistungsgrenzen zu stoßen, und das heißt in der Politik: Mehrheiten gewinnen, neue Antworten für neue Aufgaben finden. Was ist »wichtig«? Dieser Satz ist merkwürdig. Man merkt doch in der Politik, wie kurzlebig die Erfolge sind, wie schnell die Stimmungen wechseln. Der Glanz des einen Tages kann schon wieder der Niedergang des zweiten sein. Alles ist stimmungsabhängig.

Der Journalist Rolf Zundel …

Ach, mein erstes Weihnachtsbuch nach der Wende war von Zundel. Es war interessant, es ging um Politik und Psychologie.

Er schrieb: »Die Politik ist erbarmungslos, sie deformiert alle mehr oder weniger.«

Tja, das Leben ist überhaupt erbarmungslos, und es deformiert jeden bis zum Tod.

Das Leben ist Kampf?

In gewisser Weise, ja. Ich war bis 35 Physikerin, ich habe heute zehn Jahre Berufserfahrung als Politikerin hinter mir. Aber was deformiert mehr? Der Drang, immer neue wissenschaftliche Erkenntnisse zu gewinnen? Als Wissenschaftler großem Ruhm nachzujagen? Und wie ist es bei den Managern internationaler Konzerne? Ich glaube nicht, dass Politiker etwas Besonderes sind. Sie haben doch immer die Chance, ihren eigenen Stil zu bewahren und mit sich im Reinen zu sein.

Und das sind Sie?

Ich denke ja.

Sie haben die steilste Karriere hingelegt in der bundesdeutschen Parteiengeschichte.

Glauben Sie das?

Ja. Und sind Sie stolz auf das Erreichte?

Ich bin verwundert. Ich muss aber erst mal überlegen, was das heißt: »steilste Karriere«.

Vor zehn Jahren erst traten Sie in die CDU ein.

Gut, aber ich habe zu viel zu tun, um staunend dazustehen. Mein Weg ist wahrscheinlich bemerkenswert, aber Gott sei Dank fühle ich das nicht so.

Aber manchmal, abends vor dem Spiegel, denken Sie da nicht: »Huch, wer bin ich? Was habe ich geschafft?«

Nein, mir wird manchmal eher mulmig, wenn ich durch die Welt gehe und all die Menschen nicht kenne, die mir begegnen – und die meinen alle, dass sie mich kennen, dass sie von mir alles wissen. Das gibt mir ein Gefühl der Unbalance. Ich habe aber gern Balance. Das beklemmt mich manchmal. Nimmt mir Freiheit.

Sie stehen unter ständiger Beobachtung, werden seziert, analysiert, interpretiert.

Ich bin völlig überrascht, wenn ich mal was über mich lese, wo ich das Gefühl habe: Das bin ich! Das passiert nicht oft. Manchmal, selten, gibt es Porträts von Journalisten, die einen sogar noch auf etwas bringen. Einer hat mal geschrieben, ich sei eine Wanderin zwischen den Welten und dass ich mich keiner total verschrieben hätte. Das ist ein interessanter Gedanke, darin ist wohl ein bisschen Wahrheit. Und das berührt mich dann.

Kennen Sie eigentlich den Witz, der in PDS-Kreisen über Sie kursiert?

Nein.

»Wenigstens eine von uns hat es geschafft!«

Was ist daran der Witz?

Sie waren ja mal in der FDJ, »der Kampfreserve der SED«.

Ach so. Ja, das ist richtig, das ist Teil meines Lebens. Aber der PDS-Witz zeigt doch nur, dass diese Partei auch heute noch in der Kontinuität der alten Zeit steht, nichts dazulernt.

Sie hingegen haben schnell gelernt, Sie sind nun Vorsitzende der CDU. Ist doch irgendwie wahnsinnig?

Das ist eine westdeutsche Sicht. Aus Ost-Sicht ist das viel weniger beachtlich. Wahnsinn ist eher, dass der Kalte Krieg überwunden, dass die Mauer gefallen ist! Die meisten Mitglieder der CDU kommen im Übrigen aus den alten Bundesländern, und für sie ist meine Biografie bis zum 35. Lebensjahr etwas Besonderes. Deshalb muss ich mich viel stärker legitimieren, also immer wieder erzählen: Ich bin in Hamburg geboren, im Osten aufgewachsen, war in der FDJ, habe dennoch keine Jugendweihe, sondern bewusst nur die Konfirmation. Darauf bin ich stolz. Dass ich heute Parteivorsitzende bin, ist ein echtes Stück deutscher Einheit.

Einen Großteil der CDU-Geschichte haben Sie nicht persönlich erlebt. Wie haben Sie sich die Geschichte, den Jargon angeeignet? Büffelt man das alles wie eine Fremdsprache?

Bei mir heißt es ja heute noch, dass ich nicht wie ein Politiker spreche. Ich spreche meine Sprache, und ich kann auch zuhören. Dabei lerne ich etwas, und ich denke, man kann auch etwas von mir lernen. Ansonsten bekomme ich viel durch Erzählungen mit, durch das Befragen von Leuten, Zeitungsartikel. Wenn das Kabinett etwa Weihnachtsessen hatte, dann habe ich einfach zugehört. Und das sind schon interessante Geschichten, wie Strauß und Kohl ihre frühen Kämpfe ausgefochten haben. Dass ich einen Teil der Geschichte nicht erlebt habe, hat auch Vorteile, man hat eine größere Unbefangenheit. Auch einen klareren Blick auf manchen Wildwuchs in Deutschland. Mit dieser Unbefangenheit können Sie auch Dinge anders machen. Ich glaube zum Beispiel, dass kaum jemand aus der CDU zu den Kernkraftgegnern nach Gorleben gefahren wäre wie ich, aus dem Osten kommend, um mit ihnen zu diskutieren.

Frau Merkel, Sie sind schon ein bisschen anders als die üblichen Politiker. Sie sind Olympiasiegerin und…

Ja, ich habe mal die Russisch-Olympiade gewonnen. Das war 1970, ich war in der neunten Klasse. Mit der Mannschaft unseres Bezirks war ich bei der DDR-Olympiade in Berlin. Lenin hatte gerade seinen hundertsten Geburtstag, dazu musste man was schreiben, und die Lenin-Biografie auf Russisch erzählen: Ленин родился в 22-ого апредя 1870 году в гороле Ульяновск.

Aha.

Ja, »Lenin wurde am 22. April 1870 in Uljanowsk geboren«. Russisch ist eine schöne Sprache, ganz gefühlvoll, ein bisschen wie Musik, ein bisschen melancholisch. Ich habe immer sehr gern Russisch gesprochen. Eines der schönsten russischen Worte ist терпение, und es klingt wie das, was es heißt: Leidensfähigkeit. Nicht so zu sein wie wir, sich aufzulehnen und zu rebellieren, sondern die Dinge auch hinzunehmen und zu akzeptieren. Das schafft eine höhere Gelassenheit dem Leben gegenüber.

Die hätten Sie gern.

Der Gedanke gefällt mir, wahrscheinlich wegen meiner Unfähigkeit, selber so zu leben.

Sie haben geschafft, was dem Osten im Kalten Krieg mit dem Westen nie gelang, obwohl es Erich Honecker so verzweifelt wollte: »Überholen, ohne einzuholen!«

Na gut, ich habe durch die deutsche Einheit einfach unheimliches Glück gehabt.

Ulrich Schoeneich, der SPD-Bürgermeister Ihres Heimatortes Templin, ist sehr stolz auf Sie, denn Ihr Erfolg zeige, »dass wir im Osten nicht nur das grüne Männchen auf der Ampel haben«!

Ja, das stimmt. Ich bin eine Projektionsfläche, klar, natürlich, für viele Menschen aus den neuen Bundesländern. Es gibt ja nicht so viele, die an die Spitze gekommen sind.

Sie sind nun sogar, lobt die »FAZ«, eine »Lichtgestalt«: Kein anderer hätte die CDU »so schnell aus dem tiefen Schatten wieder ans Licht bringen können«.

Na ja.

So nüchtern sehen Sie das? Sogar einem Heiner Geißler wird es ganz elegisch bei Ihnen. Sie seien »eine herbe Schönheit« mit »melancholischem Blick in einem zuweilen von Traurigkeit umflorten Gesicht«.

Ich sehe aus, wie ich aussehe, und fertig.

Waren Sie eigentlich gern ein Mädchen?

Ja, ich hatte eine schöne Kindheit. Das wird ja im Westen oft übersehen, dass das Leben in der DDR nicht nur aus Politik bestand. Die Uckermark als Landschaft ist wunderschön, wir sind im Wald rumgerannt, haben Blaubeeren gepflückt, Pilze gesammelt. Ich hatte mein Gartenstück, im Sommer bin ich jeden Tag baden gefahren. Abends auf dem See schwimmen war schön. Weihnachtslieder singen mit Echo. Ich habe viel mit russischen Soldaten geplaudert, weil bei uns ja doppelt so viele Russen im Wald waren wie Deutsche.

Ihre Eltern waren nicht sehr streng?

Ja und nein. Es war ein sehr geregeltes Elternhaus. Aber es war auch ein sehr offenes Haus, wir haben viel diskutiert. Mein Vater hatte eine klare Meinung. Er ist sehr gründlich, ich bin ein bisschen pfuschig. Das hat mir manchmal als Kind Pein bereitet, aber daraus habe ich natürlich auch was gelernt. Ich durfte nie auf dem Moped mitfahren. Darunter habe ich gelitten. Und ich musste beizeiten zu Hause sein. Aber mit 18 wurde es mir zu eng in der Kleinstadt. So ab der zehnten Klasse bin ich immer auf Tour gegangen. Prag, Budapest, Bukarest, Sofia. Meist sind wir mit dem Zug gefahren, haben wild gezeltet, sind mit dem Rucksack ins Gebirge. 1986 war ich in Armenien, Aserbaidschan, Georgien. Da war ich mit zwei Freunden, wir sind getrampt.

Das war eine gute Zeit?

Ja, von 16 bis 26 war es in Ordnung, aber dann hatte man alles durch, rauf und runter. Und dann finden Sie es zunehmend dumm, dass man nur 30 Mark pro Tag umtauschen darf. In Budapest hat der Campingplatz schon 20 Mark gekostet, und dann musste man irgendwie sehen, dass man zur Suppe noch ein bisschen Salat kriegt. Irgendwann reichte es. Irgendwann hatte man es auch satt, mit Konservenbüchsen im Rucksack durch die Welt zu reisen.

Wie sind Sie erzogen worden?

Man hat mir wie Millionen anderer Kinder beigebracht, dass man zu Ende bringt, was man anfängt. Es war auch so, dass meine Mutter oft sagte: »Ihr seid Pfarrerskinder! Ihr müsst immer noch etwas besser sein als die anderen.«

Und am Mittagstisch wurde gebetet?

Ja, sicher. Ich bin auch zur Christenlehre gegangen, zum Gottesdienst, und ich habe mir wie alle die Frage nach Gott gestellt.

Glaube – ist das auch heute für Sie noch wichtig?

Ja. Warum schauen Sie jetzt so skeptisch? Der Mensch ist nicht die letzte Instanz, und das, finde ich, ist etwas sehr Erleichterndes, auch für die Politik. Dass man Fehler machen kann, dass man irrt, dass man sich nicht überhöht, dass es Gemeinschaften gibt, die das Gleiche glauben, ohne dass man sich ständig rechtfertigen muss. Und der christliche Glaube ist eine Sicht aufs Leben, die darin besteht, dass man sich nicht als das Wichtigste nimmt. Es hat auch etwas mit Vergebung zu tun, damit, dass der Mensch ein Sünder ist.

Sie sind wahrscheinlich die erste Parteivorsitzende der CDU, womöglich das einzige Mitglied der CDU, das je in einer besetzten Wohnung gelebt hat.

Das mag sein, das weiß ich nicht.

Aber geräumt worden sind Sie nicht?

Nein, dem bin ich knapp entgangen. Aber ich war unheimlich froh, in Berlin in den 80er-Jahren eine Wohnung gefunden zu haben.

Und dann, Sie waren 30 Jahre alt, kam Ihr Vater zu Besuch und sagte: »Weit hast du es noch nicht gebracht!«

Ja, ich bestätige die Richtigkeit des Zitats. Ich war gerade umgezogen in eine nicht legale Wohnung, die war in keinem guten Zustand.

Wie war das für Sie, als die Mauer fiel?

Wunderbar. Ich war in der Sauna. Da bin ich immer donnerstags hingegangen mit Freundinnen, im Thälmann-Park hier in Berlin. Und dann hörte ich die Pressekonferenz von Schabowski, und nach der Sauna bin ich dann zur Bornholmer Straße und bin rüber. Mit meiner Mutter hatte ich mir immer ausgemalt, was wir als Erstes machen würden: Ins Kempinski gehen, Austern essen. Aber da waren wir bis heute nicht. Ich habe bis jetzt noch keine einzige Auster gegessen!

Aber in der DDR hatten Sie keiner Dissidentengruppe angehört?

Ich hatte Mühe mit deren Stil. Ich habe Bahro gelesen, Solschenizyn, und mich mit Freunden darüber unterhalten. Im Blick zurück würde ich sagen: zu alternativ.

Lothar de Maizière hat Sie damals so empfunden: Typ Studentin, selbst geschnittener Bubikopf, Jesuslatschen.

Man kann wirklich nicht sagen, dass ich nur bieder war und zwischen Gummibaum und Robotron-Fernseher lebend mich abends nicht aus dem Haus bewegt hätte. Es hat mich fasziniert, was passiert ist. Ich bin zu Rainer Eppelmann gegangen, und wenn der Stefan Heym gelesen hat, dann bin ich da hin. Aber mich hat das zu lange Diskutieren gestört. Ich hatte mit dem Sozialismus abgeschlossen. Diese Mischung aus Alternativität und einer anderen Form von Sozialismus hat mich nicht gereizt.

Aber Sie hätten doch, wie Kohl sagen würde, ein »Soz« werden können.

Nein. Quatsch! Ich bin ein sehr individualistischer Typ, ich mag das Kollektivistische nicht. Ich habe mir ja die SPD angeschaut mit meinem damaligen Chef. Er ist dann gleich dort geblieben. Er ist heute der Bürgermeister von Köpenick. SPD? Nein! Für mich war das nichts. Ich bin dann weiter zum Demokratischen Aufbruch. Das hatte etwas sehr Unkoordiniertes, das hat mir gefallen. Da standen unausgepackte Computer rum.

Da wurden Sie gebraucht?

Ich wurde gebraucht und hab zugepackt. Und die Ziele des demokratischen Aufbruchs – die Einheit, Währungsunion, soziale Marktwirtschaft: Das hat mir gut gefallen.

Lothar de Maizière meint, Sie wären durch Zufall in der CDU gelandet.

Das kann Lothar de Maizière nicht einschätzen.

Wohin wollen Sie die CDU führen? Sie sind die Chefin, Sie haben das letzte Wort.

Ich kenne den Punkt, dass in bestimmten Fragen die Chefs das letzte Wort haben. Ich war sieben Jahre Landesvorsitzende, war Ministerin. Jetzt so eine große, bundesweite Volkspartei zu führen ist eine neue Aufgabe.

Und das Ziel ist klar: Sie wollen an die Macht.

Ich will, dass die CDU 2002 die Regierung übernimmt, und sie dazu inhaltlich voranbringen. Was zum Beispiel ist die Aufgabe der CDU nach der Beendigung des Kalten Kriegs? Nachdem die Grünen die Nato anerkannt haben? Mit der deutschen Einheit hat sich die ganze Nachkriegsordnung verändert. Und ich möchte, mit den alten Werten vom christlichen Menschenbild und unserem Verständnis von Freiheit und Gerechtigkeit, von Solidarität, Antworten auf die zukünftigen Fragen finden.

Das sind Schlagworte.

Vielleicht für Sie, aber sie umschreiben die Aufgabe, deutlich zu machen, was soziale Marktwirtschaft unter internationalen Marktbedingungen bedeutet.

Glauben Sie, dass die Welt gerechter wird?

Ich habe nicht dieses deterministische Geschichtsverständnis, nach dem sich die Menschheit in einer ständigen Höherentwicklungsspirale befindet. Ich glaube, dass die Welt sich ruiniert, wenn sie es nicht schafft, mit den großen sozialen Unterschieden fertig zu werden.

So ähnlich würde es Kanzler Schröder auch sagen. Und das ist doch Ihr Problem: Überall wo Sie hinwollen, sitzt er schon – und macht quasi CDU-Politik.

Nein, dem würde er genauso widersprechen wie ich. Schröder hat eine große Schwäche. Er denkt nicht zu Ende. Er interessiert sich eigentlich für die Sachen nicht. Das ist sein ganz großes Manko. Er ist ein Augenblicksmensch.

Aber das ist doch eine Vision, die Sie treibt: Die erste Kanzlerin der Bundesrepublik Deutschland zu sein.

Mir wurde schon gesagt, ich hätte keine richtigen Visionen. Das ist wahrlich keine. Sie haben Ihr Gespräch damit begonnen, dass ich zum Scheitern verurteilt bin. Es geht schnell bei Ihnen: Jetzt fragen Sie mich nach der Kanzlerschaft, sehen Sie mich als Kanzlerin.

Und Sie? Als was sehen Sie sich?

Ich bin Parteivorsitzende, bin gerade mal hundert Tage im Amt. Darauf konzentriere ich mich. Ich habe das letzte Wort, Sie nun die letzte Frage.

Was werden Sie dereinst dem alten Mann da oben sagen – so es ihn denn gibt –, wenn er Sie fragt, was Sie Gutes für die Menschen getan haben?

Ich bin noch nicht so weit, dass ich mich mit solchen Gedanken beschäftige. Ich weiß auch nicht, ob der liebe Gott so fragt. Ich habe gerade die Mitte meines Lebens erreicht. Ich habe in der DDR gelebt, ich lebe mein Leben jetzt im geeinten Deutschland. Ich habe gute Sachen gemacht: Ich war eine ordentliche zweite Regierungssprecherin, ich habe den Rechtsanspruch auf einen Kindergartenplatz eingeführt, eine schöne Klimakonferenz in Berlin geführt. In einer entscheidenden Phase der CDU habe ich nicht Unwichtiges getan. Und privat bin ich geborgen. Und das ist doch in Ordnung, dass man ab und zu einen kleinen Stein gesetzt hat. Sie können doch nicht ewig auf Achse sein, und zum Schluss blicken Sie zurück und fragen: Was habe ich eigentlich gemacht?

Ihr Kollege Edmund Stoiber hat auch fürs Jenseits große Pläne. Er möchte dort oben Karl Marx fragen, ob ihm eigentlich klar sei, »was er mit seiner Ideologie alles angerichtet hat«.

Für den Himmel habe ich keine Pläne. Ich will da oben meine Ruhe. Sonst nichts.

Angela Merkel wurde am 17. Juli 1954 in Hamburg geboren, wuchs in Templin (DDR) auf, wo ihr Vater Pfarrer war. Sie studierte Physik, war auch in der FDJ. Nach dem Fall der Mauer engagiert sie sich beim Demokratischen Aufbruch, wird stellvertretende Sprecherin der Regierung de Maizière. 1990 wechselt sie zur CDU, kommt in den Bundestag, Helmut Kohl ernennt sie zur Frauen- und Jugendministerin. Rasant steigt sie auf: 1991 Vize-Vorsitzende der CDU, 1994–1998 Umweltministerin, danach CDU-Generalsekretärin. Im April 2000 wird sie Parteichefin, seit 2005 ist Angela Merkel Bundeskanzlerin in einer großen Koalition von CDU/CSU und SPD.

FRANZ MÜNTEFERING

»Die Leute sind falsch gespult. Und ich habe recht« (2003)

Als ich Franz Müntefering im Frühjahr 2003 in Berlin begegne, hat er harte Wochen hinter sich. Auf Veranstaltungen wurde er als »Verräter!« beschimpft, als »Judas!« verhöhnt. Es sind die Tage der Agenda 2010, und Franz Müntefering betreibt, ganz eifrig, an der Seite von Gerhard Schröder den Umbau des Sozialstaats. Müntefering galt den Genossen stets als Wächter alter sozialdemokratischer Werte – warum bloß? Im Gespräch erlebe ich einen Mann der Macht, der sich nach Macht sehnt und der sehr kühl wirkt, auch wenn er davon redet, wie er als Kind im Wald nach Brennholz gesucht hat, wie er fast verhungert ist.

Herr Müntefering, würden Sie heute in diese SPD eintreten?

Ja, sicher! Ich habe einen Riesenrespekt vor dieser Partei. Sie hat in den 140 Jahren ihrer Geschichte und in all den Kämpfen gezeigt, dass sie die richtigen Sensoren für den richtigen Weg hat – und so ist es auch heute.

Genau das bezweifeln viele Genossen: Der ehemalige SPD-Vorsitzende Oskar Lafontaine, dem Sie ja mal als Geschäftsführer gedient haben, der …

Nicht gedient! Nein! Nein! Gleiche Augenhöhe, da lege ich schon Wert drauf!

… der jedenfalls sagt, dass »die Reformen nichts anderes sind als die Kürzung sozialer Leistungen«. Er spricht von »Wahlbetrug« und dass man die SPD auf dem Sonderparteitag am 1. Juni zum »Kurswechsel« zwingen müsse.

Na ja, der Oskar. Er hat ja angekündigt oder ankündigen lassen, dass er zu diesem Parteitag vielleicht kommt. Dazu sage ich: Auf denn! Soll er doch kommen! Dieser Parteitag ist aber in Berlin und nicht in Mannheim, wo …

… Lafontaine 1995 ebenso überraschend wie triumphal die Macht in der SPD übernahm, Vorsitzender wurde.

Ja. Soll er am 1. Juni ruhig in Berlin auftauchen. Keine Chance für ihn. Wir haben ein gutes Konzept, aber ich weiß auch, es ist eine schwierige Operation, die wir vorhaben. Und dass sich manche wehren, verstehe ich. Aber wir lassen uns nicht beirren, wir wackeln nicht. Ich versuche jetzt zu gewinnen. Das gehört zum Spiel dazu.

Aber, mit Verlaub, das ist doch kein Spiel, um das es hier geht.

Doch, Politik hat immer auch ein sportives Element, das lasse ich mir nicht nehmen. Und Sport, müssen Sie wissen, ist mir sehr wichtig.

Politik, haben Sie mal gesagt, besteht »aus Tauben, Gesangsverein und Fußball«.

Ja, und das heißt: Nahe an den Menschen sein. Und die Menschen draußen wissen, dass es so nicht weitergeht. Wir können nicht verteilen, was wir nicht haben. Man kann nicht immer länger leben und weniger lange arbeiten, die Menschen verstehen das.

Ja? Als Sie neulich in Bochum auftraten, wurden Sie als »Arbeiterverräter« beschimpft.

Gut, dafür kann ich nichts, wenn die irregeleitet sind von ihren Vorleuten.

Das waren Gewerkschafter, das waren IG-Metall-Mitglieder, die Sie anbrüllten.

Ich verstecke mich nicht. Ich bin auch IG-Metaller, ich bin seit bald 35 Jahren dabei, und ich will demnächst eine Ehrenurkunde von denen.

Als »Judas« wurden Sie verhöhnt – von Ihren Genossen.

Ob es Genossen waren, weiß ich nicht, aber es waren auf jeden Fall Kollegen. Aber nochmals: Ich kann da nichts dafür. Die Leute sind falsch gespult.

Vielleicht ist es anders, vielleicht sind Sie ja falsch gespult?

Man muss natürlich immer schauen, ob man sich im Recht fühlen darf, fühlen kann. Und ich tue das, deswegen halte ich solche Attacken auch aus. Politik heißt ja auch führen. Ich muss den Menschen erklären: Die Dinge verändern sich. Recht haben allein reicht nicht, man muss auch recht bekommen.

Und Sie haben recht? Es ist doch eine nette Ironie der Geschichte: Die Sozialgesetze, die Bismarck erfand, um die gefährlichen Sozis zu bändigen, schaffen Sozialdemokraten nun ab.

Das ist eine nette Pointe, die es wert ist, gedruckt zu werden. Aber Gott sei Dank haben wir Bismarck hinter uns. Ich bin fest davon überzeugt, dass wir mit dieser Agenda 2010 Wachstum, Wohlstand sichern und auch Arbeitsplätze schaffen.

Ich habe mit einigen Vorstandsmitgliedern der SPD gesprochen. Und manche sind regelrecht erschüttert über Ihre Wandlung. Bisher seien Sie immer einer gewesen, der Wirtschaftsminister Clement bei seinen neoliberalen Ausflügen abgebremst hat, sozialdemokratische Werte wie Solidarität, Gerechtigkeit hochgehalten hat. Und jetzt fragen die sich erstaunt: »Warum macht der Münte diesen Sozialabbau mit?«

Wen auch immer Sie zitieren, nichts dagegen. Aber wir bauen, da widerspreche ich Ihnen ausdrücklich, soziale Gerechtigkeit nicht ab. Wir haben – und ich nehme mich da nicht aus – uns lange Zeit was vorgemacht. Wir müssen jetzt handeln. Wenn die Generationen, die es schon gibt und die noch kommen, auch noch im Wohlstand leben wollen, dann müssen wir heute handeln, ran an die Strukturen.

Und die FDP, die Sie jahrzehntelang als Partei der sozialen Kälte diffamiert haben, jubiliert über »die neue Aufbruchstimmung« bei der SPD. »Das ist die Sozialpolitik«, sagt FDP-Frontmann Wolfgang Gerhardt, »wie sie die FDP seit Langem fordert.«

Das wollen wir ja mal sehen, wenn es im Bundestag ans konkrete Beschließen geht, wie die sich verhalten. Die wollen ja noch mehr, den Flächentarif abschaffen, und …

Das klingt, als müssten Sie sich damit selbst beruhigen – die anderen würden's noch schlimmer machen.

… ja, ist doch so. Stoiber will noch den Kündigungsschutz für Betriebe bis zu zwanzig Leuten kassieren.

Hätten Sie vor ein paar Jahren gedacht, dass Sie das, was Sie nun tun, jemals exekutieren würden?

Nein, aber das Leben und die Politik sind nicht statisch. Dazu gibt es den Herrn Keuner bei Bert Brecht. Nach langen Jahren trifft Herr K. seinen Freund wieder, und der sagt zu ihm: »Du hast dich gar nicht verändert.« Da schreibt Brecht dann: »Und K. erbleichte.« Und wer mir erzählt, dass er genauso Politik macht wie vor zehn Jahren, dem sage ich: »Ja? Dann musst du zulernen, denn die neue Zeit braucht neue Antworten!«

Aber sind Ihre Antworten neu? Viele Sozialdemokraten fürchten, Sie machen genau da weiter, wo Kohl, Waigel und Gerhardt aufgehört haben.

Das werden wir ja sehen am Sonderparteitag, wie die Mehrheit das empfindet. Ich bin da gelassen. Die Mehrheit weiß, dass nur wir – die SPD – die Substanz des Sozialstaats erhalten.

Ihren Worten zum Trotz: Draußen ist das Gefühl, es gehe ungerecht zu. Aktien werden nicht besteuert, das Sterbegeld wird abgeschafft, und auf der

Internetseite der Gewerkschaft ver.di lese ich: »Der Einkommensmillionär erhält durch die bereits eingeleiteten und geplanten Steuersenkungen über 100 000 Euro Steuern erlassen; so viel wie drei Normalbeschäftigte im Jahr verdienen.«

Moment mal, wir haben 70 Steuerschlupflöcher zugemacht. Wir haben 99/2000 eine Steuerreform gegen den Widerstand der Gutverdienenden hinbekommen. Wir haben den Eingangssteuersatz auf 15 Prozent gesenkt, wir haben den Grundfreibetrag angehoben, und wir sind mit dem Spitzensteuersatz runter, damit alle etwas davon haben. Und so kommen noch mal 25 bis 28 Milliarden Euro in den Jahren 2004 und 2005 in die Taschen. Ich denke schon, dass es insgesamt sozial gerecht ist, was wir machen.

Der Metallarbeiter Matthias Glaw empfindet radikal anders: Seine Frau ist arbeitslos, er hat zwei Kinder, und seine Familie hat 2314 Euro monatlich zur Verfügung. Durch Ihre Reform, hat er dem TV-Politmagazin »Monitor« vorgerechnet, verliert die Familie 549 Euro – monatlich. »Ich geh nicht mehr wählen«, sagt dieser SPD-Wähler.

Da bitte ich um Verständnis, ich kann das nicht kommentieren, man kann sich seine Beispiele immer so aussuchen, dass sie einem passen.

»Was man den Großen schenkt«, meint Münchens Alt-OB Georg Kronawitter, »muss man den Kleinen nehmen.« Er ist total frustriert von seiner SPD: »Eine linke SPD-Regierung hat eine Nachgiebigkeit gegenüber dem Kapital gezeigt, wie ich sie nie hatte.«

Ich schätze den Schorsch sehr. Aber wir sind da an einem wichtigen Punkt: Es geht um Globalisierung, es geht um tiefgreifende Veränderungen. Wir können das Geld, das in diesem Land ist, nicht davon abhalten, sich irgendwohin in der Welt zu bewegen.

Der alte Sozi Kronawitter staunt über das Verhalten von Schröder und Eichel: »Als Jusos standen sie so weit links von mir, dass ich ein Fernglas brauchte, um sie zu sehen.«

Ich war da nicht dabei.

Und jetzt, sagt Kronawitter, »sind sie so weit rechts von mir, dass ich wieder ein Fernglas brauche, um sie zu entdecken«.

Was ist links und was ist rechts?

Sagen Sie es mir – Sie sind der Sozialdemokrat.

Ich bin sehr skeptisch bei solchen Formulierungen. Diese Kategorisierungen helfen uns jetzt nicht weiter. Und außerdem überlappt sich da ja auch vieles. An den geplanten Reformen gibt es Kritik von Leuten, die sich für links halten, es gibt auch Kritik von Traditionalisten. Und es gibt auch aus beiden Lagern Zustimmung. Ich glaube, jenseits von links und rechts geht es um die Zukunftsfähigkeit von Politik. Oder um das Verharren. Um Stillstand oder Fortschritt. Und damit es weitergeht, brauchen wir die Reformagenda 2010 – das ist der richtige Weg.

Das Wort »Reform«, meint der amerikanische Soziologe Norman Birnbaum, sei in Deutschland zum »Synonym für systematischen Sozialdarwinismus« verkommen.

Ach was. In meiner Lebenszeit hat Deutschland dramatisch an Wohlstand gewonnen. Der erste Wagen, den ich gekauft habe, war ein Leiterwagen, mit dem wir Holz aus dem Wald geholt haben, damit wir was zum Stochern im Ofen hatten. Wir kriegten Quäkerspeise und Carepakete von den Amerikanern, damit wir nicht verhungerten. Darauf haben wir aufgebaut, und auch die unteren Einkommensschichten sind in Deutschland reicher geworden. Festgemacht hat sich die Vorstellung, dass der Wohlstand selbstverständlich ist, dass es nur darum geht, ihn zu verteilen. Aber das ist ein Irrtum. Nichts ist sicher. Nicht der Wohlstand, nicht die Arbeitnehmerrechte. Das muss neu erkämpft werden, immer wieder, in jeder Generation. Wir bewegen uns mitten im fortgeschrittenen Stadium des Kapitalismus. Wo denn sonst? Und mit den Instrumenten, um den zu steuern, sieht es nicht so dolle aus.

Im Klartext: Die Politik kapituliert vor der Wirklichkeit.

Nein, überhaupt nicht, aber wir müssen einfach die Grenzen sehen, die es gibt. Politik kann allenfalls die Rahmenbedingungen setzen, und das nur sehr bedingt. Wir sind nicht allmächtig.

»Vergesst alles, was ihr über Globalisierung gehört habt«, hieß es unlängst im »Wall Street Journal«, »was wirklich passiert, ist eine Amerikanisierung.«

Wenn das stimmt, dann wäre es ja noch schlimmer. Ich glaube, dass die Instrumente der nationalen Politik – was Wirtschaft, Finanzen und Sozialpolitik angeht – reduziert sind gegenüber früher. Und wir müssen für all die Probleme, die wir jetzt diskutieren, europäische Antworten finden. Nationalstaatlich funktioniert das nicht mehr, das wird kein Land mehr allein schaffen.

Wir müssen maßhalten, wir müssen den Gürtel enger schneller, wir alle, auch die Rentner – rufen die Politiker! Und gönnen sich selbst üppige Pensionen: Finanzminister Eichel hat schon jetzt einen Anspruch auf 11635 Euro pro Monat, und Sie – wie mir der Steuerzahlerbund ausgerechnet hat – kommen auf 4700 Euro. Ein normaler Rentner muss dafür 181 Jahre arbeiten.

Ja. Ich finde, aber das betrifft jetzt nicht Hans Eichel, dass da manches ungerecht ist. Ich habe deswegen auf knapp 400000 Mark Übergangsgeld verzichtet, als ich als Minister in Nordrhein-Westfalen zurücktrat, um Bundesgeschäftsführer der SPD zu werden. Und als ich in Berlin Bundesminister war und dann Generalsekretär wurde, habe ich nochmals auf das Übergangsgeld verzichtet.

Ja?

Ja! Wir Politiker waren bei den Übergangsgeldern – und das ist zum Teil von uns verändert worden – zu üppig. Aber man muss es auch praktisch sehen: Natürlich kann ein Abgeordneter mit 40 oder 45 Jahren aus dem Bundestag fallen, da braucht er eine Sicherheit.

Wissen Sie eigentlich noch, warum Sie mal Sozialdemokrat wurden?

Ich bin nicht über die ökonomische oder soziale Kurve in die SPD gekommen. Ich habe die CDU vor Ort erlebt und bin deswegen nicht dahin gegangen. Die Konservativen waren so vermieft, vermufft. Das war eine fürchterliche geistige Enge im Denken, wirklich beklemmend. In der Nachbarstadt durfte Sartre im Theater nicht gespielt werden, weil der ein Kommunist war. Und Toleranz, Offenheit und Freiheit waren für mich ganz wichtig. Meine Zweitpartei, wenn es die SPD nicht gegeben hätte, wäre damals die FDP gewesen, Karl-Hermann Flach hat mich fasziniert. Westerwelle hat die alte FDP endgültig ins Haus der Geschichte geführt.

Ein Jugendfreund von Ihnen erzählte mir, Ihr Eintritt in die SPD sei für Ihre Familie so gewesen, als seien Sie in den Untergrund gegangen.

Als ich achtzehn war, war ich der oberste katholische Jugendliche im Ort. Die katholischen Rituale sind ja sehr schön, ich war Messdiener, Pfarrjugendführer. Mein Vater war Zentrumsmann, konservativ, ich komme aus einem sehr katholischen Haus. In dieser Atmosphäre bin ich also groß geworden. Ich habe die Kirche immer gemocht und doch meinen Strauß mit ihr auszufechten gehabt, das schafft Selbstbewusstsein.

Sie gingen mit vierzehn von der Schule ab.

Ja, mein Lehrer wollte, dass ich aufs Gymnasium gehe. Das kostete aber Geld, und meine Eltern wollten ein Haus bauen, also ging das nicht. Sie haben sich gesagt: Franz kann auch so ein guter Katholik werden, der soll mal die Volksschule machen. Und ich fand das nicht schlimm. Bis achtzehn habe ich vor allem Fußball gespielt, aber 1958 war Schluss damit. Dann habe ich gelesen, gelesen, gelesen. Ich habe meinen Vater nie mit einem Buch gesehen, meine Mutter hat vor allem Heftromane gelesen. Ich hatte eine Neugierde aufs Leben, habe dann viel gelesen, viel Camus, »Der Mensch in der Revolte«, seine Essays, sein Streit mit Sartre wegen des Algerienkrieges. Kennen Sie seinen Mythos von Sisyphos? Er ist ein glücklicher Mensch, der immer wieder die Steine den Berg hochrollt, wohl wissend, dass sie wieder runterrollen. Das gefällt mir.

Das erinnert an die moderne Sozialdemokratie – und was gefällt Ihnen an Charlie Chaplin, von dem ein Bild hinter Ihrem Schreibtisch hängt?

Ich fand Chaplin schon immer gut, ich habe dieses Bild aus einem Kalender. Ich habe kein Vorbild, aber Chaplin beeindruckt mich: In dieser Figur ist Ausdauer drin, Raffinesse, Melancholie – und er ist einer, der mit verrückten Situationen fertig geworden ist. Irgendwo trifft er meine Mentalität.

Wie bitte? Sie wirken so knochentrocken, garantiert humorfrei.

Ja? Herr Luik, Sie sind doch Schwabe? Sitzen zwei Leute im Zug nach Berlin, der eine ist ein Schwabe, und er sieht sehr zufrieden aus. »Warum sind Sie so glücklich?«, fragt der andere. Sagt der Schwabe: »Ich bin auf Hochzeitsreise.« Sagt der andere: »Wann heiraten Sie denn?« »Ich hab schon geheiratet«, sagt der Schwabe. »Ja, aber wo ist Ihre Frau?« Sagt der Schwabe: »Zu Hause, die war schon mal in Berlin.«

Nicht schlecht.

Ich habe früher mal Kabarett gespielt, Kabarett ist mein Schwarm.

Und deswegen schreiben Sie heute so Sachen ins Wahlprogramm wie: »Deutschland wird Fußballweltmeister«?

Ja. Manche merken das ja erst nicht, und die es merken, fragen sich: Ist er jetzt verrückt geworden? Meint er das im Ernst? Und dann gibt es eine große Diskussion, ob man das reinschreiben darf oder nicht – und ich lach in mich hinein.

Und ich staune. Im Fernsehen kommen Sie vor allem so rüber: kühl, kalt, mit schnarrender Stimme.

Die Leute erleben einen tatsächlich anders, als man sich selber sieht. Zu mir sagen sie oft nach Versammlungen: Du bist viel freundlicher, im Fernsehen wirkst du immer so harsch. Das Fernsehen ist nicht das optimale Medium für mich.

Herr Müntefering, wer, zum Teufel, sind Sie?

Zum Teufel würde ich nie sagen. Was das Private angeht, mache ich gern zu, gebe wenig von mir preis. Keine Angriffsfläche. Das müssen Sie akzeptieren.

Ein Vertrauter hat über Sie mal so geurteilt: »Der Franz sagt sich selbst morgens vor dem Spiegel nicht die ganze Wahrheit, aus Angst, es könnte etwas durchsickern.«

Ja, irgendwie stimmt das. Es gibt einen Aphorismus, den ich sehr mag: Manche reden zehnmal mehr, als sie wissen, und manche wissen zehnmal mehr, als sie reden. Ich würde gern zu den Zweiten gehören. Und ich bin wohl so ein Sich-Einmischer, das gehört einfach dazu, wenn man etwas verändern will. Ich habe da sowieso so eine private Theorie: Es gibt so acht bis zehn Prozent Menschen in der Gesellschaft, die sich immer einmischen müssen …

So Vereinshuber meinen Sie?

Ja, genau! Der eine geht eben in den Sportverein und wird Kassenwart, der andere geht in die Partei und wird Fraktionsvorsitzender.

Franz Müntefering wurde 1940 im sauerländischen Neheim-Hüsten geboren. Der Vater zweier Töchter stammt aus kleinbürgerlichen, konservativ-katholischen Verhältnissen. Nach der Volksschule arbeitete er zwanzig Jahre lang in einem Metallbetrieb. 1966 trat er in die SPD ein, 1975 kam er in den Bundestag. Er war in NRW Arbeits- und Sozialminister, später ein Jahr lang Bundesverkehrsminister. Von 2005 bis 2007 war Müntefering Vizekanzler und Bundesminister für Arbeit und Soziales im Kabinett von Angela Merkel. Als SPD-Geschäftsführer diente er Scharping, Lafontaine und Schröder; seit 2008 ist er – zum zweiten Mal – Vorsitzender seiner Partei.

OSKAR LAFONTAINE

»Ich hatte Todesangst, Angst, dass nicht rechtzeitig Hilfe kommt«

(2006)

Man hat ja so seine Bilder im Kopf, man hat viele Artikel gelesen, mit vielen Kollegen geredet, und als ich im Januar 2006 zu Oskar Lafontaine ins Saarland reise, erwarte ich einen arroganten, selbstgefälligen, herrischen Lafontaine, erwarte ich ein schwieriges, unangenehmes Gespräch. Doch ich treffe auf einen Menschen, der – verblüffend für Spitzenpolitiker – aufmerksam zuhört, zu Selbstironie fähig ist. Er kann das offenbar – auch wenn er es selten zeigt.

Herr Lafontaine, gestern hat Gerhard Schröder …

Bitte, ich möchte jetzt nicht schon wieder über Schröder reden, das langweilt mich allmählich. Er ist weg aus dem Bundestag, und ob er oder irgendein russischer Mafioso nun viel Geld von Gazprom kassiert, ist mir egal.

Gazprom, eine Firma, die auf dem Energiemarkt knüppelhart agiert.

Gut, man könnte sich schon fragen, ob ein ehemaliger Kanzler sich in die Verpflichtungen eines russischen Staatsunternehmens einspannen lassen kann. Aber Schröder ist nun aus der Politik verschwunden, und das ist schon okay so, denn wäre er noch im Bundestag, würde es doch immer wieder auf eine persönliche Beharkung zwischen mir und ihm hinauslaufen, ich wäre da nie ganz frei gewesen, eine persönliche Fehde eben.

Herr Lafontaine, vor ein paar Jahren taten Sie und Schröder so, als ob Sie die allerbesten Freunde seien. »Kein Stück Papier«, sagten Sie damals, »passt zwischen uns!«

Wir lachten, als ich das sagte. Das war komisch gemeint, aber Ironie wird nur selten verstanden. In der Politik gibt es keine wirklichen Freundschaften, nur Zweckbündnisse auf Zeit. Es ist ja immer ein Kampf um Macht, ein Gerangel, ewige Rivalität.

Politik macht hart.

Ja. Politik ist ein hartes Geschäft. Man muss einstecken können.

Wenn das so ist: Warum sind Sie dann zurück in die Politik?

Ich bin ein politischer Mensch. Zum Leben gehört geistige Arbeit, geistige Herausforderung. Und Deutschland braucht eine Partei, die die kulturelle Hegemonie der Neoliberalen bricht, Deutschland braucht eine starke Linke.

Aha.

Ja. Wir stecken doch mitten in einem Kulturkampf. Es tobt ein Kampf um die Köpfe. Der Gedanke des Solidarischen ist systematisch aus der

Sprache verdrängt worden. Die politische Sprache ist durch und durch korrumpiert. Der Sprachschatz der neoliberalen Kaste kaschiert den Verfassungsbruch. Sie sprechen vom Umbau des Sozialstaats und meinen: Abbau. Sie sagen: »Wir wollen Deutschland fit machen für die Zukunft.« Und meinen: soziale Leistungen kürzen. Rentenalter hoch. Arbeitslosengeld runter. Wenn sie »Modernisierung« oder »Flexibilisierung« sagen, meinen sie: sozialen Kahlschlag, Zertrümmerung von Arbeitnehmerrechten. Sie benutzen schön klingende Worte, aber es sind Lügenwörter. »Die Dinge falsch benennen«, sagt Albert Camus, »heißt das Unglück der Welt vergrößern.«

Aber Sie wissen, wo es langgeht, wo es langgehen muss?

Ich sage nur, dass die Agenda 2010 keine Kopfgeburt Gerhard Schröders ist. Sowenig wie Merkels Kopfpauschale eine Erfindung der Kanzlerin ist. Das sind uralte Ladenhüter der Unternehmerverbände. Aber die meisten Politiker schaffen es nicht mehr, eigenständig zu denken, weil neoliberale Kampfbegriffe – Lohnnebenkosten! Besitzstandswahrer! Neiddebatte! – ihr Denken bestimmen. Sie lassen sich treiben von der Wirtschaft, und willfährige Medien spielen das üble Spiel mit.

Das ist doch Unsinn.

Nein. Im Kapitalismus wird nicht nur, wie Marx sagte, die Arbeit entfremdet, sondern auch die Sprache und damit das Denken. Es ist doch ein Irrsinn, was in diesem Land vor sich geht, ohne einen kollektiven Aufschrei zu provozieren. Da sagt der Deutsche-Bank-Chef Ackermann: »Ich brauche eine Kapitalrendite von 25 Prozent.« Gleichzeitig wird in den Zeitungen darüber philosophiert, dass eine Lohnforderung von drei Prozent eine bodenlose Unverschämtheit ist! Ich muss jetzt mal Adam Smith zitieren: »Wir brauchen die Kapitalisten, aber ihre Interessen decken sich niemals mit denen der Allgemeinheit, vielmehr sind sie darauf aus, die Öffentlichkeit zu täuschen.«

Und deswegen sind Sie zurück in den Bundestag, um das zu verhindern, um Deutschland zu retten?

So hoch hänge ich das nicht. Aber ich will mich in diesen Kampf, in diesen neuartigen Klassenkampf schon einmischen.

Klassenkampf?

Ja. Klassenkampf. Ich habe dafür einen wunderbaren Kronzeugen, einen der reichsten Männer der Welt, Warren Buffett. »Es herrscht«, sagte er neulich, »ein Klassenkampf, und meine Klasse gewinnt.« Es ist also ein geradezu moralischer Imperativ, sich gegen diese neoliberale Walze zu wehren.

Aber fragen Sie sich nicht manchmal, um mit Brecht zu sprechen: »Sind wir Übriggebliebene, herausgeschleudert / Aus dem lebendigen Fluss?/ Werden wir zurückbleiben / Keinen mehr verstehend und von keinem verstanden?«

Sie täuschen sich, ich empfinde mich nicht als herausgeschleudert. Sie sind doch gerade hier übers Land gefahren – es gibt Ortschaften im Saarland, da haben wir bei der Bundestagswahl aus dem Nichts über 30 Prozent der Stimmen bekommen. Das ist ein Geschenk, das verpflichtet. Ich kämpfe gern, ich habe diese kämpferische Natur von meiner Mutter. Und es macht auch Spaß zu erleben, wie die Parteien der Marktwirtschaft immer mehr ins Stottern geraten. Es macht doch Spaß zu sehen, dass der Herr Glos von der CSU nun plötzlich nach Lohnerhöhungen ruft! Ohne die Linke wäre das nie passiert.

Sie haben ja einen klaren Auftrag, O-Ton Lafontaine: »Ich will Stimmung machen gegen die Ausbeuter in Deutschland!«

Ja, man kann es doch nicht hinnehmen, dass sich die Schere zwischen Arm und Reich immer weiter öffnet. Wer heute an dieser Gesellschaft nichts verändern, sie nicht gerechter machen will, dem kann man nicht mehr helfen. Anders ausgedrückt: Man kann doch nicht glücklich sein, wenn andere unglücklich sind!

Das klingt mächtig pathetisch.

Das mag ja sein, aber es geht um soziale Gerechtigkeit. So einfach ist es!

Das sagen Sie! Sie!

Ja, warum denn nicht?

Sind Sie denn glaubwürdig? Sie stellen sich ein protziges Haus hin, einen Palazzo di Prozzo und …

Das ist doch nun Bild-Zeitungsniveau!

Sie kennen sich da aus. Jahrelang haben Sie ja für dieses Blatt gearbeitet und…

… weil ich ihr Niveau nicht erreicht habe, haben wir uns getrennt. Aber egal. Wer sich für Verteilungsgerechtigkeit einsetzt, wird an den Pranger gestellt. Mein Haus hat eine Grundfläche von gerade mal elf auf elf Meter. Dazu kommen eine Garage und die kleine Wohnung meiner Mutter. In diesem Haus wohnen drei Generationen – wir, meine 90 Jahre alte Mutter, meine 88-jährige Schwiegermutter. Wer sich über diesen angeblichen Palazzo das Maul zerreißt, sollte sich fragen, ob er selbst bereit wäre, mit der älteren Generation unter einem Dach zu leben.

Sie sind also mit sich im Reinen?

Ja – soweit ein Mensch mit sich im Reinen sein kann. Selbstzweifel gehören dazu. Aber wenn ich auf mein Leben zurückblicke, empfinde ich so etwas wie Dankbarkeit. Ich habe auch das Gefühl, die Ziele und Hoffnungen meiner Jugend nicht verraten zu haben.

Wie war das eigentlich für Sie, als Sie am 24. Mai 2005 Ihren Austritt aus der SPD bekannt gaben?

Ich konnte nicht anders. Um mir treu zu bleiben, musste das sein, es war zwingend notwendig. Für mich waren die Jahre zuvor sehr schmerzhaft, als ich miterleben musste, wie die Partei ihre sozialen Grundsätze aufgab. Wie die SPD-Genossen im Bundestag ihre Hände für völkerrechtswidrige Kriege hoben und damit in Kauf nahmen, dass Unschuldige gemordet und gefoltert würden.

Im Irakkrieg aber sagte Schröder: »Ohne uns!«

… und hat beim Krieg doch mitgemacht. Nun kommt die Heuchelei ja raus, es zeigt sich, dass Rot-Grün mit gespaltener Zunge geredet hat. BND-Beamte in Bagdad halfen US-Bombern. Die Schröder/Fischer-Regierung hat das Volk getäuscht. Arme SPD.

Dennoch: So ein Parteiaustritt, nehme ich an, macht einsam.

Nein, meine Freunde sind mir geblieben.

Aber wie ist es, wenn Ihr Ex-Parteifreund Reinhard Klimmt Ihnen hinterherruft: »35 Jahre lang haben wir erzählt, der ist gut. Aber der war nie gut, der hat immer nur an sich gedacht!«

Es gibt ehemalige politische Weggefährten, über die ich mich nicht äußere.

Weil da Wunden sind?

Weil Schweigen des Sängers Höflichkeit ist.

Und dann kommt noch der Schriftsteller Günter Grass und faucht Sie an: »Halt's Maul! Trink deinen Rotwein!«

Grass, tja. Er hat diese unglaubwürdige Entwicklung der SPD mitgemacht. Er hat mal Kriege befürwortet, sie mal abgelehnt. Er hat im vergangenen Jahr diese Plastik mit dem verbogenen Revolver im Kanzleramt mit übergeben – in jenem Jahr, in dem die rot-grüne Koalition die Waffenexporte nochmals gesteigert hatte. Ich kann bei Grass keine Linie mehr erkennen, nicht in der Friedenspolitik, nicht in der Sozialpolitik. Er hat diesen Aufruf, mit dem einige Millionäre die Hartz-IV-Reformen verteidigten, mit unterschrieben. Er hat den Armen zugerufen: Ihr müsst verzichten! Das ist für unser Land überlebensnotwendig! Peinlich.

Peinlich ist doch auch, dass Sie nun Mitglied der PDS sind ...

Moment mal, ich bin Mitglied der WASG und neuerdings der »Linkspartei«, die ...

... ein Kind der PDS ist – einer Partei, die Joschka Fischer mal als »ein Resozialisierungsprojekt für NVA-Veteranen, Volkspolizei und Berufsmilitärs« bezeichnet hat.

Joschka Fischer, der Joschka hat's nötig: ein Straßenkämpfer, der mal den Nato-Austritt wollte, eine soziale Revolution, eine gerechte Welt ohne Oben und Unten. Der, um an die Macht zu kommen und zu bleiben, den Pazifismus der Grünen verraten hat. Übrigens, die PDS hat sich stark gewandelt, Zehntausende hatten nie ein SED-Parteibuch, mit den Mitgliedern der WASG besteht nun wirklich die Chance, wieder eine linke Partei im Land zu etablieren. Ich bemühe mich, das, was zerstört worden ist, wieder aufzubauen. Es ist eine Bewegung mit Leuten, die ähnliche Ziele haben wie ich – die gegen Kriege sind, gegen Sozialabbau. Ich fühl mich da wohl.

Ja?

Ja.

Und nun sitzen Sie neben Gysi im Bundestag – wie Max und Moritz wirkend.

Auf was wollen Sie denn jetzt wieder hinaus?

Sie wissen ja, wie die zwei geendet haben.

Ricke, racke geht die Mühle mit Geknacke. Jetzt kommen Sie also mit den düsteren Prognosen und der Hoffnung, dass wir uns überwerfen.

Ich sage nur: kein Stück Papier ...

Und ich sage nur: Gysi und ich – wir kennen uns seit Langem. Wir arbeiten gut zusammen, und ich denke schon, dass wir dieses Projekt gemeinsam verwirklichen werden: ein Linke aufzubauen, die die demokratiegefährdende Hegemonie der Neoliberalen bricht.

Im Klartext: Sie wollen an die Macht, Sie wollen in die Regierung.

Wir lechzen nicht nach Regierungsämtern! Wir wollen die Politik in diesem Land verändern. Und Mitregieren hat für die Linke nur dann einen Reiz, wenn sie wirklich etwas verändern kann. Ins Bett des Neoliberalismus legen wir uns nicht!

Aber das wäre doch die perfekte Vollendung Ihres Lebens: Sie vereinigen die Linke mit der SPD – und werden Ehrenvorsitzender der erneuerten SPD.

Ach was, diese Frage stellt sich überhaupt nicht! Wichtig ist, dass wir auch im Westen bei den kommenden Landtags- und Kommunalwahlen gut abschneiden. Und was in einigen Jahren dann sein wird, kann ich doch heute nicht sagen!

Sie sind nun 62 Jahre alt, denken Sie daran, dass Ihre Lebenszeit immer kürzer wird?

Ja, klar. Ich habe ja diese existenzielle Erfahrung des Attentats.

Am 25. April 1990 wurden Sie bei einem Wahlkampfauftritt von einer geistesgestörten Frau niedergestochen.

Seither lebe ich mit dem Wissen, dass es jeden Moment vorbei sein kann. Ich lebe nun so bewusst, dass ich mir nicht mehr vorwerfen muss: Himmel, du hast vieles falsch gemacht! Prioritäten haben sich damals verschoben. Ich habe erkannt, ich muss eine Symbiose finden zwischen Privatleben und politischem Leben.

Viele, die an der Schwelle zum Tod standen, sagen anschließend: Ich habe ein weißes Licht gesehen.

Ja, es gab eine schnelle Lebensbilanz. Eine Art Film lief ab, und langsam schwand das Bewusstsein. Ich war erschöpft und sagte mir: Wenn jetzt nicht bald Hilfe kommt, ist es vorbei. Ich hatte Todesangst, Angst, dass nicht rechtzeitig Hilfe kommt, die Ermüdung wurde immer größer.

Was mich damals gewundert, ja fast geärgert hat: dass Sie so rasch zurück in den Wahlkampf gingen!

Ich wollte das nicht. Ich wollte einem anderen den Stab des Kanzlerkandidaten übergeben. Aber keiner war dazu bereit. Niemand! Ich habe mehrere aus der Führungsriege gefragt.

Wen denn?

Einmal Willy Brandt, der 1990 im Osten gefeiert wurde, und einige der Enkel. Aber keiner wollte ran. Ich war schwer geschwächt – und musste weitermachen. Das ist eine meiner negativsten Erfahrungen mit der SPD, dass keiner aus der Führungsriege in dieser Situation mir half.

Es gibt ein Stück von Max Frisch: »Biografie: Ein Spiel«. Ein Mann erhält die Chance, sein Leben auszuradieren, völlig neu anzufangen. Aber in allen wichtigen Punkten entscheidet er wie beim ersten Mal.

Was nützen solche Überlegungen? Es ist, wie es ist. Aber machen wir dennoch mal das Spiel: Wäre heute nochmals 1998, übernähme ich selbst die Kanzlerkandidatur. Die Vorstellung, es gäbe keine Beteiligung Deutschlands an völkerrechtswidrigen Kriegen, es gäbe keine Agenda 2010, es gäbe stattdessen mehr Beschäftigung und mehr soziale Gerechtigkeit, ist schon reizvoll.

Sie sind ein Träumer.

Nein, obwohl diese Vorstellung einen schon ins Träumen bringen kann.

Oskar Lafontaine, 1943 in Saarlouis-Roden in einem Bäckerhaushalt geboren, wurde im katholischen Internat erzogen, er studiert mit einem Stipendium deutscher Bischöfe. Er ist ein Freund gregorianischer Choräle und seit 2005 Fraktionschef der Linken im Bundestag. Davor war er: OB von Saarbrücken, Ministerpräsident im

Saarland, Kanzlerkandidat und Vorsitzender der SPD, Finanzminister und Autor politischer Bücher. Der 25. April 1990 hat ihn verändert: Bei einem Wahlkampfauftritt wird der SPD-Kanzlerkandidat von einer geistesgestörten Frau niedergestochen: »Seither lebe ich mit dem Wissen, dass es jeden Moment vorbei sein kann.«

BORIS BECKER

»Ich war schon immer ein Außenseiter«

(1989/90)

Boris Becker liegt auf dem Boden, er liegt da und brüllt: »Out! Out!« Auf dem Tisch in meinem Esszimmer warten Ochsenschwanz, Spätzle und schwerer Rotwein. Er liegt lang hingestreckt auf dem Boden und imitiert japanische Linienrichter. Die, meint Becker, seien die strengsten und genauesten der Welt. Unbarmherzig korrekt. Out! Out!

Das war im Herbst 1989. Boris Becker war gerade von seinen Konkurrenten zum besten Spieler des Jahres gekürt worden. Er selbst hielt sich sowieso schon längst für unschlagbar, und er hatte in diesen Tagen unbändige Lust zu provozieren. Er ließ sich die Haare länger wachsen, er las Biografien von James Dean, Marlon Brando, Arthur Miller, Rudi Dutschke, und er wollte so sein, wie er meinte, dass sie waren: Rebellen, Revoluzzer, unangepasst, störrisch. Er sagte das so: »Ich bin in ihrer Liga.« Der bis dahin brave Teenager übte den Aufstand. Gegen den Papa, die Zwänge, die Bild-Zeitung. Boris gegen den Rest der Welt – so sah er sich: Boris allein gegen alle. Lustvoll quälte er seine Fans, wusste intuitiv, wie er sie am meisten ärgern könnte. Bundeswehr? Nein, danke! Hafenstraße? Mein Gott, diese zu Terroristen hochgejazzten Hausbesetzer in Hamburg »sind mir sympathischer als manche Menschen in meiner Umgebung«. Deutschland? »Dieses nationalistische Gerede habe ich satt!«

Das Gespräch provozierte einen Aufschrei in den Medien, eine Flut von Leitartikeln und Kommentaren, die oft verzweifelt mit der neuen Widerspenstigkeit Beckers rangen.

Was aus Becker hätte werden können, das zeigt dieses (hier stark gekürzte) Gespräch, was aus ihm wurde, weiß jeder.

Herr Becker, der 7. Juli 1985, als Sie zum ersten Mal Wimbledon gewannen, gilt als Ihr Glückstag. Gibt es Augenblicke, in denen Sie sagen: Hätte ich damals doch besser nicht gewonnen?

Ja, manchmal. Für mich als Tennisspieler kam der Sieg sicher zu früh – nur: Wäre ich dann der, der ich jetzt bin? Sagen wir mal so: Es war einerseits gut für mich, andererseits war es sehr hart.

Inwiefern?

Ich kann das kaum erklären – höchstens vielleicht so: Es ist wie mit den Bürgern der DDR, die nach 28 Jahren Mauer rüberkommen und dann völlig fertig sind von dem, was sie hier erleben. So ein ähnlicher Schock war das für mich.

Nach 1985 gab es Niederlagen und Bilder von Ihnen als kreischende Furie. Man sah da ein Häufchen weinendes Elend. Es gab eine Zeit, in der man um Ihr Seelenheil fürchtete.

Alle, die Medien vorneweg, wollten aus mir etwas machen, sie wollten mich formen. Ich war fast noch ein Kind, 17 Jahre alt, und sollte jedes Turnier gewinnen. Aber das ging nicht. Und dann waren sie enttäuscht. Dieser Druck hat mich furchtbar belastet.

Es waren ja nicht nur die Medien, die aus Ihnen einen Helden machen wollten. Auch die Republik hat Sie so vereinnahmt, als wären Sie – neben Preisstabilität – ihr ureigenes Produkt.

Sie wollten mich als Vorbild für die Jugend benutzen. Jeder war damals echt betrunken. Es war vieles falsch, was da lief. Aber ich hatte das auszutragen. Ich musste mit all den Erwartungen leben. Aber wer war ich? Wo blieb ich? Diese Vereinnahmung war brutal, einfach brutal.

Gab es Augenblicke, in denen Sie sagten: »Leute, lasst mich allein sein«?

Sehr oft. Ich habe gesagt: Ich kann nicht mehr. Pause. Schluss. Aus. Geht nach Hause. Die Show ist vorbei. Ich habe mich mit Hut und Sonnenbrille getarnt. Ich wollte Ruhe und eine Pause. Jetzt hieß es:

Becker ist arrogant. Becker ist nur auf sich bedacht. Becker hat ein Stargehabe drauf.

Es gibt ein Stück von Max Frisch, »Biografie: Ein Spiel«. Ein Mann erhält die Chance, sein Leben auszuradieren, völlig neu anzufangen. Aber in allen wichtigen Punkten entscheidet er genau wie beim ersten Mal. Wie ist es bei Ihnen?

Das hört sich ja interessant an. Das muss ich mal lesen. Also, ich bin nicht so weit, dass ich sagen würde … obwohl, doch: Ich war, wenn ich ehrlich bin, doch schon so weit, dass ich gesagt habe: Wäre es doch nicht so gekommen, wie es gekommen ist. Die schönsten Augenblicke allerdings, Wimbledon, die würde ich schon gern behalten.

Sind Sie zufrieden?

Wenn es eine Glücks-Skala von null bis zehn geben würde, dann würde ich mich bei neun, neuneinhalb ansiedeln. Aber das hört sich doch komisch an: Blickt man zurück mit 22 Jahren? Als ob man schon 50 wäre? Andererseits waren es ja auch tatsächlich unmenschlich lange und harte Jahre für mich: Tennisjahre sind Hundejahre.

Also: Wie alt sind Sie nun?

Ich bin vielleicht nicht älter, als ich tatsächlich bin. Sagen wir mal so: Ich habe Sachen gemacht, für die man eigentlich ewig braucht.

Stellt sich für Sie manchmal die Frage: Was kann das Leben mir eigentlich noch geben?

Genau diese Frage stelle ich mir sehr oft. Denn man hat ja äußerlich alles: Ich habe Geld. Ich bin berühmt. Ich kann mir alles leisten. Nur, und darauf kommt man erst später und wenn man alles genossen hat: Man hat doch nicht erreicht, um was es im Leben wirklich geht.

Und das wäre?

Etwas, was bleibt: Liebe und Freundschaft. Dass man sich selbst treu bleibt. Das ist die Gefahr für die meisten, die alles haben: Sie stellen plötzlich fest, dass es nichts ist. Und die gehen dann oft in Drogen und versuchen so, eine Gänsehaut zu kriegen, weil sie sonst alles haben.

Haben Sie zu viel erreicht?

Ich sehe die Gefahr, dass man, wenn man sehr früh sehr viel erreicht und erlebt, an einen Punkt gelangt und depressiv wird. Wo man sagt: Was kommt denn noch?

Gibt es für Sie Dinge, über die Sie sich noch freuen können?

Ja, über sehr einfache Sachen.

Zum Beispiel?

Wenn einer lacht mit mir, zum Beispiel. Oder wenn ich durch einen Supermarkt gehe. Heute habe ich mir einen Toaster gekauft. Und darüber habe ich mich gefreut.

Aber dieses Gefühl, das jeder Bundesbürger kennt – den Blick aufs Preisschild und dann die Enttäuschung: das ist mir zu teuer, dieses Gefühl ist Ihnen fremd?

Ich kenn' das überhaupt nicht.

Was bedeutet Ihnen Geld?

Geld hat mir noch nie viel bedeutet.

Ihnen ist wohl klar, dass wir nun lächeln. Es ist in der Tat einfach zu sagen: Aus Geld mache ich mir nichts, wenn man Millionen im Rücken hat.

Richtig. Und deswegen ist es für mich eigentlich unmöglich, dazu etwas Glaubhaftes zu sagen. Aber die Sache ist doch die: Es ist immer relativ, was viel Geld ist. Ich kenne Leute, die haben Millionen und sind todunglücklich, wenn sie nicht noch mehr Millionen machen. Sie machen Dinge, die sie nur des Geldes wegen tun. Und da mache ich nicht mit.

Ein Gedankenspiel: Ich biete Ihnen an, in Las Vegas ein Mixed mit Steffi Graf gegen Lendl/Navratilova zu machen. Eine Million Dollar cash auf die Hand.

Das reizt mich überhaupt nicht. Genau dieses Angebot gab es im Frühjahr. Ich habe es abgelehnt.

Warum?

Weil ich für Geld nicht alles mache. Mir geht es um Sport, nicht um Clownerie. Ich will noch in den Spiegel schauen können.

Becker ist keine Hure des Geldes?

Dieses Wissen ist mir sehr wichtig. Ich habe Verträge gemacht und dann bereut, dass ich sie abgeschlossen habe. Ich habe schon oft Verträge gekündigt.

Zum Beispiel?

Dazu will ich nichts sagen, weil ich den Firmen nicht schaden will.

Waren es ethische Gründe?

Ich muss zu den Produkten stehen können, für die ich werbe. Ich könnte, wenn ich wollte, zehnmal mehr Geld haben. Der Ion wird oft verrückt, wenn ich sage: »Ich kann nicht. Ich kann einfach nicht.« Ich will ich sein – das ist meine »guideline«. Ich bin kein Produkt von irgendetwas.

Einspruch. Ion Tiriac hat mal gesagt: »Ich fand einen Jungen und machte aus ihm einen Champion. Der Boris Becker ist mein Produkt.«

Das stimmt nicht.

Stimmt wohl.

Okay, okay. Der Ion sagt ab und zu auch was Falsches. Aber er weiß, dass er das heute nicht mehr sagen kann. Sagen wir mal so: Ich war ein 17-jähriger Junge, als das alles losging. Ich hatte von Tuten und Blasen keine Ahnung, nur vom Aufschlagen. Und plötzlich war ich das Idol der Nation, der Deutschen, das Vorbild, eine Marktmacht.

Tolles Gefühl, oder?

Ich hatte keine Ahnung von Geld. Geld war mir nie wichtig. Und plötzlich sagt zu mir einer: »Du kriegst, wenn du das tust, eine Million Mark.« Wie viel ist das überhaupt: eine Million! Und dann sagten meine Eltern: Das ist ungefähr so viel, wie dein Vater in zehn Jahren verdient. Und alle Erwachsenen sagen: Das musst du machen. Und das glaubst du dann auch – du bist ja noch ein Kind. Dann machst du einen Dreijahresvertrag. Und plötzlich, bevor du anfängst zu denken, bist du an eine Firma angebunden. Plötzlich kommst du aus diesen Verträgen nicht mehr raus. Aber nach zwei Jahren …

… begann Boris Becker zu denken?

Genau. Ich versuchte, mit dem Kopf etwas zu machen. Ich habe entschieden, mit wem ich was machen wollte.

Staunen Sie manchmal, wie rasant das alles nach dem ersten Wimbledon-Sieg vor sich ging?

Ich habe plötzlich die Leute nicht mehr verstanden. Menschen, die einen noch als ganz normal empfunden haben, guckten mich plötzlich an, als ob ich der Messias wär'. Da denkt man schon: Sind die denn alle bescheuert?

Vielleicht kamen Sie einfach in einer Zeit auf die Bühne, die einen strahlenden Helden brauchte?

Ich sehe das relativ nüchtern: 1985 war der deutsche Fußball schlecht. Auch bei den Olympischen Spielen 1984 lief es für die Deutschen nicht gut. Und dann kam ich: bumm. Auf einen Schlag und mit einem Turniersieg. Die meisten wussten gar nicht, um was es in Wimbledon geht. Aber ein paar haben geschrieben: Er ist der neue Gott im Tennis. Und er ist so jung, lacht so schön – das kam halt gut an. Dann war ich plötzlich das neue Idol.

Was war das für ein Gefühl?

Es war beschissen. Ich hab ja noch selber nach Idolen gesucht.

Ist es nicht verführerisch zu erleben, dass jede Bemerkung, die man macht, von den Medien aufgegriffen und vergrößert wird?

Man denkt, man ist der Größte.

Und was kuriert diesen Glauben?

Da musst du dich selber runterholen. Ich habe viel nachgedacht – dauernd, dauernd. Vor allem '87, als der Erfolg ausblieb. Dann wirst du unglücklich, und depressiv. Der Ton in den Zeitungen ändert sich. Plötzlich attackieren sie dich erbarmungslos.

Sie hatten ja einen Exklusivvertrag mit der Bild-Zeitung, die Sie andererseits oft hart angriff. Warum macht man eigentlich so etwas?

Den Vertrag habe ich 1986 gemacht, also als ich noch ein Kind war. Ich hatte einfach wenig Ahnung. Ich habe den Vertrag vorzeitig gekündigt. Der Grund, weshalb Sportler mit der Boulevardpresse Verträge abschließen, ist einfach: Man hofft, Einfluss auf die Berichterstattung nehmen zu können. Außerdem gibt's Geld.

Und warum haben Sie diesen Vertrag gekündigt?

Ich konnte mich mit der Art und Weise, wie die Geschichten erfinden, und auch mit den Methoden, wie sie arbeiten, nicht mehr identifizieren. Als ich ausstieg, verlor ich eine Menge Geld.

Aber das spielte doch für Sie keine Rolle.

Nein, überhaupt nicht. Aber andererseits würde ich die meisten befragen wollen, wie sie sich entscheiden, wenn sie so viel Geld angeboten bekommen.

Ihr Leben unterscheidet sich radikal von Gleichaltrigen: Die gehen mit achtzehn, neunzehn, zwanzig raus, die gehen zelten und trampen.

Das habe ich alles sehr vermisst. Ich weiß, dass ich das alles nachholen muss.

Boris Becker geht zelten?

Das habe ich neulich gemacht. Ich war jahrelang von allen Freunden abgeschnitten. Das war eine furchtbare Zeit.

Haben Sie in den letzten Jahren neue Freunde gewonnen?

Ein paar schon. Aber es sind keine Tennisspieler. Obwohl ich sagen muss, dass auch Steeb, Jelen, Kühnen beinahe so etwas wie Freunde sind.

Woher wissen Sie, dass die Leute Sie mögen und nicht den Star Boris Becker?

An den Augen erkennst du das sehr schnell. Die lügen nicht.

In einer französischen Zeitung haben Sie neulich erklärt: »Ich möchte frei und unabhängig sein. Aber oft sind die Einflüsse von Managern und Sponsoren zu groß.« Gestatten Sie, dass wir das nicht so ganz ernst nehmen. Sie sind im Griff von Ion Tiriac, dem ausgebufftesten Manager schlechthin.

Ich seh das so: Ion hat eine undankbare Rolle. Er ist erstens mein Freund. Und zweitens ist er mein Manager. Und manchmal ist er zuerst mein Manager und erst an zweiter Stelle mein Freund. Er wird dafür bezahlt, dass er Angebote ranholt. Aber er darf nicht jedes Angebot akzeptieren. Oft fragt er mich, ob er als Freund oder als Manager antworten soll – schwierig für ihn. Aber auch für mich. Ich möchte frei und unabhängig sein. Am Tennis stören mich viele Sachen, die ich einfach machen muss.

Es gibt einen schönen Satz von Bruce Springsteen: »Ich bin ein Gefangener des Rock 'n' Roll.« Sind Sie ein Gefangener des Tennis?

Im Moment auf jeden Fall – obwohl das Spiel mir Spaß macht. Aber das ganze Drumherum macht einen zum Gefangenen.

Gibt es manchmal Augenblicke, in denen Sie Ihren Schläger wegwerfen wollen?

Augenblicke des Frusts gibt es natürlich immer wieder. Aber ich würde nie daran denken, meinen Tennisschläger wegzuwerfen.

Warum nicht?

Er ist mein Freund …

… aber Sie haben ihn schon zertrümmert.

Ja, aber dann hat es mir auch unendlich leidgetan.

An wie vielen Tagen im Jahr haben Sie den Schläger in der Hand?

An längst nicht so vielen wie der Lendl. Ich habe ihn jetzt vier Tage nicht gesehen. Gesehen schon, ihn in der Hand gehabt – aber nicht mit ihm gespielt.

Aber nach vier Tagen haben Sie das Gefühl: Jetzt ist es wieder Zeit?

Zum Spielen habe ich eigentlich immer Lust. Mir macht es sogar noch mehr Spaß als am Anfang, weil ich jetzt weiß, warum ich es mache.

Und warum?

Weil es mir Spaß macht.

Ist es ein Spaß, der auf ein Ziel gerichtet ist?

Nein, mir macht es einfach Spaß. Der Tennisschläger hat mich zu dem gemacht, was ich bin, was ich denke. Er ist mein Freund.

Beim Turnier in Bercy/Paris wurden Sie im Programmheft als der »perfekteste Tennisspieler in der Geschichte des Tennis« vorgestellt. Wenn diese Einschätzung stimmt, wäre es dann nicht Zeit aufzuhören?

Der Perfekteste – das ist relativ. Ich weiß nicht, wie Laver oder McEnroe in ihren besten Zeiten gespielt haben. Für mich selber bin ich knapp am Limit meines Könnens, aber noch nicht dran.

Wo können Sie sich noch verbessern?

Nur im Kopf. »Nur« sagt man halt so – aber es ist das A und O im Tennis.

Psychologen behaupten das schon immer: Wettkämpfe werden im Kopf gewonnen. Stimmt das?

Ich würde sagen, es ist zu 95 Prozent eine Sache des Kopfes. Der Unterschied zwischen Nummer hundert und der Nummer eins ist sehr gering. Der Unterschied entscheidet sich im Kopf.

Kopf bedeutet Konzentration?

Genau.

Wenn die Kamera vor dem entscheidenden Aufschlag Ihr Gesicht einfängt, fröstelt's mich manchmal: Ihre Augen scheinen aus der Höhle zu springen und ich denke: Wenn Blicke töten könnten, dann wär's mit Ihrem Gegner vorbei.

Ich gucke gar nicht auf den Gegner. Ich schau nur auf das Aufschlagfeld. Ich gucke zwar, aber ich sehe es nicht mal direkt. Ich versuche, mich wegzubeamen, das heißt: von der Wichtigkeit des Moments wegzukommen – sonst würde ich nur nervös.

Wenn der Ball nachfliegt zum Aufschlag, dann wissen Sie exakt, wo Sie hinschlagen wollen?

Ja, aber da bin ich mit dem Kopf schon woanders.

In diesem Augenblick könnte Sie auch kein Zuschauer mehr irritieren?

Unmöglich. Da bin ich schon in »outer space«.

Wann könnten die Zuschauer Sie durch Zwischenrufe aus dem Konzept bringen?

Direkt nach einem Punktverlust. Wenn die da toben, dann ist es schlecht. Deshalb braucht man da Zeit, und deswegen blicken dann alle ins Handtuch.

Wie signalisieren Sie dem Gegner: Du hast zwar einen Punkt gemacht, aber ich hab dich im Griff?

Wir schauspielern. Ich versuche, den Gegner nicht aus den Augen zu lassen. Es ist wie im Zirkus, wo der Dompteur die Löwen nie aus den Augen lässt und versucht, die Tiere durch Blickkontakt, genauer: Geisteskontakt, zu beherrschen. Muss man aus einem bestimmten Holz sein, um dort oben zu bestehen? Ich glaube, dass man anders sein muss als die Norm.

Nietzsches Übermensch lässt grüßen?

Nee, ich glaube einfach, dass man in der Kindheit sehr geprägt wird. Dass man sich da viele Narben holt und Charakterzüge und Stärken und Schwächen aneignet. Die lebt man dann aus, wenn man älter wird.

Was sind das für Narben?

Ich kann jetzt nicht sehr, sehr private Sachen sagen. Aber so viel: Ich war schon immer ein Außenseiter. Meine einzige Möglichkeit, mit anderen Jungen zusammen zu sein, von ihnen akzeptiert zu werden, war mein Sport: dass ich mindestens so gut war wie die anderen.

Über Sport wollten Sie Liebe und Freundschaft erringen?

Ja.

Wäre es da nicht sinnvoller gewesen, Fußball zu spielen? Da hat man ja zehn Leute um sich herum.

Ich war halt im Tennis immer ein bisschen besser. Und Tennis hat noch einen Vorteil – da kann man sagen: Das Spiel hab' ich gewonnen. Im Fußball ist man immer abhängig von anderen.

Siegen war für Sie immer wichtig?

Ja, ja. Da habe ich mir Selbstbestätigung geholt. Und so hat sich dieser Charakterzug entwickelt, dass ich schon immer ein bisschen härter war gegen mich.

Sie wollen gewinnen, aber Sie wollen auch von denen, die Sie besiegen, akzeptiert werden?

Ja, das stimmt. Ich bin eigentlich kein Einzelsportler wie die meisten anderen Tennisspieler. Ich spiele sehr gern im Team. Deswegen ist der Davis Cup so toll, so ungeheuer interessant für mich.

Was ist das Besondere daran?

Dass man die Freude teilen kann.

Hängt diese Faszination Davis Cup auch damit zusammen, dass Sie als quasi heimatloser Geselle elf Monate lang durch die Welt reisen und nun für Deutschland spielen können?

Das hat nie so eine große Rolle gespielt.

Aber so haben Sie es mal formuliert.

Ja, ich habe schon viel gesagt, aber ich habe mich geändert. Okay: Es ist toll, wenn man in einem Stadion spielt und dann sind die 10 000 wirklich für das Team, stehen dahinter und klatschen.

Und es wird auch die Nationalhymne gespielt. Und alles ist so feierlich.

Ja, das ist wichtig. Die Hymne hat eine kaum zu beschreibende Funktion. Man glaubt nicht, was da mit einem passiert. Es läuft dir irgendwie kalt den Rücken runter. Ich weiß nicht, was das ist. Wenn die Nationalhymne abends im ZDF oder der ARD gespielt wird, finde ich es immer ziemlich peinlich. Aber wenn sie im Stadion gespielt wird und du bist auf dem Platz und alle stehen auf und sind ruhig, dann hat das eine unheimliche Macht, und jeder kriegt eine Gänsehaut. Als Spieler kannst du die ersten Schläge glatt vergessen, die Knie zittern dir. Es ist eine tolle Stimmung, und irgendwie repräsentiert das dann Deutschland.

Sie sind stolz, ein Deutscher zu sein?

Völlig falsch. Das wäre die Ansichtsweise der Rechten. Aber nein. Um so etwas geht es gar nicht. Es ist einfach ein unglaubliches Gefühl, das…

… nichts mit Nationalstolz zu tun hat?

Überhaupt nicht. Es hat nicht mal etwas mit Heimat zu tun. Leimen ist mein »home«. Das Reden von Deutschland – was bringt's? Was soll's?

Das ist ein bisschen überraschend. Am Anfang Ihrer Karriere wurden Sie als das deutsche Markenprodukt vereinnahmt. Von der Regierung wurden Sie als das Idealbild einer konservativ geprägten Jugend präsentiert. Und nun gehen Sie auf Distanz zur Nation?

Ich mag es generell nicht, wenn mich jemand vereinnahmen will – ich will ich sein.

Sie spielen für Boris Becker, nicht für Deutschland?

Es ist doch ein Zufall, dass ich Deutscher bin. Wäre ich Italiener, würde ich halt für Italien spielen. Ich fühle mich als Kosmopolit. Jedes nationalistische Hochgefühl hat nichts mit mir zu tun.

Sie waren neulich in der DDR …

… das war ergreifend. Vor dem Haus, in dem ich wohnte, haben sie in Autos geschlafen. Das war unglaublich.

Sie haben ja intensiv mit den Leuten geredet. Hatten Sie das Gefühl, dass Wiedervereinigung in der DDR ein Thema ist?

Das war nie ein Thema. Vielleicht ist es irgendwann in den nächsten Jahren mal ein Thema, aber im Augenblick haben die Leute andere Probleme. Dieses ganze Palaver finde ich völlig für die Katz. Es geht jetzt einfach darum, dass sie gute Lebensbedingungen bekommen, dass sie einfach, wie ich mal sagen möchte: sein können. Wiedervereinigung ist im Augenblick nicht das Thema.

Auch wenn der Bundeskanzler oft davon spricht?

Dieser Gedanke ist völlig fehl am Platz.

Sport, heißt es, ist völkerverbindend. Würden Sie mal gerne in der DDR einen Schaukampf bestreiten?

Natürlich. Ich habe es schon oft probiert. Ich würde gern eine ganze DDR-Tour machen. Und ich weiß, die Leute wollen das.

Ion Tiriac schafft ja so ziemlich alles. Warum kriegt er einen Schaukampf nicht hin?

Er hat mich heute Morgen danach gefragt. Vielleicht wäre etwas zu Weihnachten machbar. Aber darüber muss ich noch nachdenken. Ich will nicht als Weihnachtsgeschenk da drüben ankommen. Wer bin ich denn? Ich kleiner Fisch als Weihnachtspräsent? Jetzt ist das alles noch zu sehr »in«.

Wie würden Sie es denn gern machen?

Ich würde gern rübergehen, wenn der Medienrummel sich ein bisschen gelegt hat. In zehn verschiedenen Städten, ohne Eintritt, ohne Geld – das alles wäre kein Thema. Irgendwann nächstes Jahr – das wäre toll.

Hätten Sie es noch vor einigen Wochen für möglich gehalten, dass Hamburg von Trabbis zugeparkt sein würde? Dass Geschichte sich so rasant entwickelt?

Ist es nicht ein Witz, wie Geschichte gemacht wird? Da sagt ein Typ: »Okay, wir machen das jetzt so.« Und dann verändert das für Millionen das Leben. Und ist es nicht auch ein Witz, wie Tennisgeschichte geschrieben wird? Wie Leute berühmt werden? Oft durch eine falsche Schiedsrichterentscheidung oder weil der Gegner an diesem Tag schlecht drauf war. Echt komisch, dass die Geschichte durch Zufälligkeiten gemacht wird.

Aber in der DDR haben die Leute für diese Veränderungen demonstriert.

Sie haben recht. Es sind nicht nur Zufälligkeiten. Sie haben es geschafft durch Demonstrationen, dauernden Kampf und Willen – und das gibt ihnen, da bin ich sicher, ein tolles Gefühl. So was Ähnliches erlebe ich auch im Tennis: Es ist ein unglaubliches Gefühl, was man durch seinen Willen alles erreichen kann.

Gibt es politische Dinge, von denen Sie sagen könnten: Dafür trete ich öffentlich ein?

Ich mache einiges. Ich habe für Greenpeace und andere Sachen sehr viel gespendet. Aber ich hänge das nicht an die große Glocke. Mir ist klar, dass ich mit meinem Namen etwas machen könnte, aber ich muss das genau überlegen. Ich würde mich gerne mehr engagieren.

Wofür zum Beispiel?

Greenpeace ist eine Möglichkeit. Aber ich finde generell, dass es mit der Anschauung der Menschen nicht stimmt.

Inwiefern?

In unserer kapitalistischen westlichen Welt dominieren die völlig falschen Werte, und das ist, finde ich, das Hauptproblem. Da hoffe ich, irgendwann mal, etwas tun zu können.

Da habe ich schon wieder Ihren Partner Eric Jelen im Ohr, der sagt: »Er spricht wie ein halber Kommunist, aber das ist einfach mit so viel Geld im Rücken.«

Okay. Gegen diesen Vorwurf kann ich mich schlecht wehren. Geld ist wichtig, wenn man Hunger leidet. Aber in unserer Gesellschaft gibt es so viel Geld, da dürfte niemand hungern, niemand ohne eine Wohnung sein. Das ist doch schizophren, dass es so was gibt. Was ich mit den falschen Werten meine, ist einfach, dass jeder guckt, dass er ein bisschen mehr als sein Nachbar hat. Dass Geld einfach das Hauptziel in unserer Gesellschaft ist– das goldene Kalb, um das alle tanzen.

Wie sieht die bessere Becker-Welt aus?

Ich kann die Welt nicht verändern. Aber ich kann meine Welt ändern. Und vielleicht ändere ich noch zwei, drei andere Leute, und das ist schon ein Erfolg. Es wird immer Leute geben, die sagen: Der hat's ja, der hat gut reden. Aber ich habe in meinem Leben gemerkt, dass viele arme Leute unabhängiger sind als reiche.

Das ist das uralte Klischee: arm, aber glücklich.

Nein, nein. Ich weiß schon, dass Reiche sehr wohl glücklich sein können. Ich verstehe auch, dass Geld sehr wichtig ist, wenn man arm ist. Aber bei dem Rangeln ums Geld bleibt bei uns zu oft das Glück auf der Strecke.

Wissen Sie, was die Bundesbürger im Durchschnitt verdienen?

Ich glaube 2500 Mark.

Es sind – die neuesten Zahlen – brutto 3372 Mark im Monat. Gibt es Ihnen manchmal ein schlechtes Gewissen, wenn Sie an die Diskrepanz denken zwischen Ihrem Einkommen und dem Ihrer Fans?

Es ist ein Witz, was sie mir bezahlen. Aber bin ich deswegen überbezahlt? Die Firma Ria hat, seitdem ich für sie werbe, einen Umsatz wie noch nie. Ich werde also marktgerecht bezahlt. Aber das, und das ist ja das Schizophrene, ändert nichts an der Tatsache, dass ich dennoch zu viel verdiene. Das ist ein Witz, wenn ich bedenke, was ich dafür leiste: Einen Tennisball rüberzuschuckeln übers Netz. Mal ein Ass mehr zu schlagen als jemand anders. Also, das habe ich noch nie verstanden. Noch so ein Witz: Was ich für einen Schaukampf bekomme. Die Leute kommen, sie zahlen, und die Sponsoren haben mehr Umsätze. Und da sage ich: Wenn's keinem schadet, mir schadet es auch nicht – also nehme ich das Geld.

Sie staunen, wie das Spiel funktioniert?

Ja, immer wieder. Denn die Leute sehen in mir oft, was ich gar nicht bin. Oder was ich auch gar nicht sein kann. Denken die vielleicht, ich bringe über den Fernseher das Glück in ihr Haus? Und wenn ich gewinne, dann – denken sie – gewinne ich ja für Deutschland, und jeder gewinnt ja gern, und wir sind ja alle Deutsche, und dann lasst uns mal alle uns freuen. Dass man mich braucht, um sich selbst zu erfreuen – da ist doch was falsch.

Sehen Sie, wie Kritiker des Sports immer wieder sagen, die Gefahr, dass in einer Welt, deren Probleme immer bedrohender werden, Tennis zu einer Art Droge wird, um sich abzulenken?

Das ist ein interessanter Gedanke. Ich weiß nur, dass Sport im Augenblick unglaublich »in« ist, und da liegt der Gedanke natürlich nahe, dass er eine Ablenkung ist. Man geht auf den Sportplatz und amüsiert sich, das ist okay. Aber dass Sport und dieser Kult um Sportler solche Dimensionen annimmt, da denke ich manchmal schon: Irgendwas stimmt da nicht. Die Wertung, was bei uns als wichtig betrachtet wird, die ist falsch. Dass einer Wimbledon gewinnt, das ist toll, aber da muss man doch nicht so darauf reagieren, wie es bei mir der Fall war.

Jeder sonnt sich halt gerne im Glanz erfolgreicher Athleten.

Ja, klar – aber das ist doch beschissen. Aber irgendwie ist das doch auch nur menschlich. Menschen werden verleitet, Menschen machen Fehler.

Würden Sie eigentlich heute – wenn Sie vor der Entscheidung stünden – zur Bundeswehr gehen?

Ich sehe wirklich nicht den Grund für die Bundeswehr. Für die Polizei – okay. Aber Bundeswehr – was soll das? Warum soll man zur Bundeswehr? Ich würde kein Gewehr in die Hand nehmen.

Also würden Sie Zivildienst leisten?

Viel lieber. Was soll ich mit dem Gewehr?

Haben Sie mitgekriegt, dass neulich ein Arzt verurteilt werden sollte, weil er gesagt hatte, »Soldaten sind potenzielle Mörder«?

Ja. Es ist ein bisschen hart, was er gesagt hat, aber nicht ganz falsch.

Sie haben ja schon ziemlich viele Politiker getroffen. Wer hat Ihnen am meisten imponiert?

Der Weizsäcker. Der erfasst immer ganz genau, um was es geht. Das ist sensationell. Er ist 'ne andere Kategorie als Bush und Reagan. Für mich die number one. Ich find ihn imponierend.

Sagt Ihnen der Name J.C.S. Rendall etwas?

Nein.

Das war ein Spieler, der 1923 sein Preisgeld, das er in Menton/Frankreich gewann, mit seinen Konkurrenten brüderlich teilte. Es waren zwar nur 400 Dollar, aber immerhin. Klingt das für Sie völlig absurd?

Aber genau das machen wir ja. Dafür habe ich immer plädiert, weil wir Topspieler so unmenschlich viel Geld verdienen. Ab 1990 wird es für die Spieler ab Rang zehn bis hundert mehr Geld geben. Beispiel Stockholm: Dieses Jahr gab es dort für den Sieger 200 000 Dollar. Nächstes Jahr, obwohl mehr Geld im Topf ist, wird der Gewinner nur 125 000 Dollar bekommen, und die Übrigen kriegen mehr.

Eine Nachrichtenagentur hat Ihren Jahresverdienst mit 15 Millionen Mark veranschlagt.

Ich mag nicht darüber reden, wie viel ich im Jahr verdiene, es ist klar: Ich verdiene mehr als genug. Aber Geld war für mich nie und wird hoffentlich nie das Wichtigste in meinem Leben sein. Ich komme aus einer Familie, die immer genug zu essen hatte. Wir waren einmal pro Jahr im Urlaub, und wenn mein Vater ein paar Häuser mehr gebaut hatte, sogar zweimal im Jahr. Ich habe in meinem ersten Profijahr Wimbledon gewonnen und hatte somit immer mehr Geld, als ich ausgeben konnte. Für die meisten Tennisspieler ist es ganz anders: Sie spielen wegen des Geldes, ich spiele, weil es mir Spaß macht, und nur, weil es mir Spaß macht.

Haben Sie eine Vorstellung davon, wie viel Geld Sie haben?

Ja.

Wie legen Sie es an?

Ich habe Berater, ich habe meine Eltern. Wir legen es in Wohnungen, Grundstücken und noch ein paar anderen Sachen an.

Beispielsweise in dem Haus, das Sie in Kalifornien gebaut haben?

Nein, das habe ich geschenkt bekommen.

Wie bitte?

Das ist ja auch wieder das Schizophrene in unserer Gesellschaft, dass die Reichen immer reicher werden und dazu noch vieles geschenkt bekommen.

Fußballspieler, die halbwegs arriviert sind, umgeben sich gern mit den Insignien des Erfolgs: Eine Rolex, teure Kleidung und mindestens ein Mercedes müssen sein. Ich war nun in den letzten Wochen häufig mit Ihnen zusammen: Sie scheint das alles nicht zu interessieren.

Nein, danach habe ich kein Bedürfnis.

Aber Sie sind auch schon voller Stolz im Porsche 959 gefahren?

Ja, sicher. Ich hatte auch mal teure Uhren. Ich trug auch mal teure Kleidung. Ich war an diesem seltenen Punkt angelangt, wo man wirklich von der Concorde bis zu den allerbesten Hotels, roter Teppich inklusive, alles hatte, wirklich alles – nur nicht Liebe. Und man war sehr einsam. Ich war sehr einsam.

»Money can't buy me love«, sangen die Beatles schon vor 20 Jahren.

Es mag kitschig klingen, aber genau so ist es. Genau das traf auf mich zu. Ich saß in meiner Super-Hotelsuite mit dem Super-Service und der Super-Höflichkeit und war sehr einsam. Und ein paar Meter weg von mir, sagen wir mal in irgendeinem Scheißzimmer, da war die Bude voll mit Lachen und Leben. Von diesem Zeitpunkt hat es mich immer mehr hingezogen zu Menschen, zu Freundschaften und zum Leben, zur Liebe.

Äußerlichkeiten sind Ihnen nicht mehr wichtig?

Ich brauche sie nicht mehr. Sie machen nicht glücklich.

Warum leben Sie dann in Monaco – ein Ort, von dem eine Kennerin der Szene, nämlich Stefanie von Monaco sagt, da sei es »nur teuer und nur langweilig«?

Ganz einfach, weil es ein Steuerparadies ist.

Ein herrlicher Widerspruch zu dem, was Sie bisher sagten.

Moment mal. Ich lebe dort, seit ich fünfzehn bin. Und als ich da hingezogen bin, habe ich noch gar nichts verdient. Ich bin hin, weil dort der Ion war und weil es dort die besten Trainingsmöglichkeiten für mich gab. Und außerdem ist Monaco ein Zufluchtsort für mich von der ganzen Hektik, vor allem damals, als ich das erste Mal Wimbledon gewann und ganz Deutschland durchgedreht war. Ich kann mir aber überhaupt nicht vorstellen, bis zu meinem Lebensende in Monte Carlo zu bleiben. Ich kann mir sehr gut vorstellen, dass ich bald wieder nach Deutschland komme – Steuern hin, Steuern her. Ich müsste hier 56 Prozent Steuern zahlen – aber dann möchte ich schon gern wissen, wo das Geld bleibt. Mit einigem, was da passiert, bin ich nicht so ganz einverstanden.

Welche Etatpunkte im Haushalt der Bundesrepublik stören Sie denn?

Auf jeden Fall stört es mich sehr, dass so viel Geld in die Rüstung geht, denn davon haben wir nun wirklich mehr als genug. Viel zu wenig geht in den Umweltschutz oder wird gegen die Arbeitslosigkeit ausgegeben. Zu wenig wird auch gegen die Wohnungsnot gemacht. Wenn ich wüsste, dass das Geld in solche Sachen gehen würde, dann wäre ich gern bereit, sogar noch mehr Steuern zu bezahlen.

Sie sagten: Monaco ist ein Fluchtpunkt. Ich habe den Eindruck, dass das Auto für Sie auch ein Mittel zur Flucht ist?

Ja, das ist richtig.

Sie haben ein intimes ...

... nein, ein enges Verhältnis zum Auto. Aber nicht unbedingt zu schnellen Wagen ...

... klar, verstehen wir: Sie sind Ford-Werbeträger.

Darum geht es nicht. Das Auto ist einer der wenigen Plätze, wo ich ungestört sein kann. Es ist ein Ort, wo ich irgendwie unter Leuten bin, aber doch allein sein kann. Es ist der Platz, wo ich am besten denken kann, niemand stört mich, niemand ruft mich an.

Sie haben eine Hülle um sich.

Eine schützende Hülle. Niemand, zumindest eine Zeit lang, kommt dann an mich ran. Es ist eine Erholung für mich. Es ist für mich, wie wenn andere sagen: »Wir fahren in den Urlaub, um uns zu erholen.« Das Auto ist für mich ein Erholungsort. Am liebsten fahre ich nachts, weil da am wenigsten los ist. Dann ist es auch besonders gemütlich. Ich mache schöne Musik an, und dann ist es draußen kalt und im Auto schön warm. So lerne ich viele Städte kennen. Egal, wo ich hinkomme, ich miete immer zuerst ein Auto und fahre die ersten Tage durch die Gegend.

Aber manchmal lässt das Auto Sie auch im Stich, wie neulich auf der Autobahn.

Das war wirklich lustig.

Ein Schritt ins wirkliche Leben?

Es war nachts auf der Autobahn bei Köln, und plötzlich war mein Auto kaputt. Ich hab' mich hingestellt und Tramper gespielt. Aber wer hält schon, wenn da ein großer Typ in schwarzer Lederjacke herumsteht? Ich habe mich nicht schlecht gefühlt, mich hat das fasziniert. Und dann hat mich ein tschechischer Lastwagenfahrer mitgenommen.

Er hat Sie nicht erkannt?

Nein, und ich habe gedacht: Das kann doch nicht sein. Ich saß also im Cockpit und kam mir vor wie in einem Film. Und plötzlich dachte ich:

Jetzt bist du tatsächlich mal wirklich allein, kein Mensch weiß, wo du bist. Jetzt könntest du verschwinden, einfach abtauchen. Dieser Gedanke hat mich ungeheuer fasziniert. Der LKW-Fahrer fuhr ja nach Rotterdam weiter. Und ich saß da also im Cockpit und hab' überlegt, ob ich abhauen soll. Die Versuchung war riesengroß.

Tatsächlich?

Ja, aber ich bin schwach geworden.

Fast alle Menschen hegen den großen Traum vom Ausbruch: Es dem Chef mal zeigen, aussteigen, Zelte abbrechen, dem Ehegefängnis entfliehen – aber der Wunsch scheitert kläglich am Geld. Und da sind nun Sie: jung und reich. Sie könnten sagen: Kiss my ass. Warum machen Sie eigentlich immer weiter und brechen nicht aus?

Wer sagt denn, dass ich immer weitermache? Ich hoffe, dass ich irgendwann mal aussteigen kann. Mein Traum ist es, mal für ein halbes Jahr in eine Gegend zu gehen, wo mich niemand kennt. Wirklich unerkannt durch die Straßen zu gehen, die Straßenbahn zu nehmen, in Cafés und Kaufhäuser zu gehen, einfach mal die Sache von der anderen Seite zu erleben. Ich kenn' ja nur, dass die Leute mich erkennen und mit mir reden, mich anfassen wollen. Dass ich so bekannt bin, das macht mir oft auch vieles leichter. Aber warum machen die so einen Rummel um mich? Ich verstehe das oft nicht.

Schlechte Nachricht für Sie: Aus dieser Flucht kann nichts werden.

Unmöglich, nicht wahr? Aber das ist halt so mein Traum.

Sie sind immer unter Beobachtung: Verraten Sie mal, wie Sie das Ende eines großen Turniers erleben, bei dem Ihnen sozusagen die ganze Welt zugesehen hat?

Nach anstrengenden Turnieren habe ich oft Phasen, in denen ich tief deprimiert bin. Tagelang irre ich dann durch die Wohnung und sehe keinen Sinn mehr im Weitermachen. Das sind Albträume. Da überlegst du dir tausendmal: »Mensch, was machst du überhaupt?« Ich fühle mich dann verfolgt. Ich kann dann nicht unter Menschen sein, die nach mir greifen und mich fragen, wie es mir geht. Vor allem nach Höhepunkten wie Wimbledon ist das so. Da war ich völlig am Ende.

Was heißt das: am Ende?

Ich war nicht mehr fähig, mit Menschen zusammen zu sein, und nicht mehr fähig, mich zu konzentrieren.

Ausgelaugt?

Mehr als das. Ich war wirklich völlig am Ende. Ich hatte so viel Konzentration in dem Turnier gelassen. Und dann kam das Gefühl der Sinnlosigkeit. Die Frage, warum ich das alles mache, und das Wissen, dass ich mich nicht lange Zeit würde ausruhen können. Aber dann kämpft man sich durch dieses Tief und ist wieder motiviert und lebensfroh – bis man den nächsten Höhepunkt erreicht. Dann kommt wieder der Fall.

Wenn Sie in Wimbledon der Herzogin von Kent die Hand schütteln und sagen: »It was wonderful«, dann sind Sie im Grunde schon ganz woanders?

Ich bin da schon ganz weit weg – »spaced out«. Das ist das Extreme für mich in Wimbledon, dass da abends noch das Champion's Dinner stattfindet. Da möchte ich eigentlich allein sein, habe von der ganzen Sache die Schnauze voll, möchte vielleicht ein Bier trinken, that's it. Aber da muss man das alles mitmachen, die Pressekonferenz unten im Keller, und du beantwortest alle möglichen Fragen: Warum du gewonnen hast und wie du dich fühlst – aber im Geist bin ich ganz woanders und will nur weg.

Wie haben Sie sich von dem Stress erholt?

Ich bin mit Karen nach Hamburg geflogen und bin am Dienstag und Mittwoch durch unsere Wohnung gewandelt wie ein Geistesgestörter. Oder ich bin ins Auto gestiegen und durch die Stadt gefahren – völlig ziel- und ruhelos. Ich hatte zu nichts Lust, ich war einfach schlapp, todmüde. Am Donnerstag ging es mir dann besser.

In dem Kinderfilm »Momo« nach dem Roman von Michael Ende fällt ein bemerkenswerter Satz: »Wenn die Menschen wüssten, was der Tod wirklich bedeutet, hätten sie vor ihm keine Angst.« Beschäftigt Sie der Gedanke an den Tod?

Ich setze mich sehr mit der Frage nach dem Sinn des Lebens auseinander, denn ich erlebe ja so viel extreme Momente. Ich komme, wie wohl nur wenige Menschen, an diese Grenze, wo ich sagen muss, es geht eigentlich nicht mehr weiter. Ich kann nicht mehr als Wimbledon, den Davis Cup oder Flushing Meadow gewinnen. Ich kann nicht mehr als die Nummer eins werden. Ich komme also an einen Punkt, den die meisten in ihrem Leben nie erreichen.

An so etwas wie die Erfüllungsgrenze des Lebens?

Es kommen Momente, in denen du glaubst, es hat eigentlich keinen Sinn mehr, was du machst, denn du hast ja die Erfüllung geschafft. Dann ist es hart, irgendeine Motivation und Begeisterung zu finden, um weiterzumachen.

Wie dunkel können die Gedanken in der Tiefe einer Depression werden?

Ich habe schon öfter mal gedacht, dass es ja nicht so schlimm ist, wenn ich jetzt sterbe. Manchmal denke ich auch, ich habe schon zu viel erlebt. Jedenfalls kann ich sagen, dass ich keine Angst vor dem Tod habe.

Jetzt erst recht: Warum nehmen Sie das Ganze auf sich? Weshalb steigen Sie nicht aus?

Ich habe es irgendwie in mir, dass ich noch ein bisschen was leisten muss – für mich selber. Wenn diese Tage des Frusts vorbei sind, dann will ich ja auch wieder spielen, will wieder ran, will wieder in die Turnier-Szene. Einfach, weil ich es in mir habe, noch ein paar Dinger zu gewinnen.

Was für eine Mission hat Boris Becker?

Mich selbst zufriedenzustellen. Ich bin noch nicht hundertprozentig befriedigt im Tennis. Ich bin ganz knapp dran, das muss ich ehrlich sagen. Aber dazu fehlen mir noch ein paar Dinger – nur für mich selber. Ich glaube einfach, dass ich mich noch verbessern kann.

Machen Sie mal einen Zeitplan: Wie lange brauchen Sie dafür noch?

In den letzten zwölf Monaten hat sich für mich so viel bewegt. Das war ein Schock. Ich bin in Riesenschritten vorangekommen, und ich hatte immer gedacht, dass ich dafür mindestens vier, fünf Jahre brauchen würde. Ich hatte nie geglaubt, dass ich in so kurzer Zeit im Tennis so befriedigt werden könnte. Das begreifen die Tennisfans, glaube ich, noch gar nicht, was da mit mir geschehen ist: wo ich herkam vor 18 Monaten und wo ich jetzt stehe. 1989 war mein Jahr.

Was war daran so außergewöhnlich?

Es war wie ein Schock für mich, dass ich Wimbledon gewonnen habe, aber ein richtiger Meilenstein war, dass ich die U.S. Open geschafft habe. Das hatte ich nicht für möglich gehalten. Ich musste mir tagelang sagen, dass ich tatsächlich gewonnen habe. Jahrelang habe ich davon geträumt, und nun habe ich es tatsächlich geschafft.

Was hält eigentlich Ihre Freundin Karen vom Tennis und Ihrem Leben als Tennisstar?

Sie findet das Ganze affig. Das ganze Getue und das künstliche Leben sind überhaupt nicht ihr Fall. Wenn Sie so wollen, ist sie ein Korrektiv zu der Welt, in der ich mich sonst so bewege. Sie ist 26 und studiert Romanistik und Germanistik für das Lehramt.

Und sie ist die große Liebe?

Das werde ich wissen, wenn ich 45 bin. Und ob man es dann endgültig weiß, da bin ich mir auch noch nicht sicher. Aber im Moment ist sie für mich die ganz große Liebe. Vielleicht kommen wir auch deshalb so gut miteinander aus, weil sie in einer so extrem anderen Welt lebt als ich. Wenn wir uns treffen, ist es für uns beide Erholung. Sie hat eine völlig andere Lebenseinstellung als die Leute in meiner Umgebung, die alle auf Erfolg und Leistung programmiert sind. Sie denkt so ziemlich genau das Gegenteil von dem, was die Menschen sonst in meiner Umgebung denken. Und dann hat sie auch noch mit Sport überhaupt nichts am Hut – wunderbar! Sie hat keine Ahnung von Tennis, und wenn sie mal fünf Minuten mit mir joggt, dann ist das für sie schon eine gigantische Leistung.

Und wer ist der Boss in der Beziehung?

Also Boss – das finde ich ja nun sehr machohaft. So typisch – der Mann ist der Chef, er kommt abends nach Hause und die Frau kocht? Karen kann gar nicht kochen, und ich komme abends oft nicht nach Hause.

Sie sind jung, erfolgreich, attraktiv und …

… attraktiv bin ich nicht.

Also jung und erfolgreich.

Okay.

Wie halten Sie es mit der Treue?

Das ist eine Sache, die ich ganz anders erfahre als die meisten Männer. Ich könnte mit sehr vielen Frauen schlafen. Mir geht es so, wie es – leider – Frauen oft ergeht: Ich bin ein Wild, das gejagt wird. Ich könnte, wenn ich wollte. Nur ist es halt so wie mit vielem: Wenn man alles haben kann, verliert es seinen Reiz. Sicher, ich habe meine One-nightstands hinter mir. Dann wacht man am nächsten Morgen auf und wundert sich: Mensch, wie konnte ich nur irgendwas mit dieser fremden Frau neben mir machen? Und dann, im Spiegel, verliert man einen Teil seines Gesichts. Das ist die Sache nicht wert.

Sie sind also ein treuer Kerl?

Was heißt treu? Ist es Treue, wenn ich mit keiner anderen Frau schlafe? Für mich heißt treu mehr: Dass ich meine Partnerin respektiere, dass ich keine Geheimnisse vor ihr habe, offen bin, dass ich so bin, wie ich bin, und meine Partnerin so ist, wie sie ist. Dass wir uns lieben, so wie wir sind.

Wie war es eigentlich für Karen, als bekannt wurde, dass sie Ihre Freundin ist?

Es war schrecklich für sie. Nicht nur weil sie jetzt immer mehr im Rampenlicht steht und von Leuten dauernd angesprochen und fotografiert wird, sondern schlimm war auch am Anfang, dass Freunde von ihr gedacht haben: O Gott, was macht denn die mit diesem Kerl, diesem Nationalhelden? Viele gingen also auf Distanz. Wenn wir zu ihren Freunden eingeladen waren, wurde ich genau beäugt und gemustert. Aber mittlerweile ist das okay. Am Anfang musste Karen sich schon überlegen, ob die negativen Sachen die guten nicht überwiegen und ob die Beziehung das alles wert ist. Es ist nicht leicht an der Seite eines Superstars. Oft wird sie gar nicht beachtet, sie wird einfach ignoriert und übergangen.

Könnten Sie es sich vorstellen, Kinder zu haben?

Kinder sind eine ganz klare Perspektive für mich, später. Aber ich bin kein Klassiker mit trautem Heim, zwei Kinder, Ehefrau und glücklich bis ans Lebensende.

Und wie würden Sie Ihre Kinder erziehen?

Ich hatte eine glückliche Kindheit, und dass ich jetzt so bin, wie ich bin, verdanke ich meinen Eltern. Daran könnte ich mich schon orientieren.

Es gibt ja nun viele Eltern, die sogenannten Tennis-Eltern, die aus ihren Kindern kleine Boris Becker machen wollen.

Das finde ich sehr schlimm. Man kann ein Kind nicht zum Tennisspielen zwingen. Das bringt nichts. Irgendwann ist das Kind ein Erwachsener und sagt dann zu seinen Eltern: »Was habt ihr eigentlich mit mir gemacht? Seid ihr völlig bescheuert?«

Wegen Ihrer Freundin sind Sie ja nun ein Neu-Hamburger. Was fällt Ihnen zum Stichwort Hafenstraße ein?

Ich habe diese Kämpfe, die die Polizei gegen die hundert Leute da unten am Hafen macht, intensiv und auch mit Schmunzeln verfolgt.

Wie ist das zu verstehen?

Da sind also hundert Leute in drei oder vier Häusern, und jeder in Deutschland, glaube ich, kennt diese Hafenstraße. Das ist doch eigentlich ein Witz, was die erreicht haben. Ich meine, Sponsoren müssten da mal an die Tür klopfen, denn da ist Geld zu verdienen.

Aber Sie würden überrascht sein, wenn die mal am Rothenbaum zum Tennisturnier auftauchen würden?

Wieso denn? Ich würde es mir wünschen. Ich würde sogar gern mal in die Hafenstraße gehen, denn ich glaube, dass ich mit diesen Leuten etwas gemeinsam habe – mehr als mit vielen in meiner Welt. Ich würde mich gern mit ihnen unterhalten. Ich überlege mir gerade, ob ich denen nicht auch einmal, wenn sie Lust haben, ein paar Tickets gebe, so fürs nächste Davis Cup-Match. Ein paar lautstarke Fans mehr würden nicht schaden.

Stars sind häufig im Streit mit den Medien. Sie fühlen sich falsch zitiert, belagert, beobachtet. Marlene Dietrich hat über diese Erfahrung einmal gesagt: »I have been photographed to death.«

Ich bin jetzt an einem Punkt angelangt, wo ich diese Leute verstehe. Ihnen geht es ums tägliche Brot. Mit den Paparazzi, die mich verfolgen, um ein Bild von mir in einer Zeitung unterzukriegen, komme ich, ehrlich, inzwischen ganz gut aus. Ich bin halt eine öffentliche Person, und die kriegen dann für so einen Schnappschuss 100 Mark, das ist okay. Die sind nicht das Problem.

Sondern?

Dass mein Bekanntheitsgrad mir teilweise die Freiheit raubt. Ich kann tun und lassen, was ich will, am nächsten Tag steht es in der Zeitung. Jeder Mensch in Deutschland weiß, was Boris Becker an drei von fünf Tagen macht. Und das ist ziemlich schlimm. Fahre ich mal zu schnell Auto und die Polizei erwischt mich, kann ich es am nächsten Tag in der Bild-Zeitung nachlesen – einfach, weil die Polizei das denen weitergibt. Spreche ich mal eine fremde Frau an, dann heißt es, ich habe schon wieder eine Liebesaffäre. Was soll ich machen? Ich kann mich doch nicht verstecken! Ich will mich nicht durch die besiegen lassen. Ich will mein Leben leben.

Mir fiel vorhin auf, als wir durch die Straßen gingen, dass Sie sich kleiner, sozusagen unsichtbar machen wollten.

Das ist mir nicht aufgefallen, ehrlich. Vielleicht mache ich so etwas unbewusst.

In der Hotellobby haben Sie sich an den Wänden entlang zum Fahrstuhl gedrückt. Haben Sie sich eine bestimmte Strategie und Taktik des Bewegens in der Öffentlichkeit angeeignet?

Es ist eine Strategie des Überlebens. Ich weiß einfach, wenn ich direkt durch diese Hotelhalle gehe, dann dauert es 15 Minuten länger. Wenn ich an einem Ort wie McDonald's vorbeigehe, dann weiß ich, dass es da einen Auflauf gibt und die Leute anfangen zu schreien und Theater zu machen. Also mache ich im Normalfall einen Bogen um so einen Laden. Wenn ich aber Lust auf einen Hamburger habe, dann gehe ich rein und nehme die Konsequenzen in Kauf. Ich mag nicht dauernd Versteckspielen und nur Hintereingänge benutzen. Auch in den teuren Hotels drehen Erwachsene völlig durch, wenn sie mich sehen – gestandene Wirtschaftsbosse, Manager, eigentlich Leute, die ein bisschen mehr draufhaben müssten. Denen geht es nicht um mich, meine blauen Augen, sondern sie sehen das Symbol Boris Becker. Der Name, der für Erfolg, Traumerfolg, Millionen und Freiheit steht.

Gibt es in der Bundesrepublik eine Stadt, in der Sie sich halbwegs unbelästigt bewegen können?

Also in Hamburg ist es deutlich besser als in München. Vielleicht sind die Hanseaten cooler? Vielleicht ist die Stadt auch ein bisschen kosmopolitischer, die haben ja auch alles, von der Hafenstraße bis zum Springer-Verlag. Die Leute sind hier jedenfalls nicht so geschockt, wenn da irgendwo der Boris Becker sitzt.

Wie ist es für Ihre Eltern, ein Idol als Sohn zu haben?

Mit einem Wort: schlimm. Das Problem ist, dass meine Eltern in einer Kleinstadt leben, in der Superstars nun nicht gerade an der Tagesordnung sind. Sie leben seit 54 Jahren in Leimen – immer mit den gleichen Leuten zusammen, immer mit denselben Nachbarn. Sie waren nie reich, aber plötzlich hatten sie ein bisschen mehr Geld. Nachbarn wurden neidisch, wildfremde Leute wollten plötzlich etwas von meinen Eltern. Presseleute haben meine Eltern aufs Kreuz gelegt – es war unglaublich hart. Aber sie haben sich gut geschlagen, da muss ich ihnen wirklich ein Kompliment machen. Sie sind normal geblieben. Sie wohnen in derselben Wohnung, sie machen das Gleiche wie früher, haben dieselben Freunde, die gleichen Urlaubsplätze. Sie sind nicht abgehoben.

Im Gegensatz etwa zur Graf-Familie?

Sagen wir mal so: Im Gegensatz zu einem Teil der Graf-Familie.

Bei Schauspielern gehört es zum guten Ton zu sagen, ich lese nicht, was in den Zeitungen über mich geschrieben wird. Wie ist es bei Ihnen?

Ich lese tatsächlich wenig über mich.

Als wir uns vorhin trafen, haben Sie aufmerksam einen Tennisartikel studiert.

Mich interessiert, wie die Leute Niederlagen oder Triumphe beurteilen, wie sie das gesehen haben. Ich schätze die Journalisten nach dem ein, wie sie in Extremsituationen reagieren. Ich werde nie vergessen, wie ich 1987 nach meiner Niederlage in Wimbledon heimgeflogen bin. Diese Berichte habe ich sehr sorgfältig gelesen. Ich habe mir genau gemerkt, was über mich geschrieben wurde. Deshalb gibt es viele, mit denen ich seither nicht mehr gesprochen habe.

Eine schwarze Liste, weil Sie Kritik nicht vertragen?

Kritik vertrage ich sehr wohl. Aber da gab es Sachen weit unter der Gürtellinie. Ich weiß jetzt, wie Geschichten entstehen, und das macht mir Angst. Die Namen von solchen Schreibern habe ich mir damals gemerkt. Wenn die jetzt mit mir reden, stelle ich die Ohren auf Durchzug und geb' allenfalls Floskeln von mir. Ja, ja. Der erste Satz war gut, und dann ging's besser, und das nächste Match ist schwer.

Ich nehme an, die Sponsoren verlangen von Ihnen Wohlverhalten. Können Sie sich so verhalten, wie Sie wollen?

Sagen wir so: Ich probiere, unabhängiger zu werden. Mein Ziel ist es, eines Tages völlig unabhängig zu sein. Absolut frei von allen Verträgen und von allen Aufgaben, die ich jetzt noch machen muss. Mir ist bewusst, dass ich noch nicht hundertprozentig auf dem Weg dorthin bin, aber meine Reise geht dorthin.

Das sollen wir Ihnen glauben? Sie schließen ja immer wieder neue Verträge ab.

Ja, gut. Aber diese Verträge laufen nicht über zehn, sondern über zwei, maximal drei Jahre – halt solange ich noch Tennis spiele. Und mit 25 Jahren werde ich sehr wahrscheinlich nicht mehr spielen.

Ihr Wunsch ist es …

… absolut unabhängig und frei zu sein.

Das klingt, als ob es für Sie schon jetzt eine Belastung ist, Werbeträger von Produkten zu sein?

Ja.

Haben Sie deshalb im Gegensatz zu vielen Sportlern keine Firmenlogos auf Ihren Alltagskleidern?

Ich vermeide es, eine wandelnde Litfaßsäule zu sein. Vielleicht spiele ich auch eines Tages wieder ganz in Weiß.

Ist das Ihr Ernst? Was sagt Ihr Manager Ion Tiriac dazu?

Er wird mich verstehen.

Als Sie sich vor ein paar Jahren von Ihrem Trainer Günther Bosch trennten, schrieb eine Zeitung: »Es war, als habe er seinen Analytiker erwürgt.« Anders ausgedrückt: Es war ein Befreiungsschlag für Sie, ein Schritt in die Unabhängigkeit. Wann emanzipieren Sie sich von Ion Tiriac?

Ion war immer clever genug zu erkennen, dass man mich nicht gefangen halten kann. Er hat mir anfangs weniger, dann immer mehr Freiraum gelassen. Er wusste immer, dass ich, falls es mal hart auf hart kommen sollte, gehen werde.

Und was hält dieser Manager von Ihren Ausstiegs-Träumen?

Er hat zwei Seelen in seiner Brust: Er ist Freund und Manager. Ich sage immer wieder zu ihm, du bist der beste Manager mit dem schlechtesten Klienten. Und genau so ist es. Ich brauche mich also nicht von ihm zu emanzipieren. Ich bin mit ihm jetzt sechs Jahre zusammen, und er wird verstehen, was ich will. Ich habe mit ihm das Profitennis angefangen, ich möchte es mit ihm auch beenden. Wir hatten Pech und auch viel Glück in dieser Zeit, und irgendwie, denke ich, gehören wir zusammen.

Ich hab' ein Bild von Ihnen im Kopf, das überhaupt nicht zu dem passt, was Sie uns erzählen: Ihre Privataudienz beim Papst und wie Sie ihm einen Puma-Tennisschläger in die Hand gedrückt haben – raffinierteres Product-Placement ist kaum denkbar.

Dass das in der Öffentlichkeit als PR-Gag ankam, hat mich total geschockt, ehrlich. Das war eine spontane Geste. Der Schläger ist für mich mein Arm. Da der Papst mir damals noch sehr viel bedeutet hat, empfand ich das Ganze als Segen für meinen rechten Arm. Vielleicht musste man mich damals missverstehen, ich war ja damals noch anders als heute. Wie sehr ich mich inzwischen verändert habe, wissen, glaube ich, bisher auch nur wenige.

Der Gedanke ans Aufhören beschäftigt Sie intensiv. Nur wenige Spitzensportler haben einen bruchlosen Übergang ins Privatleben geschafft. Haben Sie Angst vor der Zeit nach dem Tennis?

Eigentlich nicht. Ich kann nur hoffen, dass ich nicht – wie so viele andere – zugrunde gehe, im Gegenteil: dass ich noch mehr auflebe, dass es mir noch besser geht. Daran arbeite ich.

Sie haben kürzlich gesagt, das Schreiben fasziniert Sie. Was haben Sie der Welt zu sagen?

Ich würde gern die Erfahrungen, die ich gemacht habe, anderen mitteilen – ihnen damit sozusagen helfen.

Das hört sich nach einer Autobiografie an: »Boris Becker: The Making of a Star«.

Eine Biografie soll's nicht werden. Aber um Sport soll es schon gehen. Ich will ein paar Geschichten erzählen. Wie Stars gemacht werden. Es soll um Leute gehen, die es geschafft haben im Leben, und um die vielen, die es nicht geschafft haben. Um Leere und Erfüllung also. Auch um die Macht der Medien und um Geld. Dinge, die ich in meiner Welt erfahren habe.

Gibt es einen Sportler, von dem Sie sagen können: Der hat's auch im privaten Leben geschafft?

Da fällt mir im Augenblick keiner ein. Ich muss grad an Björn Borg denken, der es – trotz mancher Erfolge – dennoch nicht geschafft hat. Aber noch höre ich nicht auf, ich glaube, dass ich dem Publikum noch gute Unterhaltung bieten kann.

Einspruch von Uli Hoeneß, dem Manager von Bayern München. Tennis, meint er, sei ziemlich langweilig: »Da geht es immer hin und her, ich weiß gar nicht, was daran unterhaltend sein soll?«

Das Faszinierende und Harte daran ist, dass es kein Unentschieden gibt. Das ist der Urkampf – Mann gegen Mann. Wir haben zwar keine Waffen, sondern Schläger und Bälle, und die setzen wir ein wie Waffen. Da stehen sich zwei gegenüber, ein Showdown wie im Western, das Ende ist offen, die Zeit ist offen: Einer verlässt als Sieger das Feld, nur einer kommt, sozusagen, lebend heraus. Du kannst keine Zeit schinden, du kannst nicht abtauchen wie beim Fußball. Du musst dich dem Kampf stellen. Das ist wie früher – die Duelle im Morgengrauen. Nach Regeln zwar, aber unbarmherzig. Die Leute wollen Sieger und Verlierer erleben. Sie wollen sich freuen, und sie wollen weinen. Und genau das gibt ihnen Tennis.

Sie sagten einmal, man braucht einen Killerinstinkt, um ein guter Tennisspieler zu werden.

Um in den Turnieren zu überleben, muss man eine Art Schwein sein. Man muss den Gegner geistig besiegen, und das ist oft nicht schön.

Klingt da etwa ein schlechtes Gewissen durch?

Ich fühle mich tatsächlich manchmal schlecht dabei. Ich bin oft viel zu nett zu meinen Gegnern. Deshalb gehen meine Spiele – gerade auch gegen Schlechtere – häufig so knapp aus. Ich krieg' das einfach nicht fertig, die Gegner geistig und auch körperlich niederzumachen. Deswegen werde ich auch nie so oft und so lange so gut sein wie der Lendl, der damit keine Probleme hat.

Um jeden Preis zu gewinnen ist ja der Sinn des Spiels.

Aber irgendwann ist es nicht mehr bloß ein Spiel. Ich hab' mich in Paris mit McEnroe genau über dieses Thema unterhalten – drei Stunden lang –, an dem Abend, bevor wir in Bercy gegeneinander spielten. Ich habe zu ihm gesagt: »Wenn du im Match wieder zur Sau wirst, dann werde ich zur noch größeren Sau, und ich mache dich fertig.«

Sie waren offenbar die größere Sau, denn Sie haben gewonnen.

Es war wieder ein Kampf, der sich in den Köpfen entschied. Ich hab' den ersten Satz gewonnen, weil ich spielerisch besser war. Und im zweiten Satz fängt er an, mich zu beleidigen.

Wie müssen wir das verstehen?

Er hat mich imitiert, hat mein Husten nachgemacht, er wollte mich lächerlich machen. Da habe ich zu ihm gesagt: »Okay, du Sau, jetzt geht's los.«

Das haben Sie ihm so übers Netz ins Gesicht gesagt?

Nein, ich habe ihn das mit den Augen wissen lassen. Er hat es genau gespürt. Und es ist das Wahnsinnige, dass dieser Kampf so abläuft, in den Köpfen. Es macht mir manchmal Angst.

Verraten Sie uns mal ein Geheimnis: Wie würden Sie spielen, um Boris Becker zu besiegen?

Ich würde lieber nicht gegen ihn antreten.

Wie viele Stunden investieren Sie in Ihren Sport?

Drei bis fünf Stunden pro Tag. Aber das hängt davon ab, ob ich mich auf ein Turnier vorbereite oder ob ich schon im Turnier bin.

Ihre Gedanken kreisen ständig um das Spiel?

Nein, sicher nicht. Ich will mich doch nicht verrückt machen. Ich muss meinen Geist fit halten, deshalb rede ich viel mit Leuten und lese auch viel.

Was haben Sie zuletzt gelesen?

Ich lese immer mehrere Bücher gleichzeitig, abhängig von meiner Gemütsverfassung. Im Moment lese ich ein Buch zur aktuellen Lage in der DDR und dann auch noch etwas über die Vergangenheit Deutschlands – von Bismarck zu Hitler. Ich muss ja ein paar Sachen nachholen, weil ich in der Schule so oft gefehlt habe. Und dann lese ich auch noch »Im Namen Gottes« …

… schwerer Tobak.

Ja, ein Buch, das sich sehr kritisch mit dem Vatikan auseinandersetzt und dessen Verbindungen zur Mafia aufzeigt. Das kann ich nur weiterempfehlen.

Noch etwas?

Den »Baader-Meinhof-Komplex« von Stefan Aust habe ich neulich beendet, auch eine Biografie über Rudi Dutschke, und das fand ich alles ungeheuer faszinierend.

Gibt es im Tennis-Circle jemand, mit dem Sie über solche Themen reden können?

Nein.

Sportler, heißt es allenthalben, sind Vorbilder. Sind Sie eines?

Aus Sportlern werden Vorbilder gemacht. Ich könnte ein Buch darüber schreiben. Wenn du Olympia- oder Wimbledonsieger bist, hast du ein Vorbild zu sein für Kinder und Erwachsene, weil du ein Ziel erreicht hast, von dem so viele träumen. Sie sehen dich als Idol. Dass du das gar nicht willst, ist allen egal. Du wirst nicht danach gefragt, du bist es einfach. Nochmals: Wir leben im Jahr 1990, und es geht im Sport nur ums Geld. Das ist traurig, aber wahr. Das ist traurig, weil der Mensch in diesem Zirkus auf der Strecke bleibt.

Verbittert?

Nein, überhaupt nicht. Wir haben über die Werte in dieser Gesellschaft geredet, und ich habe gesagt, dass die Werte falsch sind: Geld und Ruhm machen nicht glücklich.

Definieren Sie mal: Wer ist Boris Becker?

Ein Mensch, der sehr früh extreme Situationen erfahren hat und der es gelernt oder geschafft hat, sie für sich als Vorteile zu nutzen. Ein Mensch, der im Augenblick noch ein bisschen Schwierigkeiten hat, wirklich Mensch zu sein, da er noch an viele Verpflichtungen gebunden ist, der aber glaubt, dass sie ihn in ein paar Jahren nicht mehr binden und er dann nur noch Mensch sein kann. Ohne Logo auf den Schuhen, ohne Logo auf der Kleidung – wirklich frei, absolut frei.

Boris Becker, geboren am 22. November 1967, hat in seiner Tenniskarriere 49 Turniere gewonnen (Preisgeld: 25 080 956 US-Dollar), darunter die Grand Slams von Wimbledon, Flushing Meadow, Melbourne; bei den Olympischen Spielen 1992 in Barcelona gewann er mit Michael Stich die Goldmedaille. 1999 trat Becker vom Sport zurück. Für Schlagzeilen sorgt er seither mit seinem Privatleben: Wegen Steuerhinterziehung wurde er 2002 auf Bewährung zu einer Haftstrafe von zwei Jahren verurteilt; seine Ehe (zwei Söhne) mit Barbara Feltus wurde im Januar 2001 geschieden; im Februar 2001 ergab ein Vaterschaftstest, dass Becker (in einer Besenkammer) ein Kind mit dem russisch-afrikanischen Model Angela Ermakova gezeugt hatte.

KATARINA WITT

»Es war ein Kampf der Systeme, der totale Klassenkampf«

(1989/90)

In Designer-Jeans und Designer-Jacke kommt sie daher, freundlich lächelnd, doch Kati Witt geht es jetzt, im Winter 1989/90, nicht besonders gut. Ein rauer Wind weht ihr, dem attraktivsten Exportschlager der gerade untergehenden DDR, ins Gesicht. Mit ihrem Können und ihrem Charme hat sie, sagen erboste Fans, ein marodes Regime aufgewertet; sie hat sich durch Privilegien kaufen lassen; sie hat viel zu lange geschwiegen. Sie sagt: Ich war doch ein Kind, ich habe hart gearbeitet, ich wollte den Erfolg. Sie sagt: Ich – das schönste Gesicht des Sozialismus? Das ist doch eine Erfindung von euch – der Westpresse! Sicher, da sind Fragen, die quälen: Haben die Erfolge sie blind gemacht für das Leiden und die Ungerechtigkeiten in ihrem Land? 17 Jahre Wettkampfdruck und viele Lobreden auf Staat, Partei und Sozialismus. Sie sagt: Bin ich verantwortlich für den ganzen Schlamassel? Und da, ganz plötzlich, sind Tränen im Gesicht.

Frau Witt, Ende des letzten Jahres gingen Millionen DDR-Bürger auf die Straße und demonstrierten für eine neue, demokratische Republik. Dabei waren Schüler und Studenten, Arbeiter und Angestellte und auch Künstler. Nicht dabei: die Nationale Volksarmee und …

… die Sportler, ich weiß. Warum das so war, darüber habe ich mir auch schon oft Gedanken gemacht. Nehmen wir meinen Fall: Ich habe nie mit viel Worten Politik gemacht.

Einspruch: Bei jeder Siegerehrung haben Sie in bewegten Worten das Hohelied des Sozialismus angestimmt.

Ich war, das gebe ich offen zu, schon der Meinung, dass ich als Sportler meinem Land viel verdanke. Und dass ich durch meine Leistungen auch zeige, dass der Sozialismus der richtige Weg ist. Jetzt im Nachhinein wird mir allerdings bewusst, dass ich auch ausgenutzt wurde.

Sie waren nicht bloß Mitläuferin. Sie waren die sportpolitische Mehrzweckwaffe des abgehalfterten SED-Regimes.

Ich habe schon Widerstand im Kleinen geübt. Ich hatte viele Einladungen zu politischen Veranstaltungen, die ich einfach abgelehnt habe. Das war eine bewusste Verweigerung. Ein Beispiel: Ich habe vor einem Jahr ein Rockkonzert moderiert …

… und Sie wurden von den Fans, die Ihnen den engen Schulterschluss mit der Parteiführung vorwarfen, gnadenlos ausgepfiffen.

Genau. Aber ich sollte im Zentralrat eine Rede halten, wie toll das Konzert war. Ich habe gesagt: Die Rede könnt ihr selber halten. Ihr habt doch gesehen, was da los war. Die Jugend hat gepfiffen, und zwar nicht nur gegen mich: Es war einer der ersten, lautstarken Proteste gegen alles, was für die DDR stand.

Aber Sie waren noch immer die treue Vorzeige-Athletin: Regierungschef Honecker hat seinen Mund gespitzt und Sie für Ihre Verdienste auf die Wange geküsst.

Das stimmt ja nun überhaupt nicht. Einmal hat er mich an sich gedrückt. Aber wie machen das die Politiker denn bei euch? Da werden doch – von Kohl bis Weizsäcker – die erfolgreichen Athleten ebenfalls empfangen und geehrt. Wie geht's denn beim ARD-Sportlerball zu? Da hocken die Politiker und die Sportler zusammen und sonnen sich gegenseitig im Glanz ihrer Erfolge. Und irgendwie finde ich das auch okay: Besondere Leistungen muss man würdigen und schätzen. Und was konnte ich schon machen? Die Politiker kommen auf einen einfach zu. Es waren ja nicht nur Honecker oder Krenz, die sich mit mir sehen lassen wollten: Oskar Lafontaine hat mich ins Saarland einfliegen lassen, damit ich mit ihm gemeinsam auftrete. SPD-Chef Jochen Vogel ist extra zu einer Holiday-on-Ice-Veranstaltung nach Berlin gekommen und hat mir hinter der Bühne einen Blumenstrauß überreicht.

Aber der Vorwurf bleibt: Wegen des Schulterschlusses mit der verhassten Führung weht nun den DDR-Leistungssportlern ein harter Revolutionswind ins Gesicht.

Das ist unfair und ungerecht. Wir haben große Leistungen erbracht. Und die Leute, die jetzt so über uns schimpfen, haben vorm Fernseher gesessen und haben mitgefiebert, als wir bei den Olympischen Spielen auftraten. Wenn wir gewonnen haben, waren wir die Größten. Waren wir nur Zweite, wurden wir verdammt. Kann man uns einen Vorwurf machen, weil wir im Gegensatz etwa zu den Künstlern von Staats wegen mehr gefördert wurden?

Die Sportler haben sich halt allzu willfährig zu Werkzeugen des SED-Regimes machen lassen.

Okay, okay. Wir sind unterstützt worden, das ist wahr. Aber ist es im Westen so viel anders? Bei euch gibt es die Sporthilfe, und viele Sportler werden außerdem noch von Firmen gesponsert. Und ist es nicht logisch, dass wir Athleten eine gewisse Dankbarkeit gegenüber unserem Staat zeigten? Denn ohne ihn hätten wir die Erfolge nie und nimmer gehabt. Der Staat hat mir die Möglichkeiten für mein Training und meine Arbeit geschaffen.

Der Zorn des Volkes richtet sich nun aber auch gegen euch Sportler, weil ihr

Privilegien hattet. Deshalb die immer lautere Forderung: Die Athleten müssen mal richtig arbeiten!

Ich habe immer gesagt, dass ich die Leute bewundere, die etwas anderes können und in der Produktion stehen. Ich habe viel Respekt vor, sagen wir mal: normaler Arbeit. Aber ich möchte diese Leute auch mal auffordern, sich fünf, sechs Stunden im Training zu quälen. Vielen würde da schon nach einer halben Stunde die Lunge aus dem Hals hängen. Wir Sportler haben hart gearbeitet …

… die Privilegien waren also gerechtfertigt?

Was heißt eigentlich Privilegien? Haben Sie mal nachgeschlagen, was das Wort genau bedeutet?

Laut Duden: Sonderrechte.

Was wir bekamen, halte ich nicht für Privilegien. Ich sehe das so: Ich bringe besondere Leistungen, und dafür bekomme ich – wenn ich schon nicht besonders bezahlt werde – ein paar Vorteile. Was bei uns im Sport passierte, danach wird doch heute in der Gesellschaft allgemein gerufen: Sie wollen doch alle das Leistungsprinzip. Sie wollen doch nun alle, dass mehr Geld bekommt, wer besser arbeitet.

Aber können Sie die Wut des Volkes denn nicht verstehen? Von Ihnen gibt's ja auch den provokativen Satz: »Ich darf Freiheiten haben, die bei uns nicht üblich sind.«

Ich kann die Menschen verstehen. Andererseits stimmt vieles nicht, was über uns Athleten gesagt und auch in den Westmedien geschrieben wurde. Zum Beispiel die Reisemöglichkeiten, die uns vorgeworfen werden: Was war denn das? Wir sind zu den Wettkämpfen angereist und danach sofort wieder heimgefahren. Ich durfte nicht, wie mir immer wieder unterstellt wird, nach Lust und Laune in den Westen – nur zu den Wettkämpfen. Ich habe jetzt das Gefühl, dass wir stellvertretend für die Politiker nun die Sündenböcke sind. Ich bin in die Eishalle und wollte in meinem Sport die Beste werden, dafür habe ich mich angestrengt.

Und haben das Image der DDR aufpoliert.

Ich hielt ja auch vieles, was mein Land machte, für richtig. Ich wusste doch überhaupt nicht Bescheid, was an Korruption da ablief. Ich war auf meinen Staat stolz – so wie es viele Sportler auf ihre Länder eben sind. Nehmen Sie zum Beispiel die Olympischen Spiele in den USA und wie der Präsident Ronald Reagan seine Sportler aufgeputscht hat: »Go for Gold!« und »Go for America« hieß da die Order. Was da für ein Nationalstolz und Chauvinismus rauskam! Da waren wir ja die reinsten Waisenknaben dagegen. Klar, ich habe das Gold auch für mein Land gewonnen. Aber mein Gott, ich bin nicht aufs Eis gegangen und habe gesagt: Jetzt wirst du Olympiasiegerin für deinen Staat! Ich bin aufs Eis gegangen und habe gedacht: Jetzt musst du das für dich machen. Du musst für dich das Beste rausholen.

Aber als bei der Siegerehrung die DDR-Hymne erklang, waren Sie schon stolz auf Ihr Land?

Klar, da kriegte ich eine Gänsehaut, ich war stolz und habe gedacht: Jetzt stehen die alle auf wegen unserer Hymne. Aber in so einem bewegenden Augenblick ist doch jeder Sportler – egal aus welchem Land auch immer – stolz.

Sie sind viel im Ausland herumgekommen. Hat das in Ihnen nicht Zweifel geweckt an den offiziellen Sprüchen Ihrer Regierung?

Na klar gab es die Zweifel. Und je älter ich wurde, desto mehr habe ich infrage gestellt, was uns in der Schule gelehrt wurde: dass der Westen nur schlecht ist. Aber ich habe andererseits auch erfahren, dass vieles richtig war, was uns gesagt worden war. Ich habe die raue Ellbogengesellschaft des Westens erfahren. Ich habe hoffnungslose Armut in Amerika gesehen, dreckige Slums und die Angst vor Drogen und Kriminalität, wie wir es in der DDR nicht haben. Ich habe natürlich auch Sachen gesehen, die mit unserer Propaganda nicht übereinstimmten. Aber zugegeben: Ich habe mich nicht kritisch in der Öffentlichkeit geäußert. Aber warum sollte ich das auch tun?

Sagt Ihnen der Name Walter Janka etwas?

Ja, ich habe von ihm gehört.

Er war der Leiter des renommierten Aufbau-Verlags in Berlin, der Verleger von Thomas Mann, Bert Brecht und Heinrich Mann in der DDR. In den fünfziger

Jahren wurde er in einem Schauprozess verurteilt aufgrund einer absolut hanebüchenen Anklage. Enge Freunde von ihm, Anna Seghers, damals die berühmteste Frau der DDR, und auch Brechts Witwe Helene Weigel wussten, dass die Anklage haltlos war, aber sie schwiegen.

Das klingt ja nun, als ob ich mich durch Schweigen schuldig gemacht hätte. Das ist eine bodenlose Frechheit. Nochmals: Warum sollte ich etwas sagen? Ich bin eine Eisläuferin, keine Politikerin, und warum werde ich für die Fehler der alten Regierung ständig kritisiert? Auch in der BRD, nicht nur in meinem Land, wenden sich viele Leute von mir ab und sagen: »Was die gepredigt hat, ist falsch.« Ich habe doch nicht gepredigt. Ich habe versucht, meinen Job als Eisläuferin gut zu machen. Ein Strauß, ein Kohl, ein Vogel haben vor Honecker einen Kniefall gemacht. Und Kohl ist jetzt der große Macher. Aber vor nicht allzu langer Zeit, aber das scheint plötzlich vergessen, ist er um den Honecker herumscharwenzelt und hat einen Hofknicks gemacht. Das ist doch eine Heuchelei, wenn ich jetzt so massiv angegriffen werde. Ich möchte auch nicht wissen, wie viele westliche Firmen mit der alten Regierung getechtelt haben und genau wussten, was da lief. Und sie haben nichts gesagt, weil sie verdienen wollten. Ich war ein Kind, eine 18-, 20-jährige Sportlerin. Sollte ich aufstehen und sagen: alles Lüge! Ich war doch ehrlich der Meinung, dass vieles, was in unserem Staat passiert, richtig ist. Ich finde es eine Sauerei, dass ich mich ständig verteidigen muss. Für was bin ich Rechenschaft schuldig und wem? Ich bin ein Mensch, der in diesen stürmischen Zeiten versucht, Haltung zu bewahren, ohne ein billiger Wendehals zu sein.

Und deswegen als Sündenbock missbraucht wird?

Mir macht es auch furchtbare Angst zu sehen, wie die breite Masse reagiert: Solange du Erfolg hast, rennen sie dir nach. Sobald aber eine Kleinigkeit an deinem Image nicht mehr stimmt, fallen sie über dich her.

Dennoch: Was hat Sie denn gehindert, auf Missstände hinzuweisen, die Sie am eigenen Leib erfuhren?

Ich habe ja nicht so viel gesehen. Ich bin morgens in meinem Auto zum

Stadion gefahren oder in die Schule. Abends kam ich nach Hause und habe mich in meiner Bude verbarrikadiert, Fernsehen geguckt oder gelesen. Auf eine gewisse Weise, dieser Vorwurf stimmt vielleicht, habe ich mich vom DDR-Alltag weggelebt und unter einer Käseglocke gelebt. Ich habe mir auch gesagt: Die Politiker sind da, um die Probleme zu lösen.

Aber das entbindet Sie doch nicht vom eigenen kritischen Denken?

Ich hab' ja auch viel nachgedacht. Ich bin auch in die Partei eingetreten und habe auf Missstände hingewiesen. Und ich ging natürlich davon aus, dass das eine Wirkung hat. Ich habe mir also keine Vorwürfe zu machen, dass ich nichts getan habe. Ich muss mir aber dennoch Vorwürfe machen, weil andere mir jetzt so viel vorhalten. Auf mich wird nun so viel abgeladen. Das geht so weit, dass bestimmte Firmen und Veranstalter in der BRD nichts mit mir zu tun haben wollen. Sogar mein Filmproduzent wird angerufen und ihm wird vorgeworfen, mit »der da« einen Film zu machen. Das sind Sachen, die verletzen.

Wie ist es für Sie, wenn Sie das Ausmaß des Betrugs erfahren, der im Namen des Sozialismus passierte?

Das ist eine Frechheit, eine bodenlose Frechheit. Ich begreife nicht, wie das möglich war.

Nach allem, was passiert ist und was Sie jetzt wissen: Sind Sie noch Sozialistin?

Ich bin noch ein Anhänger dieser Politik.

Was heißt Sozialismus für Sie?

Ich glaube an die humanitären Ideale dieser Utopie. Dass eine menschenwürdige Gesellschaft möglich ist. Dass bei dem gesellschaftlichen Reichtum, den es gibt, niemand zu hungern braucht. Dass niemand auf der Strecke bleibt.

Ihr SED-Parteibuch geben Sie also nicht zurück?

Nee. Ich habe es noch behalten, und ich bin der Meinung, man sollte den Genossen, die sich bei uns mit voller Kraft einsetzen, auch eine Chance geben.

Auf wen hoffen Sie heute noch?

Ich setze auf Modrow und Gysi. Diese Leute sind mir vom ganzen Auftreten her einfach sympathisch. Ich teile auch den Traum von Christa Wolf: »Stell dir vor, es ist Sozialismus, und niemand läuft weg.«

Nun ist viel von Wiedervereinigung die Rede.

Das stimmt mich manchmal etwas traurig. Ich finde, die DDR soll eine Chance bekommen, als ein eigenständiges Land zu existieren. Ich habe keine große Sehnsucht danach, ein zwölftes Bundesland der BRD zu werden.

Haben Sie vielleicht Angst vor einem, wie es in der DDR-Hymne heißt, »einig Vaterland«?

Nicht unbedingt Angst. Das ist mein Land – die DDR. Es ist für mich einfach so, als ob Österreich plötzlich zur BRD gehören müsste, bloß weil sie dort deutsch sprechen.

Sie hegen also richtige Heimatgefühle für die DDR?

Ja, richtig tiefe, ausgeprägte Gefühle. Die DDR ist meine Heimat. Ich bin hier aufgewachsen. Die DDR soll ihren eigenen Weg finden mithilfe von außen. Aber warum soll sie eingekloppt werden in ein gesamtes Deutschland? Zum alten Deutschland haben auch noch andere Gebiete gehört. Und diese ganze Diskussion, die da aufkommt, macht mir Angst.

Für Ihre Goldmedaillen haben Sie den Vaterländischen Orden mit der Ehrenspange bekommen. Der Theaterregisseur Peymann hat einmal einen Orden von Bundespräsident Weizsäcker abgelehnt. Begründung: Ich will mir keinen Ring durch die Nase ziehen lassen. Ich will unabhängig von der Politik bleiben.

Ich hab' mich trotz dieses Ordens nicht gängeln lassen. Diese Auszeichnung ist für mich kein Nasenring, im Gegenteil. Es ist für mich eine Anerkennung meiner Leistungen. Ich habe mich gefreut und war stolz. Ein Lob dafür, dass ich in meinem Metier die Beste war.

Aber vielleicht haben diese Anerkennungen Sie abgehalten, Ihr Land öffentlich zu kritisieren?

An wen hätte ich mich wenden sollen? Hätte ich ein Interview im Fernsehen geben sollen?

Vielleicht.

Vielleicht. Vielleicht hätte ich auch bei der 40-Jahr-Feier einfach rauslaufen sollen, wie ich es tatsächlich wollte. Dann wäre ich jetzt der Nationalheld. Aber ich hatte da nicht die Courage dazu.

»Wer zu spät kommt, den bestraft das Leben«, sagt Gorbatschow.

Ich bin nicht der Meinung, dass ich zu spät dran bin. Als das im November mit den Demonstrationen losging, da muss ich schon zugeben, dass ich mir zunächst mal die Nächste war. Man wusste ja gar nicht, wo das hingeht. Man hat ja auch Sachen gehört, was der Staatssicherheitsdienst mit den Leuten gemacht hat, die ins Gefängnis kamen. Ehrlich: Meine Knochen waren mir da zu schade. Ich brauche sie für meinen Job.

Hatten Sie etwa Angst um Ihr Leben?

Ich hatte ganz konkrete Angst, dass mir meine Projekte gestrichen würden. Dass ein Traum von mir, mein Film »Carmen auf dem Eis« in die Binsen gehen würde. Angst auch, dass sie zu mir sagten: Du darfst nicht mehr Schlittschuh laufen. Es hätte ja sein können, dass die auch mit Waffengewalt reagiert hätten, und ich gebe zu: Davor hatte ich Angst. Angst auch vorm Gefängnis. Mein Vorwurf an mich: Ich habe einfach zu lange geglaubt, was ich gelesen habe und was mir gesagt wurde.

Die Abneigung gegen DDR-Sportler wird nun handgreiflich. Der Schwimm-Olympiasiegerin Heike Friedrich beispielsweise zertrümmerten erboste DDR-Fans eine Autoscheibe.

Nee, nee. Da steht bei euch viel in den Zeitungen, was so nicht stimmt. Richtig ist: Über die Sportler wird gehetzt. Ich kriege auch mit, dass gesagt wird: Die Witt kann ich in der Zeitung nicht mehr sehen, die hätte auch früher etwas sagen können. Manchmal bin ich schon deprimiert, weil ich mir sage: Du hast es doch nicht bloß für den Staat und die Regierung gemacht, sondern vor allem für das Land und die Leute. Nach Calgary habe ich Zehntausende von Briefen gekriegt, und die Leute waren aus dem Häuschen, das war ein richtiger Freudentaumel. Die sind nachts für die Olympischen Spiele aufgestanden – und da sage ich mir: Das können sie doch nicht alle vergessen haben. Sie können doch nicht alle gegen dich sein.

Dieser plötzliche Liebesentzug bringt Sie nicht dazu, zu sagen: Okay, ich verlasse das Land.

Nee. Aber man muss einen Schutzwall um sich aufziehen. Sonst gehst du kaputt. Ich gehe im Augenblick durch Himmel und Hölle.

Muss ich Sie nun bedauern, weil Sie ein Idol sind?

Nein. Und ich gebe auch zu, es ist schön, wenn die Leute dich ansprechen. Andererseits aber ist es – im Augenblick sowieso – schwer, ein Allgemeingut zu sein. Jeder glaubt, dir auf die Schulter klopfen zu dürfen und sagen zu können: »Das ist meine Kati. Das ist unsere Kati.« Und dann stellen sie ihre Forderungen an dich, knallhart. Ich kann nicht einfach eine Entscheidung treffen, ich muss immer erst daran denken: Was sagen die Leute bei mir in der DDR und im Ausland?

Na und?

Das ist nicht so einfach. Nehmen Sie jetzt mal die Frage, ob ich noch eine Genossin bin. Natürlich will ich noch in der Partei bleiben. Aber die anderen sagen: »Ist die noch immer da drin?« Bei allen Entscheidungen, die ich treffe, habe ich das Gefühl, für Millionen mitverantwortlich zu sein …

Bereitet Ihnen das schlaflose Nächte?

Sicher. Als ich damals zu Holiday on Ice ging, lag ich nächtelang wach im Bett. Das war damals fast schon eine Revolution. Die Kati Witt geht ins Ausland! Aber dann sagst du dir: Das ist doch Wahnsinn. Ich muss mich doch so entscheiden, wie es für mich richtig ist. Und dann brettern plötzlich tausend Reaktionen auf dich ein: Warum? Wieso? Was glaubst du eigentlich! Und plötzlich bist du wieder so vielen Leuten Rechenschaft schuldig.

Noch ein Vorwurf an Sie als marxistische Modellathletin: Sie hätten, heißt es, ein allzu glamouröses Leben geführt …

… aber das stimmt doch nicht! Bis zum 22. Lebensjahr – also meinem Olympiasieg in Calgary – hatte ich in Karl-Marx-Stadt eine kleine Wohnung. Eine Ein-Raum-Wohnung mit einer kleinen Schlafnische.

Und ein Auto, auf das DDR-Bürger zehn Jahre lang warten müssen.

Okay, das war ein Vorteil gegenüber Gleichaltrigen. Aber was hat ein

Boris Becker für verdiente Vorteile gegenüber einem gleichaltrigen BRD-Bürger?

Was haben Sie eigentlich für Ihren Olympiasieg in Calgary bekommen?

25 000 Ostmark – ein Witz im Vergleich zu dem, was im Westen üblich ist, Micky-Maus-Geld, entwürdigend.

Aber das war doch wohl nicht alles?

Es gab noch ein paar Forum-Schecks. Ein Witz, wie schon gesagt, zu dem, was ein Olympiasieger im Westen mit ein paar Werbeverträgen verdienen kann.

Verbittert?

Nee, für mich war das damals schon viel Geld. Ich konnte mir ein Auto kaufen. Aber in gewisser Weise bin ich einfach sauer, dass ich Angebote, die ich damals hatte, nicht annehmen durfte. Aus moralischen Gründen sei das nicht möglich, wurde mir eingeredet. Die Angebote bewegten sich immerhin in Millionenhöhe. Mir fiel es allerdings auch nicht schwer, die Offerten auszuschlagen. Ich war damals ja noch der Meinung, dass es richtig ist, sich nicht kaufen zu lassen.

Aber heute denken Sie: Hätte ich doch bloß …

Nee, es tut mir einfach leid, weil ich jetzt erfahre, wie dieser Staat – der von mir diese hehre Moral verlangte – sich selbst Geld verschaffte mit Waffenhandel und allen möglichen Deals. Für mich ist das nur noch eine schreckliche Heuchelei, wie die damals sagten: Wir verkaufen unseren Sport nicht. Wir sind auf ganz üble Weise verkauft worden.

Und wie bitte?

Indem wir als Aushängeschild missbraucht worden sind für unmoralische Politiker.

Was meinen Sie, wie viele Millionen Sie verloren haben, weil Sie nach Calgary keine Verträge abschließen durften?

Das interessiert mich nicht mehr. Dieses Kapitel ist für mich abgeschlossen. Es sind sicherlich einige Millionen. Aber ich bin jung. Ich stehe am Anfang einer neuen Karriere, und ich kann glücklicherweise auch sagen: Geld ist nicht das Wichtigste in meinem Leben. Ich weiß natürlich, dass Geld wichtig ist – auch in meiner Gesellschaft wird es immer wichtiger. Ich merke plötzlich – und das macht mich richtig traurig –, wie hier der Run auf das Materielle losgeht: Man muss nun mehr haben als der Nachbar.

Aber Sie sagten einmal, Luxus ist wichtig für Sie.

Was heißt Luxus? Ich brauche keine goldenen Wasserhähne. Ich brauche eine warme Wohnung, etwas zu essen …

Sie haben ein Grundstück bei Berlin, eine Wohnung in Berlin und …

… für die DDR ist das schon ein Luxus. Aber …

… Sie sind nun nicht auf der Jagd nach den Millionen?

Bin ich sicherlich nicht. Ich brauch' das nicht für mein persönliches Glück.

Aber wenn jetzt Werbeangebote kämen, die …

… würde ich die annehmen – ohne moralische Skrupel.

Schamgrenzen gibt es in der neuen Zeit nicht mehr?

Doch, doch. Es gibt schon noch ethische Grenzen für mich. Ich hatte ein Angebot vom »Playboy«, und die hätten mir alles Geld der Welt bieten können. Da habe ich nur gelacht.

Aber für Coca-Cola, Symbol des American Way of Life, könnten Sie ohne Skrupel werben?

May be, wenn es für Diät-Cola wäre – warum nicht? Aber okay: Es gibt für mich schon noch Grenzen, die ich nicht überschreiten werde.

Zum Beispiel?

Nehmen Sie die Bild-Zeitung. Da sage ich für mich: Hands off! Da weiß ich genau, was das für ein Blatt ist. Und es macht mich auch sehr traurig, dass nun die Bild-Zeitung ein Fußballturnier in Dresden sponsert. Dass mein Land so weit geht, da mitzumachen, dass mein Land da so die Hosen runterlässt, kein Schamgefühl hat, das finde ich einfach …

… schade?

Peinlich. Man kann doch nicht seinen Stolz verlieren und vergessen, wie die uns jahrzehntelang behandelt haben. Darüber komme ich nicht hinweg.

Glauben Sie, dass Sie wegen Ihres Schlittschuhlaufens etwas Wichtiges in Ihrem Leben versäumt haben?

Ich liebe meinen Sport. Eiskunstlauf ist ein bewegungsfreudiger Sport, der sich aus so vielem zusammensetzt: Musikalität, Choreografie, Kreativität. Für mich als Kind war das einfach spannend. Ich konnte meinen Bewegungsdrang voll ausleben.

Jugendliche gehen in die Discos, gemeinsam auf Reisen.

Ich habe das als 14-, 15-Jährige nie vermisst. Ich war lieber auf dem Eis. Dort habe ich für mich jedes Jahr die Ziele neu abgesteckt.

Und irgendwann war Ihnen dann klar: Ich werde die beste Eiskunstläuferin der Welt?

Mit dreizehn wusste ich, dass ich das schaffen konnte. Ich sah damals die Anett Pötzsch auf dem Siegerpodest bei den Europameisterschaften, und sie war die Beste. Ich schloss die Augen und sagte zu mir: Da oben willst du auch mal stehen. Und dafür habe ich dann alles getan.

Pädagogen sagen nun, dass Kinder, die Leistungssport betreiben, emotional verkümmern.

Im Studium habe ich erstmals gespürt, dass ich in meiner Kindheit etwas verpasst habe. Meine Fantasie ist wegen des Sports auf der Strecke geblieben. Wir sollten im Studium Geschichten erfinden, und da habe ich plötzlich gemerkt, dass ich immer mit sehr realen Problemen zu tun hatte. Plötzlich wurde mir klar, dass ich keine »normale« Kindheit hatte. Ich habe zu wenig Märchen gehört. Ich kam um sechs müde nach Hause. Dann gab's Abendbrot, Sandmännchen und ab ins Bett. Da blieb keine Zeit für Gute-Nacht-Geschichten.

Hatten Sie eigentlich mal einen Freund, der sagte: Entweder ich oder das Eis?

Meine erste große Liebe mit achtzehn ging in die Brüche wegen des Sports. Mein Freund konnte nicht begreifen, dass mir der Sport so wichtig war. Es gab für mich auch Augenblicke, in denen ich sagte: Das darf doch nicht wahr sein, dass am Sport alles hängt. Aber ich habe mich für diesen Weg entschieden, und den bin ich dann auch konsequent gegangen.

Hart, hart.

Du musst hart gegen dich sein, anders geht es nicht.

War es eigentlich egal, ob Ihnen fünf Fans oder Hunderttausende zuschauten?

Sobald ich auf dem Eis war, spielte nichts, gar nichts mehr eine Rolle. In Calgary war kurz vor der Kür der Gedanke in mir, dass mir nun Millionen zuschauen werden. Und für einen Augenblick kam die Angst in mir hoch, dass die jetzt von dir erwarten, dass du dich auf den Hintern setzt.

In Calgary gab es diesen Zweikampf zwischen Ihnen und der Amerikanerin Debi Thomas. War das so etwas wie ein Klassenkampf auf dem Eis für Sie?

Der totale Klassenkampf. Auch für die Amis. Die Amis wollten natürlich, dass die Debi für sie gewinnt. Und bei uns war es genauso. Es war ein Kampf der Systeme.

Sport, heißt es gemeinhin, ist völkerverbindend.

Sicherlich nicht im Augenblick eines Finales. Aber das olympische Dorf war für mich immer ein Modell, wie die Welt sein könnte.

Sie haben in Ihrer Disziplin alles erreicht, was ein Sportler erreichen kann. Stellt sich für Sie da nicht manchmal die Frage: Was kann mir das Leben eigentlich noch bringen?

Genau diese Frage hat sich mir nach Calgary und den Weltmeisterschaften gestellt. Ich wusste, dass ich den absoluten Höhepunkt meines Lebens erreicht hatte: einen riesigen Medaillenspiegel, riesengroße Popularität. Ich wusste damals sofort, dass ich nie mehr in meinem Leben so sehr im Mittelpunkt des weltweiten Interesses stehen werde. Viele Spitzensportler haben Schwierigkeiten mit dem Leben abseits des Rampenlichts. Anders als so viele Sportler bin ich nach diesem Höhepunkt in kein Loch gestürzt. Für mich ging es ja immer weiter. Ich bin stolz auf mich, dass ich für mich weiterhin Ziele und Aufgaben habe setzen können.

Aber waren diese neuen Ziele nicht begrenzt durch die rigide DDR-Politik?

Ich fühlte, dass die DDR für meine Zukunftspläne sicherlich zu klein war. Gleichzeitig war mir immer bewusst, dass ich – wenn ich etwas wirklich hundertprozentig will – es auch durchsetzen kann. Ich bin für meine Projekte, auch für meinen Film »Carmen auf dem Eis«, durch

Himmel und Hölle gegangen. Von ganz oben sollten meine Projekte abgeblockt werden.

Es macht sich ja auch nicht gut, wenn sich die marxistische Musterathletin im kapitalistischen Ausland verwirklicht und den real existierenden Verlockungen des Dollarsegens erliegt.

Warum soll ich mit meinem Können und auch als – etwas großspurig ausgedrückt – Kommunistin nicht mein Geld im Ausland verdienen? Ich habe mich dafür auf die Hinterbeine gestellt. Ich sehe mich als Pionier für andere DDR-Sportler, die daraufhin gesagt haben: Jetzt wollen wir auch Geld verdienen. Aber für mich ging es damals um viel mehr: Ich wollte mich von einer Sportlerin zu einer Künstlerin entwickeln.

Warum haben Sie bei Ihren Möglichkeiten dann den Abstieg in den billigen Tingeltangel durchgesetzt? Warum Holiday on Ice – diesen zu Eis geronnenen Disney-World-Kitsch?

Sagen wir mal so: Revue ist für viele Läufer ein Traum. Ich wollte das einfach mal ausprobieren. Für mich war es die einzige Chance, in dieses Geschäft einzusteigen.

Haben Sie die Revue auch deswegen gemacht, weil sie so gut bezahlt war? Ihre Gage, so hieß es, betrug immerhin sieben Millionen Mark.

Das ist nicht wahr. Mein Vertrag verbietet mir, über Geld zu reden. Aber so viel kann ich sagen, damit diese Gerüchte endlich mal aus der Welt kommen: Es war nicht mal, bei Weitem nicht, eine Million Mark. Mit ein paar Schauläufen verdiene ich mehr. Mir ging es aber damals nicht ums Geld: Mir ging es um die Erfahrung, und jetzt weiß ich: Ich will eigene Sachen auf die Beine stellen, ich will ein anderes künstlerisches Niveau. Und ich gebe es auch gerne zu: Mir fiel es schon schwer, jeden Abend mit dressierten Pudeln aufs Eis zu gehen.

Bei den Olympischen Spielen 1988 in Calgary und Seoul gewann die DDR insgesamt 127 Medaillen, sie war die zweitstärkste Sportmacht. Wird 1992 bei den Olympischen Spielen die DDR-Hymne ausgespielt haben?

Vielleicht gibt es bis dahin ja keine DDR mehr, was ich allerdings nicht hoffe. Aber wir werden nicht mehr so stark sein. Der Zenit ist überschritten – einfach, weil die bisherige Unterstützung auf jeden Fall zurückgehen wird.

Die Topathleten der DDR werden im Augenblick verscherbelt wie in schlechten Zeiten das Meißner Porzellan. Im Westen, so der Glaube, liegt das große Glück.

Ich finde es schade, dass die Spitzensportler zu euch weggegeben werden. Ich bin mir sicher, dass die Sportler – auch wenn sie noch eine Zeit lang die DDR-Staatsbürgerschaft haben – nicht mehr wiederkommen. Warum geht es nicht, dass sie in den eigenen Clubs bleiben können und die Sponsoren dort auftreten? Mein Wunsch: Westliche Sponsoren sollen bei uns im Sport investieren. Nur so kann, glaube ich, der Spitzensport bei uns wirklich überleben. Und wir haben ja was zu bieten: Sehr viele Weltmeister und Olympiasieger, die werbemäßig auch lukrativ sind. Für die Zukunft des DDR-Sports sehe ich dennoch rabenschwarz. Es ist ja nicht nur Andreas Thom, der in den Westen gegangen ist. Es sind ja viele gegangen, die in der zweiten oder dritten Reihe stehen, die aber wichtig sind für einen gesunden Sport. Die Lage ist total kritisch: Die Basis für eine richtige Leistungspyramide bricht bei uns zusammen.

Können Sie es den Athleten verdenken, dass sie von Millionengagen träumen?

Es ist ja auch richtig, dass die Athleten mit ihren besonderen Leistungen ordentliches Geld verdienen wollen. Jeder sollte es mit seinem Gewissen vereinbaren, wo er das Geld verdienen will. Aber dennoch wünsche ich mir, dass mehr Sportler hierbleiben.

Das sagen Sie, die im Ausland ihr Geld verdient?

Ich weiß, dass ich in dieser Frage nicht überzeugend argumentieren kann. Aber mein Herz hängt am DDR-Leistungssport. Ich lebe in der DDR, und ich verdiene mein Geld auch mit für die DDR. Aber viele Athleten haben im Augenblick, und das verstehe ich sehr gut, das Gefühl der Ausweglosigkeit. Dagegen kann nur etwas getan werden, wenn die Sportmanager hier endlich lernen, mit möglichen Sponsoren professionell zu verhandeln. Dass sie nicht über den Tisch gezogen werden, dass sie unsere Athleten nicht unter Wert verkaufen: dass die guten Leistungen, die wir im DDR-Sport zu bieten haben, auch gutes Geld bringen.

Erklären Sie mal: Warum hielten sich die DDR-Athleten, erwachsene Menschen, an die auferlegten Sprachregelungen? Wie kann man die Vorzüge eines Staats loben, während man von ihm gleichzeitig wie ein kleines Kind gegängelt wird?

Sagen wir mal so: Durch deine ganze Erziehung fandest du das völlig normal. Aber irgendwann stellst du das infrage und wunderst dich, dass du das alles akzeptiert hast. Ein Beispiel, wie diese Erziehung in Fleisch und Blut übergeht: Wenn ihr aus dem Westen in die DDR kamt, habt ihr eure Fahrtroute immer anmelden müssen. Nun war ich in Amerika und habe ein Auto ausgeliehen und bin losgefahren und habe dann abgebremst und zu mir gesagt: Das geht doch nicht, du musst doch vorher anmelden, wenn du woanders hinfahren willst.

Jetzt erst recht: War angesichts so eher kleiner Freiheiten die Versuchung nicht groß, einfach im Westen zu bleiben?

Nee, nee. Ich habe mich ja über die Verbote hinweggesetzt. Ich habe die Interviews gemacht, die mir wichtig schienen. Ich habe immer gesagt, was ich denke. Ich habe mich getroffen, mit wem und wann ich wollte. Ich habe zu den Funktionären gesagt: »Hört mal her, ich lebe hier. Ich fahre für dieses Land ins Ausland, und ihr müsst so viel Vertrauen haben, dass ich mich da frei bewegen kann.« Und ich habe das dann einfach gemacht.

Es gibt aber auch DDR-Sportler, die sich mit Athleten aus dem Westen getroffen haben und …

… deswegen aus dem Kader geflogen sind. Von solchen Leuten wusste ich. Aber ich habe es trotzdem gemacht.

War die Katarina Witt selbst für die mächtigen Funktionäre zu mächtig?

Vielleicht. Aber vielleicht war es auch eine Frage der Zivilcourage. Ein Beispiel: Mir wurde gesagt, wenn ich Post aus dem Ausland kriege, muss ich jede einzelne Adresse angeben. Nach den Olympischen Spielen bekam ich Zehntausende von Briefen aus der ganzen Welt. Sollte ich die Adressen alle aufschreiben? Was für eine Bürokratie beschäftigt sich denn damit? Ich habe gesagt: Jetzt ist damit Schluss. Dann ist meine ganze Post aufgemacht worden. Da habe ich gesagt: Jetzt langt's! Dann kamen die Briefe ungeöffnet zu mir. Ich habe mich durchgesetzt. Mir ist nichts passiert. Vielleicht habe ich Schwein gehabt. Aber manchmal denke ich auch: Wenn vielleicht mehr Leute so wie ich gehandelt hätten, vielleicht wäre dann das Leben in der DDR ein bisschen anders gewesen.

Gibt es Dinge, vor denen Sie Angst haben?

Ich habe Angst, allein zu bleiben.

Das sagt eine Frau, die weltweit ein Objekt der Begierde ist?

Ich trenne mich gerade von einer Beziehung, die jahrelang gehalten hat. Ich gehe jetzt das Risiko ein, dass ich einen tollen Menschen verliere. Ich will jetzt zwar allein sein, aber gleichzeitig habe ich Angst davor.

Angst vor einer zu engen Bindung?

Vielleicht. Ich möchte auch mal eine Familie, ein schönes Heim und Kinder. Aber im Moment bin ich nicht dazu bereit. Es ist schwierig, das meinem Freund zu vermitteln, der mehrere Jahre älter ist als ich.

Was wollen Sie denn?

Ich will frei sein, unabhängig sein. Ich will mir selbst keine Schranken setzen müssen, auch was Männerbeziehungen anbelangt.

Sie haben mal gesagt, es macht Ihnen Spaß, Männer zu verführen.

Ja, macht mir auch unheimlichen Spaß.

Wie weit geht der Spaß?

Soweit ich das mit meinem Gewissen vereinbaren kann, gehe ich bis zum Schluss. Doch das hört sich jetzt an, als ob ich ständig Männer verführe. Aber in der Tat: Sie sind für mich eine Herausforderung. Am Anfang ist es immer ein Spiel, eine Art Selbstbestätigung. Aber sobald es ernst wird, ist es problematisch für mich. Denn ich weiß, dass ich mich mit Haut und Haaren hingeben kann, und das ist auch kritisch für mich. Ich brauche meinen Freiheitsdrang für meinen Beruf. Ich kann mich jetzt noch nicht hundertprozentig binden, denn sonst mache ich mich unterwegs kaputt. Wenn ich fünf Wochen weg bin und weiß, da ist jemand zu Hause, den ich so fest und toll liebe, dann gehe ich kaputt.

Kommt zuerst der Job und dann die Liebe?

Im Moment ist mir der Beruf wichtiger. Gleichzeitig habe ich Angst davor, mich zu verlieben. Denn ich weiß, dass ich dann alles hinschmeißen würde. Und das ist mein Dilemma: Ich will mir zwar keine Schranken setzen, muss mir aber einfach welche setzen.

Karriere, Karriere über alles?

Die Karriere ist mir im Augenblick sehr wichtig. Ich bin ehrgeizig.

Und das heißt?

Ich will den Leuten zeigen, dass Eiskunstlaufen mehr ist als bloß Sport, nämlich auch ein Kunstakt.

Und was soll dabei herauskommen?

Ich will die Leute mit meiner Kunst anrühren. Ich will sie zum Lachen bringen, und ich will sie zum Weinen bringen. Ich möchte, dass man im Stadion eine Nadel fallen hören könnte, wenn ich es will. Und nach der Show möchte ich in die Gesichter der Menschen gucken, und ich möchte dann dort ihre Freude oder ihre Tränen sehen. Wenn ich das schaffe, dann geht für mich ein Lebenstraum in Erfüllung.

Katarina Witt, am 3. Dezember 1965 bei Chemnitz geboren, war die beliebteste Sportlerin der DDR. Die Eiskunstläuferin gewann in ihrer Karriere mehr als ein Dutzend Goldmedaillen, 1984 wurde sie Olympiasiegerin und konnte ihren Triumph 1988 gegen die Amerikanerin Debi Thomas (Witt: »Das war der totale Klassenkampf!«) wiederholen. Die amerikanische Show »Holiday on Ice« bot Witt 1988 die Möglichkeit, ihre Eiskunstlaufkarriere fortzusetzen. Mehr als zehn Jahre lang tourte sie in den großen Eisshows in den USA. Als sie 1998 für denn »Playboy« Nackfotos machen ließ, war dies das zweite Mal nach Marilyn Monroe, dass die Zeitschrift weltweit ausverkauft war.

JÜRGEN KUCZYNSKI

»Gut, Sie können sagen: Man soll draufgehen«

(1995)

Er sagte »Erich« zu Parteichef Honecker, und der sagte »mein Bester« zu ihm. Er war amerikanischer Oberst, sowjetischer Spion, und er hat den Chef der IG-Farben verhaftet. Für die »New York Times« war Jürgen Kuczynski »der Guru der DDR«, für die FAZ »der Mann, der Honecker die Ideen gab«. Doch die SED hat den Träger des Lenin-Ordens immer wieder abgestraft, und eines seiner späten Bücher wurde zum Dissidenten-Kultbuch. Ich traf ihn im Januar 1995: ein schmächtig gewordener Mann, 91 Jahre alt. Er saß, sorgfältig im dreiteiligen Anzug gekleidet, in seinem Arbeitsraum. Überall standen und lagen Bücher, Tausende, Zehntausende von Büchern. Ich saß vor seinem Schreibtisch, er, auf einem hohen Stuhl sitzend, blickte auf mich herab. Es sollte ein Gespräch werden, aber es wurde keins. Er sprach, und er wollte gehört werden. Fragen interessierten ihn nicht. Ja, er hoffe noch immer auf den Sozialismus, sagte er. Ja, vor der Wende wäre er »als alter Kommunist mit einem großen Glücksgefühl gestorben«. Und jetzt?

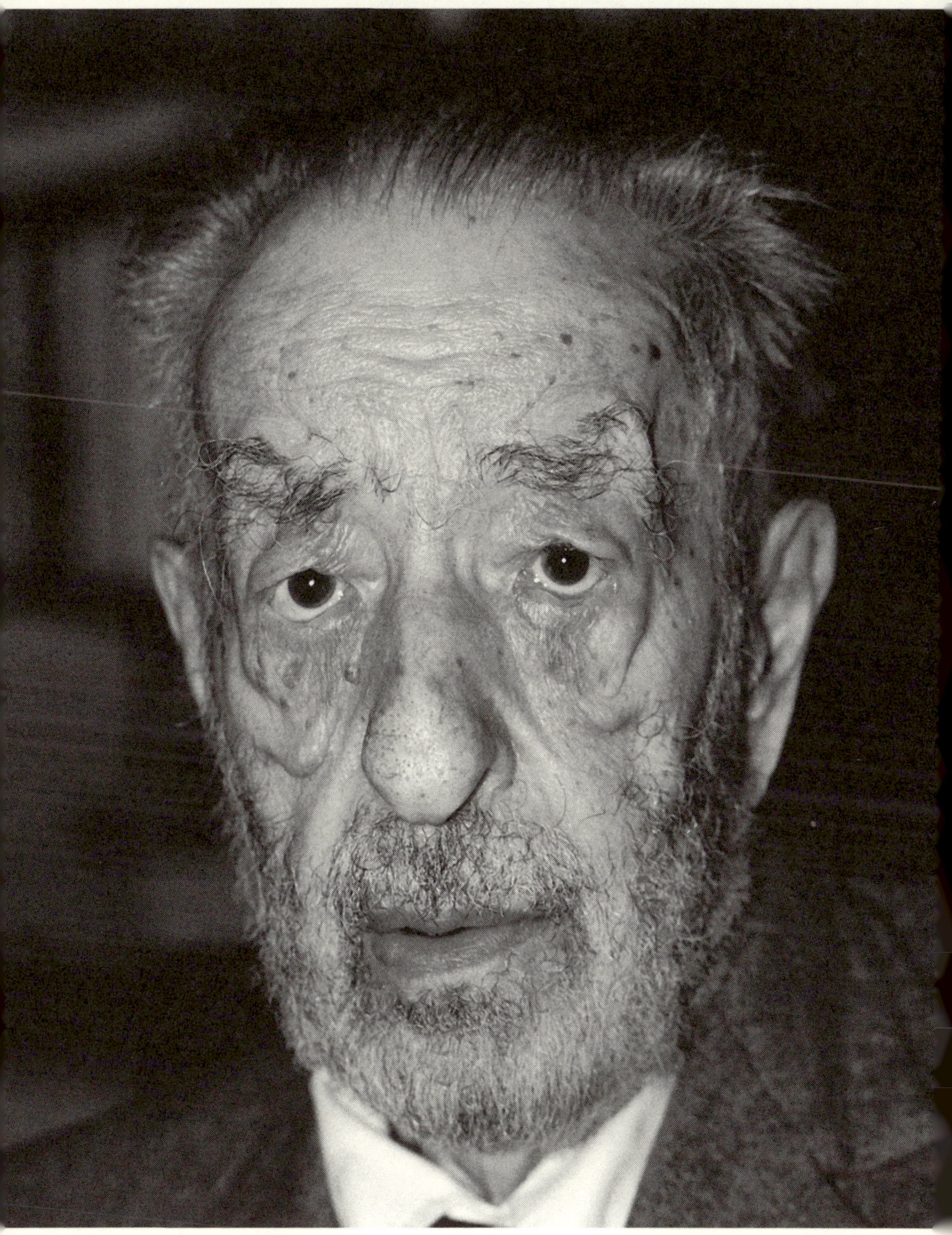

I. DIE NACHT

Er geht abends immer sehr früh ins Bett, so kurz nach 19 Uhr. Als seine Frau noch gesund war, hat sie ihn immer die steile Treppe hochgeführt, das mochte er sehr – doch nun ist sie krank. Wenn sie stirbt, hat er ihr gesagt, würde er sich umbringen. 67 Jahre sind sie nun verheiratet. Neulich ist er nachts aufgewacht, und da wurde ihm klar, *dass ich der fruchtbarste Wissenschaftler der Weltgeschichte bin. Bisher habe ich rund 4000 Veröffentlichungen, leider hat die Quantität, im Vergleich zu Hegel und Marx, nicht in Qualität umgeschlagen. Ich bin eben, wie mein Vater von sich sagte, nur first rate second class. Aber das kann ertragen werden.*

II. DIE ZIGARRE

Der Alte sitzt in seinem gepolsterten Lederstuhl, leicht nach vorne gelehnt. Er schaut auf den Frager herunter, mit blauen, kühlen Augen, die gar nicht in dieses Gesicht passen mit den tiefen Tränensäcken, den schroffen Falten, den Spuren aus 90 Jahren Kampf: Erst die Nazi-Studenten, die ihn, den Juden, 1924 aus der Mensa in Erlangen prügelten. Dann die Hitler-Faschisten, die er bis 1936 in der Illegalität bekämpfte. Das Internierungslager in England, weil er für den Hitler-Stalin-Pakt agitierte, wilde Streiks propagierte und wohl auch für die Sowjets spionierte.

Nach der mitgebrachten Zigarre, einer Havanna, hat er gierig wie ein Junkie gegriffen.

Ja, ich rauche schon seit 70 Jahren, und ich kann Ihnen auch genau sagen, wann ich das letzte Mal rauche: im Baumschulenweg. Dort ist unser Krematorium.

III. DAS NEUE DEUTSCHLAND

In der sozialistischen Tageszeitung, deren ehemaliger Chefredakteur Günter Schabowski es tatsächlich mal geschafft hat, das Foto Erich Honeckers in einer einzigen Ausgabe 43-mal zu drucken, möchte kaum jemand über Jürgen Kuczynski reden, jedenfalls nicht, um zitiert zu werden. Der Alte aus Weißensee galt im Zentralorgan der Partei als Günstling des Staatsratsvorsitzenden. *Honecker*, sagt Jürgen Kuczynski, *war mein Sprachrohr und Briefträger.*

Aber lästig war es, dass die Artikel des schreibsüchtigen Wissenschaftlers immer unaufgefordert in der Redaktion einliefen. Sie waren voll mit Durchhalteparolen, es waren Hymnen auf die Weitsicht Honeckers und den einzigartigen Lebensstandard der DDR.

Hinter vorgehaltener Hand habe man manchmal gelacht über den Chefökonomen der DDR oder die Faust in der Tasche geballt – aber gedruckt wurde, was immer er schrieb. Denn die Texte kamen direkt aus dem »großen Haus«, von Honecker, stets versehen mit genauen Platzierungsanweisungen, und die Größe der Überschrift stand auch schon fest.

Kuczynski, erzählt ein Redakteur – »aber nennen Sie bloß meinen Namen nicht!« –, »hat die Grenzen des guten Geschmacks verletzt. Er hat die Wirtschaftspassagen in Honeckers Reden geschrieben und ihn dafür im ›Neuen Deutschland‹ als weisen Staatsmann gepriesen. So was ist doch peinlich. Er hat die absurde Subventionspolitik gelobt, die ökonomisch totaler Unfug war: Kleingärtner haben Brot an ihre Karnickel verfüttert. Es war billiger als Getreide.«

IV. DAS GELD

»Guten Tag, Herr Kuczynski …«

Haben Sie das Honorar dabei?

»Dass Sie für dieses Gespräch Geld haben wollen, war nicht ausgemacht.«

Ich gebe Ihnen einen leeren Überweisungsvordruck mit, da können Sie dann eintragen, was Sie möchten. Sie müssen wissen, bis vor drei Mona-

ten galt ich, der weltbekannteste kritische Wissenschaftler der DDR, als dem System nahestehend, und entsprechend ist meine Rente gekürzt.
»Herr Kuczynski, Sie …«
Aber ich beklage mich nicht. Mir geht es in dieser verrückten, schrecklichen Welt denkbar gut. Ich schreibe meine hundert Artikel im Jahr, ich veröffentliche meine zwei Bücher pro Jahr, ich werde also noch gebraucht. Tragen Sie in den Scheck ein, was Sie wollen. Aber wenn Sie nichts bezahlen, darf Ihre Geschichte über mich nicht erscheinen.

V. DER ERZÄHLER

Wie oft mag Jürgen Kuczynski die Geschichte seines Lebens schon erzählt haben? Vor Studenten, vor Genossen, für Journalisten?
Wenn man bedenkt, sagt er und legt die Havanna einen Augenblick zur Seite, *dass mein Urgroßvater im Februar 1848 eine Ausgabe des »Kommunistischen Manifestes« gekauft hat, dass der Sohn von Wilhelm Liebknecht mich bei einem Spaziergang im Grunewald an die Hand nahm, dass ich die Marx- und Engels-Schüler Bernstein und Kautsky persönlich kannte, dann wird man verstehen, wie uralt ich geworden bin.*
Natürlich, Jürgen Kuczynski weiß Geschichten, und er kann sie auch erzählen; kleine nette Anekdötchen über berühmte Leute: dass Egon Erwin Kisch am liebsten pornografische Schüttelreime erfand; dass Walter Ulbricht keine Kultur hatte: *Aber ich habe ihn – leider – immer gerngehabt. Obwohl ich wusste, dass er mich liquidieren würde, ohne mit der Wimper zu zucken.*
Und dann zieht der alte Professor an seiner Zigarre und lacht. Sein persönliches Absterben nimmt er fröhlich hin, dass er immer mehr wackelt, immer schlechter hört, Schwindelanfälle hat – es störe ihn nicht. Ja, früher war er neben Johannes R. Becher der beste Schwimmer der Kommunistischen Partei. Darauf ist er noch heute stolz.
Mein Gott, was für Geschichten könnte Kuczynski erzählen. Von zerstörten Hoffnungen, von Feigheit und Verrat, von Mord und Totschlag im Namen des Sozialismus. Aber das macht er natürlich nicht, der alte

Genosse, der Genosse geblieben ist – geschult in Konspiration, erzogen zu Verschwiegenheit. Nur seinem Tagebuch hat er gelegentlich seinen Groll anvertraut: *Wie viele könnten noch leben* … Aber bloß keine Zweifel zulassen. Lächeln.

Irgendwas erzählen, zum Beispiel so etwas: *1933 hatten wir die SA in unserem Haus, und ich wurde ins Hauptquartier der Gestapo abgeholt. Ich konnte geschickt lügen, war am Abend wieder frei, und dann sagt mir mein Nachbar, er war einer meiner besten Freunde, dass er mich denunziert hätte. Ich habe zu ihm gesagt: Weißt du, ich habe dich nie für einen Helden gehalten, jetzt weiß ich, dass du ein Feigling bist. Aber du hast so viele gute Eigenschaften, das darf unsere Freundschaft nicht verändern. 1936 sagte dann die Partei zu mir, ich müsste aus dem Land heraus, weil ich mit meinem jüdischen Gesicht jeden gefährde. Bevor ich ging, traf ich meinen Freund, den Verräter, und er sagte: Weißt du, ich habe ein ziemliches Vermögen im Ausland. Verwalte es und nimm das Geld, das du brauchst für dein Leben.* Das ist seine Devise: Man muss verstehen und Nachsicht üben können, wenn man nützlich überleben will. Das zahlt sich aus.

Und Kuczynski hat gelernt, wie man sich mit Freundlichkeiten die Welt vom Leibe hält. Seine Begabung zur Manipulation, die als Charme daherkommt, ist beträchtlich; er witzelt, überhört, was ihm nicht gefällt, und plötzlich zerfällt ein ganzes Jahrhundert, in dem die Idee des Sozialismus zunichtegemacht wurde, in harmlosen Anekdoten. Der rote Großvater erzählt.

Nein, Lenin hat er nicht gekannt, aber dessen Sekretärin, die Stassowa. *Lenin – wenn der nur länger gelebt hätte, dann* …

VI. DER BLINDE

»Herr Kuczynski, viele Ihrer Freunde wurden in den Moskauer Prozessen liquidiert.«

Sie müssen sehen, dass ich das, was wir heute den Terror des Stalinismus nennen, erst nach den Erklärungen von Chruschtschow erkannt habe.

»Das glaube ich Ihnen nicht.«

Gut, dann brauchen wir nicht weiterzusprechen. Die Sache ist dann erledigt.

»Der Führer der ungarischen Revolution von 1919, Béla Kun, der Ihre Bücher Ihnen gegenüber gelobt hat, wurde umgebracht; und noch ein Freund von Ihnen verschwand: Rjazanoff, der Herausgeber der ersten Marx-Engels-Gesamtausgabe.«

Ich will Ihnen etwas sagen: Der erste Mann meiner Schwester Sonja kam in ein Gulag-Lager. 1956 kam er frei, und wir waren bis zu seinem Tode gute Freunde. Er hat kein einziges Wort über das Lager gesprochen, kein einziges Wort.

»Aber Sie mussten doch …«

Wie sollte ich wissen, was dort passiert?

»Andere, die sehen wollten, sahen sehr wohl: André Gide beispielsweise. Noch in den frühen Dreißigern hätte der französische Schriftsteller sein Leben sofort für die Sowjetunion hingegeben, ein paar Jahre später schreibt er schmerzlich enttäuscht: »In keinem Land außer Hitler-Deutschland ist das menschliche Bewusstsein so unfrei, so unterjocht, so eingeschüchtert und versklavt.«

Ach, wissen Sie, ich habe André Gide persönlich gekannt. Er war kein stabiler Mensch. Er hat in seinem Leben sehr oft seine Meinung geändert.

»Und die Erfahrungen von Manès Sperber und Arthur Koestler, die auch Abschied nahmen vom Kommunismus, verbittert, frustriert – hat Sie das berührt?«

Mein Eindruck war, dass sie verführt waren.

VII. DER PARTEISOLDAT

Es ist dunkel geworden in Kuczynskis Arbeitsraum. Im Dämmerlicht sitzt der alte Mann zwischen Regalen, überall im Zimmer stehen, liegen Bücher, in den 14 Räumen der Villa, die ihm Walter Ulbricht 1948 besorgt hat, stapeln sie sich bis unter die Decke – wohl mehr als 60 000 Bände, nur die Thurn und Taxissche Privatbibliothek ist noch ein bisschen größer.

Kuczynskis Familie hat die Bücher in mehr als 200 Jahren zusammengetragen, die Faschisten haben die Bibliothek zerschlagen, und nach dem Krieg hat Jürgen Kuczynski sie mühsam wiederaufgebaut. Darunter sind bibliophile Schätze, Erstausgaben von Kant und Hegel, aber besonders stolz ist er auf dieses Kommunistische Manifest, der Originalausgabe von 1848, die sein Urgroßvater für 10 Centimes gekauft hat – heute wäre es wohl mehr als 10 000 Mark wert.

Auch Bertolt Brecht hat in dieser Bibliothek seine Spuren hinterlassen: viele der über 2500 Krimis, die hier sind, hat er seinem Freund Kuczynski vermacht. Krimilesen ist sein einziges weltliches Hobby.

Vor 65 Jahren ist Kuczynski der Kommunistischen Partei beigetreten. Dass er das getan hat – keine Sekunde hat er es bereut. Am Anfang hat der junge Genosse noch Schwierigkeiten, die rasanten Schwenks der Komintern und der KP mitzumachen, schimpft auf sich, hält sich für einen tumben Tor, aber bald spurt er. Ist der Partei treu ergeben. Und ist glücklich: *Kein Amt, keine Funktion, keine Tätigkeit habe ich seit dem 14. Juli 1930 ausgeübt ohne Billigung oder Auftrag der Partei, es sei denn, die Anregung, der Auftrag kamen direkt aus der Sowjetunion.*

In der Partei war Jürgen Kuczynski immer etwas Besonderes: Schließlich war sein Buch über die amerikanischen Arbeiter im Kreml registriert worden; Stalin hat es für lesenswert gehalten, und noch heute freut sich Kuczynski, dass das KP-Organ »Rote Fahne« es auf der ersten Seite besprochen hat.

Er war nie ein normaler Genosse. Er war ein Vorzeige-Intellektueller mit internationalem Ruf: als 25-Jähriger, er war für ein Forschungsstipendium an einer Elite-Universität in die USA gekommen, wurde er zum Chefstatistiker des Amerikanischen Gewerkschaftsbundes und erfand ein System, mit dem sich die Zahl der Arbeitslosen erstmals erfassen ließ.

Seit jener Zeit hat Kuczynski in Tausenden von Aufsätzen die Krise des Kapitalismus beschrieben, sogar die »Weltausbeutungsrate« ab 1850 berechnet – einen Anstieg um 800 Prozent hat er da ausgemacht, und er wusste es genau: *Der Sturz des kapitalistischen Systems ist unausweich-*

lich, der Endkampf zwischen dem lebenskräftigen Sozialismus und absterbenden Kapitalismus steht bevor.

Bei so viel Wissen war es für die Partei immer klar: Nach der Revolution wird Kuczynski Wirtschaftsminister.

Dass er in der DDR dann doch kein Staatsamt bekam, das schmerzt ihn. Die Sowjets haben da interveniert – weil er Jude war. Er musste auch sein Amt als Präsident der Deutsch-Sowjetischen Freundesgesellschaft aufgeben – weil er Jude war. Aber über diese Niederlagen redet er nicht so gern. Das würde Zweifel säen, und die sind nicht erlaubt. Zwischentöne sind Krampf im Klassenkampf.

1945 ist die Erziehung des Jürgen Kuczynski zum guten Kommunisten abgeschlossen. Und er ist stolz: auf seinen blinden Gehorsam, seinen Glauben, seine Fähigkeit zur absoluten Disziplin.

VIII. DER FEIGLING

Für Ursula Höntsch ist Jürgen Kuczynski, wenn sie wirklich darüber nachdenkt, »ein feiger Hund«. Ursula Höntsch war in den 60ern eine der bekanntesten Reporterinnen der DDR – bis sie es nicht mehr aushielt, in ihren Porträts »sozialistische Persönlichkeiten« zu beschreiben, die es in der Wirklichkeit nicht gab. Dann kam es, wie es wohl kommen musste: Anrufe von der Stasi, Anrufe bei der Chefredaktion, Klagen von Genossen in führenden Positionen: die Höntsch sei zu frech, wohl keine Sozialistin, ihr Job sei Agitation und Propaganda – ob sie das nicht wüsste? Nein, das wusste sie nicht, und das wollte sie nicht.

Ursula Höntsch verweigerte sich, ihren Job bei der »Wochenpost« gab sie 1968 auf, sie schrieb Romane, und irgendwie hat sie auf so einen wie Kuczynski gehofft. Er galt als jemand, den man fragen konnte, und zwar kritisch, nach dem desolaten Zustand der DDR.

Seine Auftritte, meint die Schriftstellerin Kerstin Hensel, hatten »etwas Religiöses«. Der alte Mann war beeindruckend, eine besondere Figur in der kulturell verelendeten DDR: Jürgen Kuczynski sprach frei, eine Sensation, denn: »Freies Sprechen setzte voraus, dass einer frei dachte.«

Aber der »sehr, sehr faszinierende, der sehr kluge Mensch« (Höntsch) nutzte seine Fähigkeiten nicht: »Mein Gott, warum hat er nicht erzählt, was er weiß? Was wäre ihm denn passiert, wenn er den Mund aufgemacht hätte? Dass dieser kluge Mann sich einer Disziplin unterworfen hat, die ihm dumme Leute vorgaben! Warum diese Hörigkeit bei großen Leuten, bei der Seghers, bei Becher! Brecht ließ sich mit seinem Theater kaufen, Kuczynski mit seinem Wirtschaftsinstitut. Macht Klugheit feige? Fragen Sie ihn, wie er ruhig schlafen konnte bei dem Fürchterlichen, das hier passierte! Fragen Sie ihn, wie er mit diesem Wissen leben konnte!«

IX. DIE WELTGESCHICHTE

»Herr Kuczynski, empfinden Sie manchmal Scham und Trauer über das, was in der DDR passiert ist?«

Was heißt Trauer? Man trauert nicht in der Geschichte, man erlebt sie. Und wer die Geschichte kennt, ist zu gewohnt, was alles passiert.

»Knapp 75 Jahre hat das Experiment Kommunismus gedauert – was ist dabei herausgekommen?«

Gar nichts. Und auch von der DDR bleibt nichts übrig.

»Im Namen Ihrer Ideale gab es Millionen Tote. War es das wert?«

Nein, natürlich nicht, nein, es war schrecklich.

»Fühlen Sie Schuld, dass Sie da mitgemacht haben?«

Ich habe nie mitgemacht. Ich habe Ihnen schon gesagt, dass ich nicht wusste, was in der Zeit Stalins geschehen ist, die negativen Seiten habe ich bis in die 70er-Jahre nicht gekannt. Oder ich habe auch gesagt, man muss damit leben können in dieser schrecklichen Welt. Aber wissen Sie, in der Weltgeschichte sind solche Sachen üblich. Sie dürfen nicht vergessen, dass ich ein gebildeter Mensch bin, der die letzten 3000 Jahre miterlebt hat.

»Das ehemalige Politbüro-Mitglied Günter Schabowski sagt, er lebe in ›einer unerlösten Situation‹, und er brauche ›ein Purgatorium, ein Fegefeuer, weil ich mitschuldig bin an dem, was da geschehen ist‹.«

Aber hören Sie! Sie können mich doch nicht mit diesem Schabowski ver-

gleichen. Schabowski ist ein ganz übler Kerl, der sich mit solchen Sätzen in Westdeutschland lieb Kind machen will.

»Kurz vor seinem Tode hat Becher gesagt, der Grundirrtum seines Lebens sei gewesen, dass er glaubte, ›der Sozialismus beende die menschliche Tragödie‹.«

Ja, das ist ein sehr trauriges Fazit. In meinem Buch »Dialog mit einem Urenkel« habe ich gesagt: Ich bejahe das System, aber ich finde tausend kritische Sachen an ihm. 1991 habe ich dann gedacht, ich hätte genau das Gegenteil sagen müssen: Ich verneine das System, aber ich finde tausend gute Sachen an ihm. Heute weiß ich, dass diese Erkenntnis das größte Unglück meines Lebens gewesen wäre: Ich hätte nicht als Feigling leben können, sondern meine Einsicht bekannt geben müssen. Ich hätte dann nicht mehr schreiben können, ich hätte keinem Menschen mehr helfen können.

»Im Klartext: Sie sind froh über Ihre Blindheit?«

Es gibt Dinge, bei denen ich sage: Das hätte ich erkennen müssen! Aber Sie müssen immer sehen, dass wir in einer Welt des Kapitalismus gelebt haben, und den Kapitalismus hätte ich unserem System nie vorgezogen.

»Ihr Freund Ernst Bloch floh in den kapitalistischen Westen. Er hielt ›die Unfreiheit in der DDR‹ nicht mehr aus.«

Als mein Freund Fritz Behrends Bloch das letzte Mal besuchte, weinte der, weil er nicht zu Besuch in die DDR fahren durfte. Das spricht sowohl für Bloch wie für die DDR. Wenn sie ihm unerträglich gewesen wäre, hätte er gar nicht zurückkommen wollen.

»Herr Kuczynski, Sie sind wirklich ein Gläubiger.«

Der Grundfehler war, dass ich glaubte, vieles, was hier passiert, sind schlimme Dinge an einer prinzipiell guten Sache. Aber ich glaube nicht, dass ich so nützlich gelebt hätte, wenn ich diesen Fehler erkannt hätte. So erging es Becher, so erging es Brecht, so erging es Seghers, und so haben wir vielen Menschen geholfen. Ja sicher, ich hatte Angst, meinen Glauben zu verlieren. Das ist die verrückte Geschichte meines Lebens.

X. DAS TAGEBUCH

Seit der Wende arbeitet Jürgen Kuczynski wie ein Getriebener. Hastig stellt er Tagebuchnotizen zusammen, fünf Memoirenbände seit 1989. Kehrt sein Innerstes nach außen, und steht plötzlich recht schäbig da. Ein Kluger, der sich den Dummen verkauft hat.

Er sei ein linientreuer Dissident, sagt nun dieser Jürgen Kuczynski, was meint er?

Zerfall, Degeneration, Enttäuschungen – das alles hat er schon in den ersten Jahren der DDR registriert. Freunde bringen sich um, andere verstummen, resignieren. *Sprach mit Willi Bredel. Er feilt an seinen letzten beiden Romanen. Der eine geht bis 1950. Weiter, meint er, kann er nicht schreiben, ohne zu viel zu lügen … Vom Politbüro gebrochen.* (1.6.1963)

Von Elend umstellt sieht sich Kuczynski, *eklig* wird es ihm beim Blick auf die DDR, *ekelhaftes Geziefer* sei in der Partei, *alles ist so unglaublich ekelhaft, so verlogen; es ist fast wie in der Zeit der Illegalität: Man fragt sich, welchem Glück man es verdankt, noch nicht gefasst zu sein.* (2.6.1967)

Das antifaschistische Traumland DDR: ein Albtraum. Warum wurde Kuczynski kein marxistischer Rebell? Warum ist er nicht aus der Partei ausgetreten? *Was für absurde Gedanken, mein Guter!* Da legt er die Zigarre weg und schüttelt – fast wütend – den Kopf. Das wäre ihm vorgekommen, *wie aus dem Leben, nein, wie aus der Menschheit auszuscheiden: Ohne Partei ist man wirkungslos.*

Also weitermachen, auch wenn er in den Parteiführern 1965 *einen Haufen keifender, verständnis- und gewissenloser unerfreulicher Erscheinungen und darum brutaler Kleinbürger sieht.* Weitermachen, auch wenn er nur noch Zerfall um sich herum ausmacht: *Auf keinem Gebiet haben wir eine Konzeption. Wir leben von der verwelkten Hand in den zahnlosen Mund.*

Und was heißt das für ihn? Er leidet – im stillen Kämmerlein. Er randaliert – im Tagebuch. Kuczynski – der klammheimliche Dissident.

Und sonst? Ist loyal, brav, macht alles mit und lobt sich: *Ich bin einer der besten Propagandisten.* Er plädiert für Anpassung. Unterwerfung. Vertröstet auf die Zukunft. Einem Kollegen, dessen Buch der Zensor

kassiert, rät er, *endlich aufzuhören, über Sozialismus zu schreiben und sich auf den Kapitalismus zu beschränken.*
Die Mauer war nötig, sagt er noch heute. Und die Stasi? *Ach, kommen Sie mir damit nicht. Die war doch nichts Besonderes, hören Sie mal, ich habe in Amerika und England gelebt: Ich weiß, was Überwachung heißt.* Nein, das eigene Nest hat Jürgen Kuczynski nie beschmutzt, schon gar nicht im Ausland. Das berühmte Zitat von Rosa Luxemburg, dass die Freiheit immer zuerst die Freiheit der Andersdenkenden sein muss – er wischt es einfach weg. Etwa im Frühjahr 1989 in Kassel. In der DDR wurden damals Demonstranten wegen dieses Zitats niedergeknüppelt. *Die Rosa*, sagt er, habe *das schließlich nur auf parteiinterne Auseinandersetzungen* bezogen. Natürlich weiß er, dass er da lügt, aber er ist hier im feindlichen Kapitalismus, und da sagt man nichts gegen seine Regierung. Ein Witz eigentlich, dass sein Buch »Dialog mit einem Urenkel« zu einem Kultbuch für DDR-Dissidenten wurde. Vielleicht kann er ja kaum etwas für den Erfolg des Buches, vielleicht war nur der Chefideologe des Regimes, Kurt Hager, dumm und borniert, daran schuld: Er hielt das Werk sechs Jahre unter Verschluss. Weil Kuczynski, ganz vorsichtig, ein paar Errungenschaften des Sozialismus infrage stellte – ansonsten aber dem Regime beredt Absolution erteilte. Schließlich befände man sich *in einem Weltklassenkampf, der in manchem einem Krieg ähnelt. Und kann man im Krieg die Befehle von Soldaten demokratisch diskutieren?* Natürlich nicht.
Ein Witz eigentlich, dass dieser Propagandist mit seiner geliebten Partei Schwierigkeiten bekam: Publikationsverbote wegen »revisionistischer« Anfälle; Parteirügen, wenn er vom »sich entwickelnden« statt vom »entwickelten« Sozialismus sprach – früher hat er sich für diese Strafen geschämt, heute sichern sie seine Identität. *Das einzige Tröstende, was ich habe, sind meine Parteistrafen. Sie zeigen, dass ich immer zu weit gegangen bin. Aber nie so weit, dass man mich ausgerottet hat. Gut, Sie können sagen: Man soll draufgehen. Aber wem nützt ein wirkungsloser Held?* Vielleicht konnte Kuczynski das auch gar nicht sein, ein Held. Für Kompromisse gab es so viele Gründe: sein Institut, seine Wissenschaft. Und

dann, vielleicht, war ja da auch noch ein anderer Grund, menschelnde Eitelkeit.

Vorgestern, notiert er jedenfalls am 16. Oktober 1971, *hatten wir ein Meeting der Gesellschaftswissenschaftler. Ich hatte einen Ehrenplatz in der ersten Reihe, und als das Politbüro zur Tribüne ging, brach Honecker die Reihe, kam auf mich zu und gab mir als Einzigem die Hand!!!*

XI. DIE TÜR

Die Zigarre hat er fast zu Ende geraucht, mit einem leicht schmatzenden Geräusch hat er immer daran gezogen. Immer öfter schaut Kuczynski auf die Uhr, er mag dieses Gespräch nicht. Die Zeit der Rechtfertigungen ist vorbei. Plötzlich springt er behände auf, schmächtig, merkwürdig zerbrechlich wirkt er in seinem dreiteiligen Anzug, der ein bisschen zerknittert ist. Dem Gast bringt er die Jacke. *Mein Guter, wir haben nun genug geplaudert. Auf Wiedersehen. Schlagen Sie die Tür nicht hinter sich zu.*

XII. DER TOD

»Herr Kuczynski, vor zehn Jahren haben Sie eine fiktive Leichenrede auf sich gehalten und damals bedauert, vom Leben im Sozialismus Abschied nehmen zu müssen.«

Ha, völlig falsch war das, es war ja kein Sozialismus. Aber es wäre damals ein schöner Tod für einen alten Kommunisten gewesen. Ich bin nicht traurig, dass der Kapitalismus jetzt hier ist. Doch es ist ein großer Unterschied, ob man mit Verständnis für seine Zeit stirbt oder mit Glück über seine Zeit. Damals wäre ich mit einem großen Glücksgefühl gestorben.

Jürgen Kuczynski, 1904 in Elberfeld geboren, stammt aus einer alten jüdischen Gelehrten- und Bankiersfamilie. Fast ein halbes Jahrhundert lang war er der »große alte Mann« marxistischer Sozialwissenschaften. 1930 trat er in die KPD ein, schon damals hatte er mit seinem 40bändigen Hauptwerk »Die Lage der Geschichte der Arbeiter im Kapitalismus« begonnen. In seinem Klassiker »Geschichte des Alltags des deutschen Volkes« (1980), einem fünfbändigen Werk, geht er mit keiner Zeile darauf ein, dass die Juden aus dem deutschen Alltag eliminiert wurden. Kuczynski: »Mein schlimmster Fehler.« Von 1933 bis 1936 war Kuczynski illegal aktiv, ging dann nach London ins Exil. Nach dem Krieg bekam er in der DDR den Lehrstuhl für Wirtschaftsgeschichte an der Humboldt-Universität. Da nach der Wende seine Rente auf 2000 Mark gekürzt worden war, setzte das PDS-Mitglied in seinen letzten Lebensjahren auf eine originär kapitalistische Massenbewegung: Er spielte Lotto, weil der Jackpot vielleicht doch schneller kommen würde als die Weltrevolution. Kuczynski starb am 6. August 1997 in Berlin.

FRANZ STEINKÜHLER

»Daran bin ich fast zerbrochen«

(1999)

Franz Steinkühler war der große Arbeiterführer, der mächtigste Gewerkschaftsführer der westlichen Welt, und er sah eleganter aus als die meisten Bosse. Als ich ihn im Sommer 1999 traf, waren seine Genossen von der SPD seit ein paar Monaten an der Macht, doch er war enttäuscht von seinen politischen Freunden, fast so enttäuscht wie über seine eigene Karriere: Sie führte von der Macht in die Ohnmacht.

Herr Steinkühler, schön wohnen Sie hier.

Ja, mir gefällt's. Die Bäume, der Schatten im Sommer, es ist ruhig …

… so mitten im Herzen der Bourgeoisie.

Bourgeoisie? Die wohnt hier nicht, die haben ihre Villen drüben in Bad Homburg. Hier leben einfache Leute. Lehrer zum Beispiel. Da, hinter mir, ein Stück weiter weg, wohnt ein reicher Mann, ein Jurist, in einem Riesenpark, mit wunderschönen, uralten Kastanien, Rotbuchen, Eichen.

Bevor ich zu Ihnen kam, habe ich eine junge Unternehmerin gefragt, was sie mit dem Namen Steinkühler verbindet. Das ist doch der, sagte sie: »Schlanke Erscheinung, elegante Kleidung – die Jacketts etwas zu großkariert.«

Das ist doch besser als kleinkariert, besser als Pepita-enges, borniertes Denken.

Kennen Sie den letzten Satz über Sie im Munzinger-Archiv?

Nee.

Steinkühler war während seiner Zeit als Gewerkschaftsvorsitzender »bekannt für seine Vorliebe für korrekte Kleidung«.

Tatsächlich? Aus dieser Schublade komme ich wohl nicht mehr raus. Das ist doch platt. Mir wurde auch immer nachgesagt, und das war als Vorwurf gemeint: Ich würde gerne gut essen. Mein Gott, ich habe bis heute noch keinen kennengelernt, der gerne schlecht isst. Und elegante Kleidung, was heißt denn das? Das hängt mit meiner Figur zusammen.

Sie waren der Arbeiterführer, der auf Stil achtete, sich auch gerne mit dem Symbol der Bosse fotografieren ließ: die schmauchende Zigarre im Mund.

Das schmeckt mir, nach einem guten Essen, bei einem schönen Glas Wein. Aber die Zigarre war schiere Notwehr: Ich habe vorher siebzig Zigaretten geraucht am Tag; mir Zigaretten angesteckt, wenn die vorige noch im Aschenbecher qualmte, das war schlimm. Und beim Joggen ging mir der Atem aus. Aber Sie haben recht: Ich habe als IG-

Metall-Vorsitzender Wert auf gute Kleidung gelegt, auch bei unseren Gewerkschaftssekretären. Wenn sich Leute bei mir vorgestellt haben, und die kamen in Bluejeans rein, habe ich gesagt: Hör mal, deine Kleidung entspricht nicht ganz den Erwartungshaltungen der Arbeitnehmer. Wenn man in den Betrieb geht, wollen unsere Leute, dass ihre Vertreter etwas hermachen. Dass sie mindestens so gut aussehen wie die Unternehmer.

Die neue Regierung müht sich sehr um schickes Auftreten. Die »FAZ« hat dafür nur Hohn übrig und macht ihren Spott an Joschka Fischer fest: »Er trägt jetzt Anzug, Halbbrille und die Trophäe des arrivierten Spießers, den Herrenring.«

Das ist gemein, dieses Gespött, richtig unfair. Es ist in Ordnung, dass er seine Bluejeans abgelegt hat. Ich finde es auch gut, dass er sich müht, seine Figur zu halten, und nicht wie eine Kugel im Außenministerium hin- und herrollt. Natürlich hat Joschka Fischer das Gefühl, wenn er sich mit seinen Kollegen trifft, dass er ordentlich angezogen sein muss. Ich kenne dieses Gefühl.

Es lebe die Devise: Mehr Sein durch Schein.

Natürlich, das hat mit Selbstwert zu tun, gerade auch bei Tarifverhandlungen. Mit Selbstbewusstsein. Sie können nicht abgerissen an den Verhandlungstisch gehen, und da sitzen Ihnen ich weiß nicht wie viele Millionen gegenüber. Bei Daimler-Chef Jürgen Schrempp, mit dem ich nie verhandelt habe, sind es allein schon etliche Millionen.

Die Zeitungen haben gerade gemeldet, dass er zu den fünf bestverdienenden Managern außerhalb der USA gehört – mit einem Jahreseinkommen von über fünf Millionen Mark.

Das ist einiges. Das verdienen die meisten ihr ganzes Leben nicht. Mir fehlt die Vorstellung, was man mit fünf Millionen Mark macht. Aber schön … Ich musste mal, das war 1963, wie es damals hieß, »den Widerstand« organisieren. Es war mein erster großer Streik, und es war, von Schleyer organisiert, auch die erste Aussperrung nach dem Krieg. Ich musste das Streikgeld an die Kollegen auszahlen, die genaue Stückelung ausrechnen, wer was kriegt.

Das wurde dann in Tütchen verteilt, und da waren 20, 50 Mark drin?

Ach was, damals haben wir noch 50-Pfennigstücke ausbezahlt, Hartgeld. Ich musste mehrere Millionen von der Bank abholen, bin mit der Aktentasche hin und da lachten die. Ach, kommen Sie doch mal mit! Die haben mich in den Tresorraum geführt, und da war ein Tisch voller Scheine und Münzen. Ich bin ganz blass geworden. Ich habe gar nicht geahnt, wie viel Geld ein paar Millionen sind.

1983 hatten Sie einen Streik gemacht gegen die Nachrüstung und …

… dafür genügend auf die Hörner gekriegt.

Sie haben gestreikt gegen die Stationierung von Atomraketen.

Und nun fliegen Bomber von Deutschland aus in den Krieg. Die Zeiten haben sich stark geändert. Es war für diejenigen, die diesen Krieg für richtig hielten, die ideale Regierungskonstellation. Die SPD machte ihn staatstragend, und die CDU war nicht laut dagegen. Wäre es andersherum gewesen, hätte es heftige Debatten gegeben, Anti-Kriegs-Demonstrationen – und das zu Recht.

Warum sind Sie Gewerkschafter geworden?

Ich hasse Ungerechtigkeit.

Natürlich.

Es ist aber so. Ich kann das einfach nicht vertragen, und meistens trifft es die, die sich nicht wehren können. Ich habe mich immer eingemischt, auch schon als Kind, ich war groß und kräftig. Ich wollte helfen.

Ja?

Ja, so ist es. Dieses Gefühl hat mich getrieben. Ich habe auch den Unterschied von Arm und Reich erlebt. In Göppingen nach dem Krieg habe ich gehungert. Ich habe da viele Bilder im Kopf: Ich hätte gern einen Osterhasen gehabt, wir konnten uns das nicht leisten. Da habe ich die Essensmarken der Mutter geklaut und habe die im »Cafe Haidle« gegen Zuckerhasenbruch eingetauscht. Meine erste Orange bekam ich von amerikanischen Soldaten, ich wusste nicht, wie ich in das Ding reinkomme.

Da wollten Sie raus – aus der Armut, aufsteigen, Karriere machen.

Ich wollte was werden, weiterkommen, ja. Als ich Lehrling war, Stift hieß das damals noch, hat es mir furchtbar gestunken, wie mich jeder herumkommandieren konnte. Ich war der Letzte in der Reihe, dachte, mein Gott, wenn ich doch endlich mal Geselle wäre, dann ist es gut. Dann war ich Geselle und über mir gab es den Herrn Meister. Also wurde ich Meister, ganz schnell, schon mit 21 Jahren, verfrüht, mit einer Ausnahmegenehmigung.

Sie waren ein Streber.

Das klingt mir zu negativ. Ich hatte gewiss Ehrgeiz, wollte nachholen, was ich wegen des Krieges versäumt hatte. Aber als ich Meister war, habe ich gemerkt, verdammt noch mal, das reicht auch nicht.

Es gibt ein Stück von Max Frisch: »Biographie«. Ein Mann erhält die Möglichkeit, sein Leben noch mal zu leben und er trifft dieselben Entscheidungen.

Über diese Frage habe ich sehr ernsthaft nachgedacht. Es gibt nur eine einzige Sache, die ich anders machen würde! Ich würde früher heiraten und …

Im Ernst: Sie würden doch nicht noch einmal zum Telefonhörer greifen, um als Aufsichtsratsmitglied von Daimler-Benz ausgerechnet Daimler-Aktien zu ordern, in einem Moment, wo nur Insider damit spekulieren?

Es war kein Insidergeschäft. Und heute, denke ich, würde man den Besitz von Aktien als nicht mehr so verwerflich einschätzen. Aber damals, als IG-Metall-Vorsitzender, war das eine Sünde. Ich musste päpstlicher sein als der Papst.

Irgendjemand aus der Bank für Gemeinwirtschaft soll Sie bei Ihrem Aktienkauf verpfiffen haben.

Das konnte letztlich nie bewiesen werden. Aber wenn ich den Verräter erwischt hätte, hätte ich ihn mit einem Suplex, ich bin ja früher Ringer gewesen, aufs Kreuz geworfen. Mit dem Suplex können Sie einen mit dem Kopf in den Boden rammen. Ich war nahe an ihm dran, aber was soll's?

Lafontaine, Engholm, Steinkühler: drei Spitzengenossen, die im ICE-Tempo von oben nach unten durchgereicht wurden. Das wäre eine schöne Skatrunde.

Ich weiß nicht, ob die Skat spielen. Engholm ist ja ein Kunstfan, und Lafontaine, wofür ich viel Verständnis habe, liebt seinen Sohn sehr und ist mit ihm beschäftigt. Obwohl, so wie ich Oskar einschätze, fällt es ihm schwer, Privatmann zu sein und ruhig zu bleiben.

Und wie ist das bei Ihnen?

Sehe ich traurig aus, trage ich Schwarz? Es ist hart, plötzlich von hundert auf null abgebremst zu werden. Gestern noch IG-Metall-Vorsitzender und heute? Man steht wie vorher um halb sechs Uhr auf, und um halb sieben hat man die erste Zeitung gelesen. Was machste jetzt? Du bist ratlos. Du liest die nächste Zeitung und bist mit der um sieben durch. Aber das ist Vergangenheit. Ich schlafe viel besser, träume schöne Dinge, mir geht es gut.

Das müssen Sie jetzt sagen.

Nein. Klar, der Rücktritt war der tiefste Einschnitt in meinem Leben. Ich habe mein Ziel nicht erreicht. Ich bin daran beinahe kaputtgegangen, ein Jahr lang. Nicht weil ich die Insignien der Macht verloren hatte, keinen Fahrer, keine Sekretärin mehr hatte. Was mich wirklich getroffen hat, war, dass ich mich in Menschen so getäuscht hatte. Freunde waren plötzlich nicht mehr da – und das tat weh. Daran bin ich fast zerbrochen, ich hab' ne Lungenembolie gekriegt, bin nachts wach gelegen, habe mich ständig gefragt: Warum? Ein unnützer, quälender Gedanke, den Sie nicht aus dem Kopf kriegen. Aber dann waren Menschen da, die ich vorher nicht so beachtet hatte, echte Freunde.

Für den Wirtschaftsjournalisten Martin Kempe sind Sie der einzige Gewerkschafter, der den Herren des BDI auf gleicher Augenhöhe begegnen konnte.

Ich bin eben ein Meter 87 groß. Nein, man muss seinem Gegner intellektuell Paroli bieten können, und noch besser ist es, wenn man ihm manchmal überlegen ist.

Sie wären gerne wieder im Geschäft.

Es ist gut, wie es ist, glauben Sie mir. Okay, manchmal, wenn ich die Zeitung lese und da steht Unsinn drin, würde ich gerne zum Telefon greifen und eine Presseerklärung losschicken, verdammt noch mal. Wenn der IG-Metall-Chef eine Presseerklärung abgibt, hat das Gewicht. Da wünschte ich mir manchmal, dass da mehr kommt. Die IG-

Metall kann was bewirken – sie hat Einfluss auf das Denken der Leute, ihr Verhalten, Einfluss auf das, was in den Friseursalons diskutiert wird. Es ist doch auch ein Kampf um die Köpfe, der geführt wird.

Die multinationalen Konzerne, analysiert der amerikanische Sozialwissenschaftler Norman Birnbaum, »beherrschen nicht nur die Produktionsmittel, sondern auch die Mittel zur politischen Willensbildung«.

Globalisierung, Kosten, Wettbewerb – die Sprache prägt das Denken und letztlich das Handeln. Die Sprache, die einen aus den Medien anspringt, führt dazu, dass der Einzelne sich immer mehr als kleines Rädchen vorkommt und gar nicht mehr darüber nachdenkt, ob er zusammen mit vielen Kleinen etwas Großes bewirken kann.

Sie klingen frustriert.

Nein, aber es herrscht eine große Dürre – bei den Gewerkschaften, den Parteien, den Soziologen. Da ist nichts da, die zündende Idee fehlt. Kein großer Soziologe wie Horkheimer, der etwas vordenkt. Da sind nur Attacken, böse, diskriminierend. Der »Spiegel« schrieb neulich was von der »Sozialstaatsmafia«. Der Ton ist rau. Eine brutale Kälte. Im Moment ist man damit beschäftigt, den Status quo zu sichern, das Erreichte zu verteidigen.

Nun kann es doch vorangehen: Ihre Regierung ist an der Macht.

Ach, unsere Freunde stehen uns oft so nah, dass sie uns auf den Füßen stehen. Ich hatte von der Regierung erwartet, dass sie wirklich auf die Machtübernahme vorbereitet ist. Ich habe allerdings den Eindruck, dass sie nur auf Ko-Partnerschaft eingestellt war. Sie hat keine eigenen, langfristigen Konzepte. Ich habe auch nicht das Gefühl, dass da viel in den Schubladen steckt. Sie haben ganz geschwind ein paar Versprechungen erfüllt und sind dann ganz schnell ins Stolpern gekommen. Es reicht nicht aus, gewählt zu werden. Um eine gute Regierung zu sein, muss man wirklich etwas leisten, das ist harte Arbeit – und viele haben das schlicht unterschätzt. Das sind Riesenapparate. Und wenn ich jetzt mit Kollegen rede, kriege ich mit, wie viele Hoffnungen enttäuscht werden. Doch nichts ist schwerer, als enttäuschte Hoffnungen zu reparieren.

Selbst konservative Zeitungen klagen, dass die SPD-geführte Regierung immer wieder vor der Wirtschaft einknickt. »Die Politik«, moniert die »FAZ«, »hat die Definitionsmacht über die Wirklichkeit verloren.«

Das ist doch nichts Neues. Der Staat hat doch immer weniger Instrumente, um unternehmerisches Verhalten zu lenken. Allerdings habe ich mir von der Regierung schon mehr Mut vor dem Fürstenthron erwartet. Wenn es nicht so lächerlich wäre, könnte man sagen: Der Markt hat sich durchgesetzt, der Staat stirbt immer mehr ab.

Wirtschaftsminister Müller sagt es, die Grünen sagen es: Die Unternehmenssteuern müssen runter! Der Standort Deutschland muss …

Standort Deutschland! Eine hervorragende Formulierung! Eine geniale Erfindung des gesellschaftlichen Gegners. Diese Debatte hat eine tief greifende Wirkung gehabt, auch im Denken von Gewerkschaftsfunktionären und Betriebsräten. Sie hat dazu geführt, dass auf breiter Ebene Ko-Management entstanden ist, dass wir uns mehr als notwendig die Köpfe für die Arbeitgeber zerbrechen: Wie kann man noch rationeller produzieren, wie kann man noch besser rationalisieren? Und auf der Strecke bleiben die Menschen.

Dieses Jahr feiert die Bundesrepublik ihren 50. Geburtstag und damit auch die soziale Marktwirtschaft.

Die Bundesrepublik verabschiedet sich vom Sozialstaat, den Sozialstaats-Konsens gibt es schon lange nicht mehr. Starke ökonomische Kräfte wollen den Markt pur. Sie wollen, dass die Wirtschaft befreit wird. Denn Freiheit ist ein wunderschönes Wort – und es wird dazu missbraucht, alle sozialen Regulierungen zu beseitigen. Mich wundert, dass die Fusionswelle ohne Widerspruch über die Bühne geht. Die gesellschaftliche Opposition ist gelähmt. Mein Gott, es gab doch mal die Erfahrung, dass wirtschaftliche Macht immer politische Macht ist. Mit dieser Begründung wurden nach dem Krieg Betriebe entflochten. Aber die waren doch winzig zu den riesigen Konglomeraten, die es heute gibt. Schrempp kann mit DaimlerChrysler allein Entscheidungen treffen, die ökonomisch und wirtschaftspolitisch größere Auswirkungen haben als das, was der Kanzler anstoßen kann. Das ist doch beängstigend. Wenn so ein Konzern seinen Steuersitz verlegt, kann er Kommunen in die Knie zwingen.

Sie sind pessimistisch.

Nein, obwohl es Gründe gäbe, die Welt resigniert zu betrachten. Man könnte sagen, wir leben in einem Überwachungsstaat, den man nur ertragen kann, wenn man gleichgültig ist. Kreditkarten, Chips, Abbuchungen, man weiß, wo ich einkaufe, was ich esse, was ich lese. Aber mir ist das scheißegal. Im Auto habe ich ein Navigationsgerät. Das ist eine große Erleichterung beim Fahren, aber man kann genau nachvollziehen, wo ich bin. Soll ich deswegen wieder mit der Landkarte fahren? Ja, wenn man alles aneinanderreiht, muss man sagen: Das sind fürchterlich ungemütliche Entwicklungen. Aber ich bin trotzdem ein Optimist – auch gegen die objektiven Fakten.

Sie haben die große Wendemarke 60 hinter sich. Ihr Körper baut ab …

… das macht er doch schon seit dem 16. Lebensjahr. Altern finde ich nicht tragisch, es ist eine schöne Sache bisher. Der Gedanke an den Tod beschäftigt mich nicht. In dem Sinne bin ich noch unbußfertig. Ich lebe noch und das mit großem Spaß.

Und über was für Dinge lachen Sie?

Neulich habe ich Johannes Rau getroffen. Neben uns saß ein Typ im feinen, sehr teuren Lederjäckchen. Da fasst Rau das Lederjäckchen an und sagt: »Eine schöne Jacke hast du da. Aber weißt du: Die gibt es inzwischen auch aus Leder.« Der Kerl wusste gar nicht, wie ihm geschah. So was mag ich, diesen leichten, heiteren Zynismus.

Franz Steinkühler, 1937 geboren, war von 1986 bis 1993 Chef der IG Metall. Legendär wurde der von Steinkühler angeführte Streik 1987 für die Einführung der 35-Stundenwoche. Seine Karriere endete abrupt: Er hatte Daimler-Aktien geordert, ein Insidergeschäft, wie dem Aufsichtsratsmitglied vorgeworfen wurde – bewiesen wurde es nie. Heute lebt Steinkühler in Oberursel bei Frankfurt und berät Betriebsräte in Konfliktfällen.

VINCENT KLINK

»Und im Kopf ist die Angst, dass der Genuss das Gehirn zerlöchert«

(2001)

Vincent Klink ist einer der besten Köche Deutschlands, und er hat eine Riesenwut auf die Nahrungsmittelindustrie: »Dagegen ist selbst die Atomlobby harmlos!« Aber auch die gedankenlos gierigen Esser würde der Stuttgarter Sternekoch »gerne rütteln, schütteln und schlagen«: Ihre Lust auf das tägliche Billigschnitzel, sagt er, »hat zu Viecherquälerei und BSE geführt«. Obwohl er gern vor sich hintobt, ist Klink ein lebensfreudiger Mensch. Er sitzt, als ich ihn im Juli 2001 in seiner Wohnung besuche, auf seinem Balkon, nackt, in einem großen Bottich, vor sich einen Suppenteller, gefüllt mit Olivenöl, in das er Weißbrot eintunkt und langsam isst.

Herr Klink, Sie sind der totale Zyniker ...

Wie bitte? Ich bin ein gutmütiger Mensch, und ich bin vor allem ein Malocher. Ich komme mir eher vor wie ein Boxer im Ring. Wenn das Lokal voll ist, geht es hier in der Küche ab: Mit einem Fuß mache ich die Ofentür auf, mit der einen Hand schneide ich Zwiebeln, mit der andern schiebe ich die Pfanne auf die Flamme.

Das Beste, was Ihnen habe passieren können, sagten Sie, sei die BSE-Krise. Die Seuche, mit Verlaub, hat bisher fast 100 Menschenleben allein in England gefordert.

Ich habe das gesagt, als man noch nicht wusste, dass Menschen an BSE qualvoll sterben können. Ich hatte einfach gehofft, dass der gesamte Rindfleischmarkt zusammenbricht, danach der Schweinemarkt und dass schließlich die ganzen Geflügelfabriken dichtmachen müssen. Etwas blauäugig hatte ich erwartet, dass der Schock die Menschen so aufrüttelt, dass wir von vorne anfangen können – weg von dieser Massentierhaltung, die das Vieh zur Ware degradiert.

Beim Parteitag der Grünen haben Sie als Gastredner gegen die Nahrungsmittelindustrie geteufelt. Die Marketinggesellschaft der Agrarwirtschaft und auch die Raiffeisenorganisation seien »kriminelle Vereinigungen«.

Es war eine hitzige Rede. Gerd Sonnleitner, der Chef des Bauernverbandes, hat den Grünen-Vorsitzenden Fritz Kuhn auch prompt aufgefordert, sich von meinen Äußerungen zu distanzieren. Das waren natürlich polemische Zuspitzungen.

Und die lieben Sie. Nochmals O-Ton Klink: »Mein natürlicher Feind ist die Nahrungsmittelindustrie.«

Ja. Früher hab ich gedacht, ich könnte mich aus allem heraushalten. Ich habe hier mein Refugium, ich koche hier für meine Fans, so gut, so ehrlich, wie es geht und ...

Sie haben ja damit großen Erfolg. Ihre Küche wird hoch gelobt, Sie sind mit einem Stern dekoriert ...

Aber ich werde zunehmend ungeduldiger. Mir ist nicht wurscht, was in der Wurst ist. Man muss sich gegen die organisierte Naturverhunzung stemmen. Die Autolobby, ja sogar selbst die Atomlobby ist gegenüber der Agrarlobby ziemlich harmlos.

Ich sag es ja: Sie lieben die Polemik!

Glauben Sie mir, der Umstieg in eine artgerechtere Tierhaltung wird so lange dauern und so schwierig werden wie der Atomausstieg. Es geht um einen Haufen Geld: Die Bauern sollen von der Pharma- und der Chemieindustrie abhängig bleiben. Wenn ich schon höre: »integrierter Landbau« – alles Augenwischerei, Betrug am Bürger. Da passiert genau das Gleiche wie vorher, nur wird das ganze Gift jetzt etwas genauer berechnet.

Die Landwirtschaftsministerin Renate Künast will die Agrarwende, sie will ...

Ja, sie will. Der Psychotherapeut Horst-Eberhard Richter hat Künast ja als »Erlöserin« bezeichnet, nett. Sie »führt uns aus der Schande heraus und reinigt uns«, wie Frau Merkel das mit der CDU gemacht habe. Interessant, nur: Hat Frau Merkel den CDU-Finanzskandal aufgeklärt? Was hat Frau Merkel denn bewirkt?

BSE hat immerhin eines geschafft: Geht man heute ins Restaurant, fragt man nicht mehr genießerisch: Was wollen wir essen? Sondern: Was können wir noch essen?

Ja, und im Kopf ist die Angst, dass der Genuss das Gehirn zerlöchert. Ich habe auch das Rind zunächst von der Speisekarte genommen. Aber dann kamen meine Bio-Bauern und sagten, ich könne sie nicht über einen Kamm scheren. Und sie haben recht: Bei ihnen wachsen die Tiere artgerecht auf. Es hat noch keinen BSE-Fall auf einem Bio-Bauernhof gegeben.

Das Dumme ist: Biofleisch kostet viel Geld.

Unsinn! Ein Schnitzel kostet heute noch so viel wie 1970. Ist ein VW noch so billig wie vor dreißig Jahren? Wenn an der Tankstelle ein Schild stünde: »Sonderangebot. Winterreifen für 8 Mark!«, dann würde kein Mensch das Zeug kaufen. Er wüsste, diese Reifen sind gefährlich. Aber beim Essen ist es den Leuten offenbar egal, wenn sie den billigsten Schrott in sich hineinschieben: Minuten-Terrinen, die erst durch künstliche Aromen genießbar werden. Es ist schon pervers: Fürs Auto tun wir alles, es kriegt das Beste, 98 Oktan in den Tank, aber die Menschen wollen mit fünf Oktan durchs Leben kommen!

Was haben Sie denn dagegen – den Leuten schmeckt's!

Ja? Ich könnte jetzt mit der Gesundheit argumentieren: Vor dem Mauerfall gab es in der DDR kaum Allergien, jetzt haben sie die im Osten genau wie wir. An den Umweltgiften, den Abgasen kann das nicht liegen: Die Trabbis haben mehr Gift rausgeschleudert als unsere Autos. Es hängt wohl schon mit der Aromaindustrie zusammen. Fast alle Lebensmittel sind industriell behandelt.

Die Bundesbürger verdauen jährlich 15 Millionen Tonnen künstlicher Lebensmittel.

Ich weiß nicht, ob die Leute immer wissen, was sie da in sich hineinessen. Aus deutschen Tüten frisch auf den Tisch. Vielleicht würde es ihnen ja hochkommen, wenn sie wüssten, was sie runterschlucken. Aus Sägespänen wird Erdbeeraroma oder Vanillegeschmack. Ein Brühwürfel ist ein chemisches Wunderwerk, am perfekten Geschmack wird rumgetüftelt wie an einem Porschemotor: Es ist Weizenkleber, der mit Leichtbenzin ausgelaugt, mit Salzsäure versetzt, mit Natronlauge neutralisiert, mit Aromen angereichert wird. Und da wundern wir uns, wenn wir die Krätze kriegen! Aber das Zeug hat Power ohne Ende: Eine Hühnersuppe mit vier Gramm Trockenhuhn reicht für vier Personen und hat eine Geschmacksintensität, wie sie die Natur nicht liefert.

Der Kunde, heißt es bei Dragoco, einer der größten Aromafirmen Europas, verlange eine immer stärkere Dosis. Ihr Aromachef Axel Graefe begründet das mit »der Spaßgeneration«. Da müsse »der Geschmack im Mund explodieren«.

Ja, diese Erfahrung habe ich auch bei meinen jungen Köchen gemacht. Neulich haben wir ein Rosensorbet serviert. Für zehn Liter Sorbet braucht man einen winzigen Hauch von einem Tropfen Rosenöl. Und was geben die rein? Einen Riesentropfen auf zwei Liter! Die fanden diesen olfaktorischen Overkill wunderbar, für die Gäste wäre das ein Ganzkörperinnendeodorant.

Wann, meinen Sie, ging der gute Geschmack verloren?

In den frühen Sechzigern. Seitdem, ganz schleichend, ist unsere Geschmackssensibilität ziemlich grob geworden. Eine der großen Initialzündungen, der erste fundamentale Anschlag auf den Geschmacksraum Mund, war wohl das Wienerwald-Hähnchen: Da schmierten die so eine deftige Paprikamischung drauf, damit man den Fischgeschmack des Huhns nicht merkte – die Hähnchen wurden ja mit Fischmehl in vier Wochen turbogemästet. Dann kamen die Gewürzsoßen auf, mit den China-Restaurants gewöhnte man sich an die Geschmacksbombe Glutamat. Aber schon viel früher hatte Maggi für den Industriegeschmack im Gaumen gesorgt.

»Das wissen selbst die Kinderlein«, dichtete um 1900 Frank Wedekind, »mit Würze wird die Suppe fein, drum holt das Gretchen munter, die Maggi-Flasche runter!«

Diese Sprüche waren schon gut. »Vater, mein Vater!«, hat der Poet auch noch gedichtet. »Ich werde nicht Soldat, dieweil man bei der Infanterie nicht Maggi-Suppen hat. Söhnchen, mein Söhnchen! Kommst du erst zu den Truppen, so isst man dort auch längst nur Fleischkonservensuppen!«

Heute rufen die Chemiker 25 000 Aromen per Computer ab und sind sehr stolz: Wir können, sagen sie, die Natur optimieren.

Ja, sie übertreffen die Natur: Ich habe mit Kindern gekocht. Die empfinden das Natürliche inzwischen als mickrig. Die Dosenananas finden sie lecker, die frische Frucht lehnen sie ab.

So ist es doch selbst auf den Südseeinseln, dem Paradies der schmackhaften Früchte, der Mangos und Papayas, der Kokosnüsse. Das beliebteste Essen dort ist Maggis »Zwei-Minuten-Nudel«, gefolgt von Schokoriegeln und Cola.

Das hat auch etwas mit kultureller Hegemonie zu tun: Die Tütensuppe steht für Moderne, für den Westen, für den Fortschritt. Wir reden ja immer ganz verzückt von der Küche unserer Eltern oder Großeltern.

Aber meine Mutter war absolut happy, als es Nescafé zu kaufen gab. Das war der absolute Knaller nach dem Krieg. Und irgendwie wurde das als die Befreiung der Frau verstanden, als das Moderne.

Man musste nicht mehr den Kaffee mahlen, gewann Zeit – ist doch klasse!

Ach, Zeit! So viel Freizeit, wie wir heute haben, gab es noch nie! Was macht denn der Bürger mit seiner freien Zeit? Drei Stunden schaut er täglich fern, was könnte er in dieser Zeit alles anfangen?

Zwiebeln schneiden, Spätzle schaben …

Ja, zum Beispiel, und er würde daraus Lebensfreude ziehen. Aber auch die Architekten sind schuld, dass die Kultur des Genießens auf der Strecke blieb. Die Frankfurter Küche …

Das waren diese Einzelzellen, in denen man die Hausfrau wegsperrt …

… hat eine traditionelle Lebensweise zertrümmert, ein Riesenunglück, diese plumpsklogroßen Einbauküchen, wo kein Mensch drin werkeln konnte. Aber die heilige Lehre war: Das Wohnzimmer muss groß sein – mit Platz für die Couch, den Fernseher, der bei uns ja die Funktion des vergoldeten Buddhas in Asien innehat.

Jetzt baut man ja wieder größere Küchen.

Gott sei Dank. Denn wie ist es bei den guten Partys? Alle drängeln sich in der Küche. Sie ist Hort der Gemeinschaft, der Wärme. Da muss man gar nicht groß aufkochen. Es reichen, sagen wir mal, Pellkartoffeln mit Quark und ein Kasten Bier. Da sitzen Sie dann mit Freunden, und das kann ein Festtag sein. Aber in dem Moment, wo eine Nudeltüte auf den Tisch kommt, ist die Stimmung im Arsch.

Das mag ja sein, doch 60 Prozent der Bundesbürger wissen nicht mehr, wie man einen Braten zubereitet.

Soll ich jetzt vor Trauer heulen? Ich kann es doch auch andersherum sehen: 40 Prozent wissen, wie man kocht. Und zappen Sie doch mal durchs Fernsehen: Da wird ständig gerührt, gekocht, auf allen Kanälen wird abgeschmeckt. Die Leute haben Lust auf gutes Essen, sie wollen wissen, wie's geht!

Anders sieht das der Restaurantkritiker Wolfram Siebeck. Er fürchtet, dass Mutters Rezepte bald aussterben.

Natürlich. Tradition geht verloren. Meine jungen Köche wissen nicht, wie man einen Braten zubereitet. Wir haben das neulich gemacht, und die haben echt gestaunt.

Die dachten, man legt das Fleisch einfach in den Ofen?

So ungefähr. Dass man das ganz langsam im Topf schmort, immer wieder mit Wein ablöscht – das hat sie schon verwundert. Aber so ein Essen kommt bei meinen Gästen gut an. Heute kriegen Sie ja in jedem besseren Gasthaus einen rosa gebratenen Lammrücken. Die weltweite Diktatur des Kurzgebratenen! Aber wenn ich eine geschmorte Lammhaxe oder einen traditionellen Schweinebraten serviere, Innereien, dann sind die Leute ganz verzückt!

Genau diese Köstlichkeiten verschwinden wegen der BSE-Krise von den Speisekarten: Ochsenschwanz, Kalbsbries, Lüngerl …

All diese urwüchsigen Speisen waren ja schon vor BSE nicht mehr so beliebt. Wir erleben eine Entleibung der Gerichte.

Entleibung? Sie sprechen in Rätseln.

Nein, die Menschen wissen immer weniger, wie die Natur funktioniert. Erstarrung greift um sich. Das Kotelett liegt eingeschweißt im Supermarkt, aseptisch, quadratisch, praktisch. Nichts soll an das Tier erinnern, das für unser Essen geschlachtet wurde und vielleicht auch gelitten hat. In der Spitzenküche herrscht heute die Philosophie, das Natürliche zu verstecken: Alles wird kunstvoll in Teig eingewickelt. Gegen diese Haltung koche ich an: Bei mir gibt es kein Geflügel, aus dem nicht irgendwo ein Knochen rausragt. Die Leute sollen merken, hier war mal ein Huhn, ein lebendiges Tier. Ich versuche in meinen Fernsehsendungen …

… etwa in der ARD-Sendung »Buffet« …

… den Leuten wieder einfachste Geschmackserlebnisse beizubringen, sie von den Tüten wegzubringen, ihnen zu zeigen, dass man ein Rösti genauso schnell zubereiten kann, wie man eine Tüte aufkriegt.

Sie sind die Mutter Teresa des Kochlöffels.

Blödsinn! Ich bin auch kein Ernährungs-Stalinist, der sagt, alle Leute müssen gut essen. Aber auf meine TV-Sendung kriegen wir Tausende von Zuschriften: Da ist eine Riesensehnsucht, etwas Gescheites in den Magen zu kriegen.

Glauben Sie wirklich? In Umfragen votiert der Bürger regelmäßig für Biokost, aber in Wirklichkeit entscheidet er sich für konventionelle Produkte und für Fast Food.

Weil die Sachen billiger sind. Geld. Geld. Fleisch im Supermarkt zu kaufen ist idiotisch. Aber man kauft nicht dort, wo es gut ist, sondern wo man gut parken kann!

Sie sind ja richtig wütend.

Manchmal möchte ich die Leute rütteln und schütteln und schlagen: Vergesst das Plastik, greift zum Echten! Wenn der Verbraucher sagt, ich esse keine Batterie-Eier mehr, dann ist es ganz schnell vorbei mit der Viecherquälerei. Wenn der Verbraucher, mein Gott ... die Leute lassen sich gerne manipulieren.

Fünf Milliarden Mark steckt die Nahrungsindustrie in die Werbung.

Dieser Angriff auf unsere Geschmackswelt ist perfekt inszeniert, die Verführung funktioniert auch bei mir. Beim Anblick einer Tiefkühlpizza läuft mir das Wasser im Mund zusammen. Du bist so hin und weg vom schönen Schein, dass du vergisst, dass das Ding, das du aus deiner Mikrowelle herausziehst, verdammt anders aussieht als auf dem Foto. Manchmal möchte ich randalieren. Zahlt halt diese 30 Pfennig mehr, verdammt noch mal, für das Bio-Ei! Fleisch ist viel zu billig! Es müsste zwei-, dreimal so teuer sein! Teurer als Schuhe!

Wie bitte? Es soll sein wie früher? Gutes Essen nur für die Betuchten?

Ach was. Unsere Eltern gaben doch noch gut 50 Prozent für Nahrungsmittel aus, heute sind es gerade noch zwölf Prozent. Es ist doch Irrsinn, dass ein Hähnchen billiger ist als eine halbe Stunde Parken.

Vor 40 Jahren gab es nur sonntags Fleisch.

Und da müssen wir wieder hinkommen! Weniger ist mehr und vor allem besser. Auf den Sonntagsbraten freute man sich die ganze Woche. Glauben Sie mir: Wir haben viel verloren, weil wir uns fast alles rund um die Uhr leisten können. Die Kultur der Vorfreude ist verschwunden.

Wir brauchen das tägliche Brot, nicht aber das tägliche Schnitzel.

Genau! Es muss eine Stimmung her, die akzeptiert, dass man sich nur noch hie und da ein Stück Fleisch gönnt – und dass man dafür auch ordentlich in die Tasche greifen muss. Ein Hummer schmeckt großartig. Aber dreimal in der Woche Hummer wäre einfach grausig. Der Irrsinn, jeden Tag Fleisch essen zu wollen, hat doch erst zum Rinderwahn geführt.

Trotz MKS und BSE, die Sucht nach Fleisch bleibt: Gourmet-Magazine testen nun exotisches Getier, der »Feinschmecker« etwa Rentier, Känguru oder Krokodil und stellt fest: Kängurufleisch hüpft geschmacklich dem Krokodil davon.

Und der »Stern« druckt Rentier-Rezepte!

Warum auch nicht?

Ist doch idiotisch, weil es eben an dem Unsinn festhält, dass jeden Tag Fleisch im Topf zu sein hat. Die Deutschen schwärmen doch so von der italienischen Küche. Die geht äußerst sparsam mit Fleisch um, es ist eine Küche der Gemüsekultur. Die Leute essen Spinattortellini, Nudeln al Pesto, man merkt gar nicht, dass das Fleisch fehlt! Erst am Schluss des Festtagsmenüs, irgendwann, kommt dann noch ein Fitzelchen Fleisch daher.

Ihr Kollege Matthias Buchholz propagiert Fleisch aus Nordamerika und Argentinien.

Da bin ich dagegen. Dass dieses Fleisch um den halben Globus geschippert wird, ist wahnsinnig. Argentinisches Fleisch rühre ich nicht an. Eingeschweißt in Plastik, säuert es in den Schiffsbäuchen vor sich hin. Beim Auspacken spürt man diesen sauren Unterton – Mundgeruch in Rindfleischform. Nein, danke.

Wie wäre es mit den saftigen Steaks aus Nordamerika?

Ja, die sind wunderbar. Das beste Fleisch, so herrlich zart – da geht auch der schwächste Zahn rein. Es ist jedoch so mit Hormonen vollgepumpt, dass einem ein Busen wächst, wenn man nicht aufpasst.

Es lebe der Vegetarismus!

Nein. Natürlich verstehe ich, dass man nach den Skandalen, den fürchterlichen Bildern, den brennenden Rindern, sagt: Ich esse kein Fleisch mehr. Aber dennoch: Vegetarier sind für mich Ideologen. Das Fleischessen gehört zum Menschen: Wir sind vom Gedärm her nun mal nicht wie eine Kuh gebaut, die sich nur von Grünzeug ernährt. Die Lehren aus der BSE-Krise sind für mich: Ich unterstütze jene, die artgerecht gutes Fleisch produzieren.

Würde man auf artgerechte Haltung umstellen, müsste man, haben Wissenschaftler berechnet, ein Zehntel der Fläche des Landes nur für Schweine reservieren.

Auch deshalb: Verzicht!

Doch das Fleisch lockt so, dass sich Genusssüchtige Merkwürdiges antun. Wolfram Siebeck hat Rattenfleisch getestet: Köstlich wie »ein Ragout von Wildkaninchen« habe das gemundet.

Siebeck ist ein guter Mann. Seine Geschmackspapillen sind ordentlich durchtrainiert, er weiß im Normalfall, was schmeckt. Und ich als Koch weiß, dass es an tierischen Bestandteilen überhaupt nichts gibt, was einen ekelerregenden Geschmack hätte – außer der Galle. Wir Menschen sind ja, rein wissenschaftlich betrachtet, Allesfresser, wir können alles essen, selbst die Haare.

Aber Ratten, igitt!

Ratten sind in über 40 Ländern eine Delikatesse. Die Chinesen mästen ihre Ess-Ratten mit guten Produkten. Geschmack ist immer auch kultureller Geschmack, Essen ist immer auch ein Stück kultureller Identität. Deshalb bin ich auch gegen die totale Vermischung der Esskulturen. Ich setze auf das Regionale.

Aber auf die Dauer ist das doch langweilig.

Wieso denn? Ich könnte jetzt hier in den kleinen Garten hinausgehen und mir den besten Salat zusammenstellen: Da gibt es Schnittlauch, Löwenzahn, Spitzwegerich. Unsere Natur hier ist so vielfältig. Ich brauche nicht den Apfel aus Argentinien, die Bohne aus Kenia, den Wein aus Chile.

Vielleicht hat ja der Philosoph Kant recht. Es würde zu viel Lärm ums Essen gemacht. Letztlich sei das nur eine lästige, lebensnotwendige Tätigkeit, »um die wurmförmige Bewegung der Gedärme zu erhalten«.

Schauen Sie doch mal den Kant an, wie der ausgesehen hat! Dieses verkniffene Gesicht, dieser verhärmte Ausdruck. Da weiß ich sofort, der Mann kam nie mit Genuss und Frauen zurecht. Sein Lebenswerk in Ehren, aber für mich ist der kein Vorbild. Der Mensch braucht überflüssige Dinge, das unterscheidet ihn vom Tier.

Die Kultur, hat Oscar Wilde gesagt, hängt von der Kochkunst ab.

So sehe ich das auch: Der Mensch, der die Idee hatte, die Rehkeule überm Feuer zu braten, hat für die Menschheit mehr erreicht als Einstein mit seiner Relativitätstheorie! Und jetzt mache ich Ihnen einen Kartoffelsalat, dann verstehen Sie vielleicht, was ich meine!

Vincent Klink, 1949 in Gießen geboren und in Schwäbisch Gmünd aufgewachsen, verbrachte seine Schulzeit im Internat. Das schlechte Essen der Mönche trieb ihn an den Kochtopf, seinen ersten Michelin-Stern bekam er 1978. Seit knapp 20 Jahren ist Klink Chef der Stuttgarter »Wielandshöhe«, ein Rebell am Kochlöffel, der Wert auf Öko- und regionale Produkte legt, sich nicht um den Schnickschnack der Haute Cuisine kümmert. Gemeinsam mit dem Schriftsteller und Satiriker Wiglaf Droste gibt der Fernsehkoch (ARD-Buffet) die Zeitschrift »Häuptling eigener Herd« heraus, spielt Querflöte und singt auch in Drostes Band. Und noch etwas: Klink, der eine große klassische Bibliothek besitzt, ließ 1988 bei Franz Greno (Andere Bibliothek) einen kostspieligen Rimbaud-Gedichtband im Bleisatz und auf Blütenpapier anfertigen.

MICHAEL ROGOWSKI

»Erst bist du frei, plötzlich bist du Knecht«

(2003)

Seine Villa liegt mittten auf dem riesigen Fabrikgelände, so wie das im 19. Jahrhundert bei Firmenpatriarchen üblich war. Als ich im Frühsommer 2003 Michael Rogowski in Heidenheim bei der Firma Voith besuche, ist er einer der mächtigsten Männer im Land: Chef des Bundesverbandes der Deutschen Industrie (BDI). Vor ein paar Jahren haderte der Boss der Bosse noch mit dem Kanzler, jetzt ist er mit Gerhard Schröder äußerst zufrieden – weil der vollstreckt, was er verlangt: soziale Einschnitte. Aber Rogowski will noch mehr, denn, so ruft er: »Es geht um unser Vaterland!«

Herzlichen Glückwunsch, Herr Rogowski, für Sie als Boss der Bosse, als Deutschlands ideellen Gesamtkapitalisten laufen die Dinge wunderbar.

Meinen Sie? Ach, es gibt noch so viel zu tun! Wir sind Meister in der Arbeitslosigkeit, und die große Politik redet und redet und …

Spurt doch ganz in Ihrem Sinne. Bundeskanzler Schröder, Wirtschaftsminister Wolfgang Clement und die Grüne Christine Scheel handeln, als ob sie bei Ihnen im Umerziehungslager gewesen wären!

Nein! Nein! So ist es nicht.

Sie lachen, weil Sie wissen: Das stimmt.

Es fehlt schon noch einiges zu meinem Wunschprogramm. Aber mit Clement kann ich besonders gut. Wir liegen auf der gleichen Wellenlänge. Er ist ein sympathischer Macher, er tickt wie ich. Mit Schröder hatte ich ja zunächst meine Schwierigkeiten.

Er hat kein Format, sagten Sie vor einiger Zeit.

Ja, am Anfang der Regierung Schröder liefen die meisten Reformen in die falsche Richtung, dagegen musste ich mich wehren.

Doch seit dem 14. März, als er die Agenda 2010 verkündet hat, ist auch er Ihr Mann.

Er muss an der Regierung bleiben, er muss diese Agenda 2010 umsetzen, ohne Abstriche, eins zu eins – und oben noch was drauf, durch die Opposition.

Die Renten gekürzt, die Arbeitslosenhilfe auf Sozialhilfeniveau gedrückt, den Kündigungsschutz durchlöchert, das Krankengeld privatisiert, die Unternehmenssteuern gesenkt – es muss Sie doch ungemein freuen, dass Schröder mit Fischer 2006 nochmals zur Wahl antreten will.

Ich schließe nicht aus, dass ich ihn wähle, ich bin da nicht festgelegt. Die Union gibt im Moment ja nicht das her, was ich mir wünsche – sie hat keine eigenen Konzepte, keine Visionen. Sie ist zerrissen durch Mitregieren und Opponieren. Unter Rot-Grün, das muss ich sagen, passiert, was ich vor ein paar Jahren nicht für möglich gehalten hätte: Endlich stimmt wenigstens die Richtung in diesem Land!

Man nimmt den Armen, gibt den Reichen?

Das ist doch billige Polemik, Herr Luik! So einfach ist es nicht. Wir müssen noch mehr Gas geben, wir brauchen einen Systemwechsel – auch in den Köpfen. Und dabei ist es doch völlig irrelevant, ob ein paar noch reicher werden, als sie es heute schon sind. Schon George Washington hat gesagt, du hilfst den Armen nicht, indem du den Reichen etwas nimmst.

Klar, dass der Großgrundbesitzer das sagt.

Es geht mir nicht darum, dass die sozialen Unterschiede größer werden, nein! Man muss doch einfach mal sehen, wie es um Deutschland steht! Wir können doch nicht so weitermachen! Wir können nicht immer kleinere Kuchen backen und immer größere Stücke verteilen. In Deutschland wird einfach zu viel Geld durch die staatlichen Mühlen gedreht. Der Staat hat seine Hand auf 50 Prozent von jedem Euro. Da sind wir fast beim Sozialismus.

Herr Rogowski, das ist doch Unsinn.

Nein. Wir müssen diese Fesseln sprengen, der Staat muss zurückgedrängt werden. Das ist eine Überlebensfrage.

Sie hören sich an, als ob Sie in einem fürchterlichen Gefängnis darben.

So ist es auch.

Find ich nicht.

Doch. Deutschland liegt da wie der Riese Gulliver: von unzähligen Fäden umwoben, unfähig, sich zu bewegen, unfähig voranzuschreiten.

Sie sind ein Apokalyptiker.

Nein. Das sind die Fakten.

Fakt ist auch, dass Deutschland trotz dieser schrecklichen Fesseln Exportweltmeister ist. 127 Milliarden Euro Handelsüberschuss vergangenes Jahr, pro Kopf führt Deutschland doppelt so viel aus wie Japan.

Und wissen Sie, wem wir das verdanken? Den Unternehmern, den Mitarbeitern. Wir sind gut, wir haben technisch was zu bieten, wir bieten Qualität, wir halten die Termine ein. Aber wir sind dennoch Weltmeister in der Arbeitslosigkeit. Wir sind Weltmeister im Minus-Wachstum. Wenn wir nicht aufpassen, dann ...

Als einen »von Angst getriebenen Prediger« hat Sie unlängst die britische Zeitung »Financial Times« beschrieben.

Angst? Nein, ganz im Gegenteil, ich predige doch Optimismus. Ich sage: Deutschland, wir können es schaffen! Deutschland, bis zum Jahr 2010 kannst du wieder ganz oben auf dem Treppchen stehen!

Warum sind Sie eigentlich BDI-Chef geworden?

Ich habe den Job zuerst abgelehnt Ich bin Verbänden gegenüber eher kritisch, schon als Student war ich nie in Verbindungen oder Vereinen. Aber dann ist es Verantwortung, die einen treibt, und erst bist du noch frei, plötzlich bist du Knecht.

Und dann lesen Sie im »Manager Magazin« ...

Das sind meine ganz speziellen Freunde!

... so etwas: »Rogowski gilt als blass.«

Das ärgert mich.

»Vor Publikum redet er hölzern und ohne jeden Esprit.«

Leute, die mich kennen, empfinden mich garantiert nicht als hölzern. Ich fühle mich in diesen Charakterisierungen nicht getroffen, aber betroffen. Ich bin ja ein Mensch. In meinem Amt braucht man wohl einen gewissen Masochismus.

Und warum tun Sie sich das an?

Nochmals: das Gefühl von Verantwortung. Etwas pathetisch ausgedrückt: Es geht um unser Vaterland. Wir müssen die Wirtschaft voranbringen. Wenn man etwas bewirken will, und ich will das, muss man sich engagieren.

Das Leben ist Kampf.

Ja, auch wenn es unpopulär klingt: Es macht doch Spaß zu kämpfen, zu rennen! Und Kämpfen heißt ganz konkret: den Staat zurückdrängen.

Was stört Sie denn so am Staat?

So wie das zwischen den Ländern, Kommunen und Berlin läuft, funktioniert es doch nicht mehr. Wir sind kaum mehr handlungsfähig. Wir haben zu viele Wahlen. Im nächsten Jahr sind es mindestens vierzehn Stück. Wir müssen das bündeln, denn wenn Wahlen anstehen, passiert politisch nichts, haben wir Stillstand. Der Föderalismus lahmt. Er ist teuer und vor allem handlungsunfähig.

Sie wollen weniger Bundesländer.

Ja, sicher. Die neuen, östlichen Bundesländer sollte man zu einem oder zwei Ländern zusammenfassen. Acht Bundesländer genügen vollauf. Das Saarland braucht kein Bundesland zu sein, das kann zu Rheinland-Pfalz, Bremen soll mit Niedersachsen zusammen, Hamburg mit Schleswig-Holstein und Berlin …

Sie haben nichts dagegen, wenn ich Sie einen Radikalen nenne?

Ich sehe mich nicht so. Ich will einen Staat, der nicht nur in Zuckelschritten vor sich hin wackelt.

Ulrich Huber, der hier in Ihrer Firma Voith 30 Jahre lang als Betriebsrat Ihr Gegenspieler war …

… und Kommunist ist. Ich habe immer versucht, ihn zu überzeugen, dass der Kommunismus der Untergang ist, aber es hat nicht geklappt!

… meint, dass Sie nicht auf dem Boden des Grundgesetzes stehen, dass Sie einen Unternehmensstaat der alten Prägung haben möchten: straff und autoritär.

Ach was, Unsinn. Wahr ist: Ich will einen Staat, in dem klar entschieden wird und in dem die mündigen Bürger ihr Schicksal selbst in die Hand nehmen.

Kann es sein, dass Sie als Millionär anders leben und denken als der normale Bürger?

Ich lebe nicht protzig, ich lebe nicht abgehoben. Mein Auto ist sieben Jahre alt, es ist keine Staatskarosse. Und ich kriege die soziale Wirklichkeit sehr wohl mit, ich lebe ja nicht im Wolkenkuckucksheim.

Eine gerade vorgestellte Untersuchung der Zeitungsverlage Springer und Bauer ergab: Fast jeder zweite Haushalt hat unter 100 Euro monatlich zur freien Verfügung, also gerade mal 3 Euro 33 pro Tag.

Ich kenne diese Zahlen noch nicht, aber da ist sicherlich alles abgezogen – Essen, Miete, Wohnung und so weiter.

Ja, aber mit Verlaub, wie sollen sich diese Bürger noch – wie es Sie und die Agenda 2010 wollen – privat versichern gegen Alter, Krankheit, Arbeitslosigkeit?

Deswegen müssen wir doch die Beiträge senken, müssen die Steuern runter! Wir brauchen eine Steuerquote, die in der Spitze bei 30 Prozent endet und bei 15 Prozent beginnt! Die Differenz zwischen Brutto und Netto ist viel zu groß.

Noch eine Zahl: Jedes dritte Kind in Berlin lebt in Armut.

Und genau deswegen müssen wir jetzt das Ruder rumwerfen, sonst wird in zwei Jahren alles noch schlimmer aussehen. Wenn wir in den letzten zehn Jahren so gewachsen wären wie die USA, dann wäre jeder Deutsche im Schnitt um zehn Prozent reicher.

Wie bitte? Die USA haben im vergangenen Jahr ein Handelsdefizit von 476 Milliarden Dollar erwirtschaftet. In Amerika leben – und das sind die offiziellen Zahlen – 40 Millionen Menschen in Armut, knapp 90 Millionen können kaum lesen. Da kann man ja wohl schlecht sagen: Der Markt macht's! Der Markt regelt's!

Ich möchte Amerika ja nicht kopieren, aber die amerikanische Wirtschaft ist im letzten Jahrzehnt im Schnitt um eineinhalb Prozent stärker gewachsen als die deutsche. Wir haben Wohlstand verschenkt und …

… 40 Millionen Amerikaner haben keine Krankenversicherung.

Solche Verhältnisse möchte ich nicht. Bei uns haben zwar alle eine Krankenversicherung, aber wir können sie nicht mehr bezahlen! Der Staat macht jedes Jahr mehr Schulden und mehr Schulden. Ich meine, ein bisschen mehr Amerika würde uns nicht schaden. Mehr Freiheit heißt ja nicht, dass wir Sozialraub machen wollen.

»Alles, was Regierungen tun, kann in zwei Kategorien aufgeteilt werden – in Aufgaben, die man ihnen heute schon wegnehmen kann, und in Aufgaben, von denen wir hoffen, sie ihnen morgen wegnehmen zu können.« Gefällt Ihnen dieser Satz?

Das ist mir zu radikal.

Er ist von David Friedman, der …

... ein extremer Marktwirtschaftler ist. Ich bin dem Sozialstaat verpflichtet. Aber wir brauchen einen schlanken, tatkräftigen Staat, der sich auf seine originären Aufgaben konzentriert: Verteidigung, Polizei, Rechtsprechung, gewisse Leitlinien. Und sonst nichts. Auf keinen Fall darf dieser Staat mehr als Unternehmer auftreten. Alle Staatsbetriebe, alle staatlichen Beteiligungen müssen konsequent privatisiert werden – um mindestens 50 Prozent in den nächsten drei Jahren.

Und wenn alles privatisiert ist, dann wird alles gut?

Ja, privatwirtschaftliche Konkurrenz ist besser für die Menschen als staatliche Monopole.

Glauben Sie das wirklich? In Ihrer so bejubelten Privatwirtschaft gibt es jedes Jahr mehr als 40 000 Konkurse.

Ja, begreifen Sie doch endlich! Weil die Rahmenbedingungen noch nicht stimmen. Wir sind viel zu reglementiert. Warum brauche ich in Deutschland drei Monate, um einen Betrieb zu gründen? Und in England ist das in drei Tagen möglich? Warum sind die Umsatzrenditen bei uns zwischen null und zwei Prozent? Und im Ausland viel höher?

Ihr Kollege Manfred Schneider, der ehemalige Chef des Bayer-Konzerns, glaubt zu wissen, warum: »Man muss sich ernsthaft die Frage stellen, ob wir nicht den sozialen Standard spürbar reduzieren sollen? Warum reichen nicht 25 Urlaubstage statt der bisherigen 30?«

Ich hätte da auch nichts dagegen. Ist es denn Schindluder, wenn ich sage: 30 Urlaubstage sind verdammt viel. 14, 15 Feiertage sind verdammt viel. 35 Stunden Arbeit in der Woche sind verdammt wenig. Das sind alles, ich muss es so sagen, volkswirtschaftliche Wertschöpfungspotenziale, die wir nicht ausnützen.

Im Klartext: Die Feiertage müssen weg.

Ja, aber nicht alle! Ostern, Weihnachten, auch Pfingsten wollen wir nicht aufgeben.

Aber Himmelfahrt muss weg!

Ja, wir wollen ja nicht in den Himmel fahren. Wir wollen auf Erden bleiben und hier möglichst viel erreichen. Es gibt noch genügend andere Feiertage, aber die müssen wir aufs Wochenende legen, dass man keine sogenannten Brücken mehr bauen kann. Wir müssen Deutschland fit machen für mehr Wachstum.

Und das geht so, meinen Sie: mehr Arbeit, weniger Lohn, weniger Sozialhilfe?

Ja, die Sozialhilfe ist zu hoch. Wenn einer nicht arbeitet, obwohl er arbeitsfähig ist, dem muss man die Sozialhilfe drastisch kürzen. Wer das erste Angebot nicht annimmt, bekommt 50 Prozent weniger, wer das zweite ablehnt, kriegt gar nichts mehr.

Sie haben eine alttestamentarische Härte.

Das mag sein, aber wir müssen jetzt die Arbeit, nicht mehr die Arbeitslosigkeit fördern. Und dazu brauchen wir vor allem auch eine Arbeitszeitverlängerung: eine längere Grundarbeitszeit, eine längere Lebensarbeitszeit, eine längere Jahresarbeitszeit, eine längere Wochenarbeitszeit – 40 Stunden ohne vollen Lohnausgleich, und die können je nach Auftragslage nach oben oder unten schwanken.

Warum, Herr Rogowski, soll denn Mehrarbeit Arbeitsplätze schaffen? Die Post will nun ihre Briefträger länger arbeiten lassen, um damit »gezielt Stellen einzusparen«.

Haben Sie schon mal einen erlebt, der weniger arbeitet und damit reicher wird? Wir müssen einfach wettbewerbsfähiger werden. Es hilft kein Drumherumreden: Die Arbeit muss billiger werden. Wir müssen einen effektiven Niedriglohnsektor einführen, einen lockeren Kündigungsschutz praktizieren und später in Rente gehen. Wir brauchen möglichst viele Anreize, damit Unternehmer Arbeitsplätze schaffen und Menschen einstellen.

Das Dumme mit den Menschen ist nur, wie es ein Mannesmann-Manager mal formuliert hat: »Menschen? Das sind Kosten auf zwei Beinen.«

Das ist nicht mein Bild vom Menschen.

Und doch hören Sie sich so an – wie ein kalter Agent des Kapitals.

Nein. Ich bin ein heißer Vertreter einer durchaus sozial geprägten Marktwirtschaft. Aber der Schwanz darf nicht mit dem Hund wedeln. So ist nun mal das Leben: Nur was ökonomisch richtig funktioniert, kann auch sozial sein.

Und deshalb nerven die Gewerkschaften Sie?

Die nerven mich nicht – solange sie nicht Betonköpfe sind.

So wie der neue IG-Metall-Chef Jürgen Peters?

Bisher war er ein Betonkopf, das stimmt. Aber ich will nicht ungerecht sein. Vielleicht ändert er sich ja. Die IG Metall war eine Plage, und ver.di ist noch eine Plage für unser Land. Die IG Chemie mit Herrn Schmoldt und seinen Gewerkschaftern ist keine Plage.

Weil die brav alles abnicken, was Wirtschaft und Politik vorgeben.

Die nicken nichts freudig ab. Aber sie sind zum Co-Management bereit, und das ist, was wir brauchen.

Der Präsident des Deutschen Industrie- und Handelskammertages, Ludwig Georg Braun, hat gerade gesagt, die Arbeitslosigkeit sei auch so hoch wegen des Streikrechts.

Er hat Recht. Zwischen den zwei Tarifparteien besteht keine Waffengleichheit. Wir können einem Streik nicht wirklich widerstehen.

Wie bitte? Sie haben der IG Metall gerade doch eine heftige Niederlage beigebracht.

Die IG Metall hat sich selber vorgeführt. Und dass sie endlich mal eins auf den Hut gekriegt haben, ist hoffentlich heilsam. Der Streik gehört in die Mottenkiste des vorletzten Jahrhunderts. Streik und Aussperrung gehören abgeschafft.

Was stört Sie sonst noch?

Das Tarifrecht ist auch so ein unsinniges Monopol. Ich will den Flächentarifvertrag nicht abschaffen, aber ich möchte, dass auch betriebliche Bündnisse Lohn- und Arbeitszeitfragen regeln.

Die Mitbestimmung mögen Sie sicherlich auch nicht.

Die gehört radikal reformiert. Sie ist ein Monstrum. Ein Gewerkschafter gehört nicht in den Aufsichtsrat eines Unternehmens, der hat da gar nichts verloren. Warum müssen die da drin sein? Die paritätische Mitbestimmung ist kontraproduktiv. Da sitzen sich die Arbeitnehmer und die Arbeitgeber gegenüber, und jeder kaspert im eigenen Zirkel vorab alles ab. Es ist dann nur noch ein Schauspiel, das aufgeführt wird und unnötig viel Zeit kostet. Ich würde als Aufsichtsratsvorsitzender doch vor den Arbeitnehmern nicht den Vorstand in die Mangel nehmen! Und es ist doch auch nicht die Sache von Arbeitnehmervertretern, über die Gehälter des Vorstands mitzubestimmen!

Sie sind, schrieb der »Spiegel« unlängst, eher ein »Querkopf« als ein »Querdenker«.

So sehe ich mich nicht. Ich kann impulsiv sein, ich bin zäh und beharrlich.

Für einen Waldorfschüler, der eher für das Sanfte und Schöngeistige empfänglich ist, haben Sie einen ziemlichen Weg zurückgelegt.

Stricken, häkeln, nähen, mich eurythmisch bewegen – das habe ich nicht gern gemacht.

Das kann ich mir bei Ihnen auch schlecht vorstellen.

Ja, ich habe da häufig rebelliert, musste oft vor die Tür. Aber die Waldorfschule hat mich sicherlich zu einem kritischen, selbstverantwortlichen Bürger gemacht.

Wie wurden Sie erzogen?

Meine Eltern waren sehr religiös. Sie hatten unverrückbare Maßstäbe, sie wussten, was gut und falsch ist. Das gaben sie mir mit, klare ethische Grundsätze. Sonntags war für mich immer furchtbar. Nach der Kirche musste ich mit meinem Vater, er war Ingenieur, aber an Geistesfragen interessiert, über Gott und die Welt, vor allem über Politik diskutieren. Er wollte Recht behalten, ich wollte Recht kriegen – es gab oft Krach. Ich war jung, und er kam mir so schrecklich streng vor.

Eben so, wie Sie heute sind.

Ich habe mich nie als streng gesehen, empfinde mich auch nicht so.

Und seit 41 Jahren sind Sie mit derselben Frau verheiratet.

Sie war zwölf, und ich war sechzehn, als ich sie kennenlernte. Ich stand beim Bäcker, sie kam mit ihrem Vater vorbei: Für mich war sie das schönste Mädchen in Stuttgart, nein, auf der ganzen Welt. Sie hat mir sofort sehr, sehr gut gefallen. Mit meinem Fahrrädle habe ich mich an sie herangepirscht, abends auf der Straße vor ihrem Haus Federball gespielt und morgens immer versucht, in derselben Straßenbahn wie sie zur Schule zu fahren. Gabriele war meine erste große Liebe, und dabei blieb es.

Sie sind mit Ihrem Leben zufrieden.

Ja, als ich zu Voith kam, arbeiteten hier 14 000 Menschen. Heute sind es 24 000 Menschen, die ihre Familien ernähren. Das macht mich schon stolz. Das Einzige, das mir leidtut: Ich hatte für meine Kinder zu wenig Zeit. Aber sie sind großartig geworden, wenn auch sehr kritisch – das vererbt sich offenbar doch.

Was für Träume hatten Sie selbst als Kind?

Ich wollte Seefahrer werden. Ich wollte auf der großen weiten Welt mit einem großen Schiff herumfahren – und ich wollte Kapitän sein.

So was Ähnliches sind Sie ja nun.

Ja, und das ist wunderbar.

Michael Rogowski, 1939 in Stuttgart geboren, war von 2001 bis 2004 Chef des Bundesverbandes der Deutschen Industrie. Viele Jahre war er Vorsitzender des Papiermaschinenherstellers Voith, den er von einem Familienunternehmen zum Global Player mit Milliardenumsatz formte. Seit über vier Jahrzehnten ist Rogowski mit Gabriele, seiner »ersten großen Liebe«, verheiratet. Das Paar hat zwei Kinder.

FRIEDHELM HENGSBACH

»Schröder will den Starken gefallen, deshalb tritt er kräftig nach unten!« (2003)

In den Fluren hängt der Duft von gekochtem Kohl, er ist in allen Räumen, schwer und muffig. Seit zwanzig Jahren lebt hier, in der Philosophisch-Theologischen Hochschule St. Georgen in Frankfurt, Friedhelm Hengsbach, der führende Vertreter der christlichen Soziallehre, in einem winzigen Zimmer, ein Bett, ein Schrank, ein kleiner Schreibtisch. Im Gemeinschaftsraum des Instituts findet unser Gespräch statt, in der Ferne ragen die Banktürme Frankfurts in die Höhe – dort residieren Hengsbachs Gegner, die Herren des Geldes. Vor ein paar Monaten, am 13. März 2003, hat Kanzler Gerhard Schröder die Agenda 2010 verkündet, und Hengsbach, frommer Christ, teufelt nun mit biblischem Zorn gegen den Abriss des Sozialstaats, ihn erzürnt, wie das Land unter der rot-grünen Regierung erkaltet: »Wir sind auf dem Weg in die Wolfsgesellschaft.«

Herr Hengsbach, Sie müssen schrecklich frustriert sein.

Wieso? Weil ich immer noch gegen den neoliberalen Strom anschwimme, nicht glaube, dass Privatisierung, Deregulierung die Heilsbotschaften sind? Weil ich mich dem herrschenden Glaubenssatz widersetze, der mit missionarischem Eifer in die Bevölkerung gehämmert wird: Wir können uns den Sozialstaat nicht mehr leisten! Er ist zu teuer!

So sieht es doch jeder, von der »FAZ« bis zur »taz«.

Das sehe ich anders, aber manchmal komme ich mir mit meiner Meinung fremd wie auf dem Mars vor. Zwischentöne sind selten geworden. Es gibt schon Momente, in denen ich zynisch werden möchte, an mir zweifle, mich frage, bin ich blöde?

Als Idiot müssen Sie sich vorkommen, Sie …

Es klingt vielleicht überheblich, wenn ich nun sage: Wer 24 Stunden eher recht hat, steht 24 Stunden lang als Idiot da. Wir leben in merkwürdigen Zeiten. Es gibt so etwas wie einen kollektiven Wahn, eine kollektive Verengung des Denkens.

Was wollen Sie damit sagen?

Es hat Hunderte von Jahren gedauert, bis die Menschheit eingesehen hat, dass nicht die Sonne sich um die Erde dreht. Bestimmte Dogmen werden uns heute als Naturgesetze verkauft, das ist wie ein kollektiver blinder Fleck. Die modernen Dogmen lauten: Der schlanke Staat ist der beste aller möglichen Staaten! Vertraut auf die Selbstheilungskräfte des Marktes!

Und was ist daran falsch?

Seit 25 Jahren läuft man diesen Verheißungen hinterher, demontiert den Sozialstaat, baut die solidarischen Sicherungen ab, nennt das wie der Christdemokrat Merz »Befreiungsschläge«, tut das alles mit dem Versprechen, danach werde es uns besser gehen, es werde mehr Arbeit geben. Doch die Zahl der Arbeitslosen ist in dieser Zeit von einer auf fünf Millionen gestiegen. Durch Sparen und noch mehr Steuersenkungen lässt sich die Karre nicht aus dem Dreck ziehen.

Dann verraten Sie uns mal den wahren Weg aus der Krise.

Der Staat muss massiv investieren – in die ökologische Umsteuerung, in die Bildung, die Arbeitszeit muss verkürzt und nicht verlängert werden, wie es heute absurderweise immer heftiger gefordert und oft schon praktiziert wird, und das sogar noch ohne Lohnerhöhung.

Ihre Rezepte, werter Professor, sind von gestern!

Sind sie deswegen falsch? Ich meine nicht. Alles, was in den letzten Jahrzehnten versucht wurde und nun immer sturer und hartnäckiger durchgesetzt wird, hat doch nichts gebracht, im Gegenteil. Deutschland, das ein Drittel der europäischen Wirtschaftskraft stellt, wird nur zu mehr Beschäftigung finden, wenn die Kaufkraft endlich gestärkt, die Binnennachfrage angekurbelt wird. Aber anstatt über eine Kurskorrektur nachzudenken, wird mit der Agenda 2010 und den Hartz-Gesetzen das Falsche noch verschärft. Es ist wie bei einem Junkie: Die Dosis wird erhöht. Der Sozialstaat wird eingerissen.

Diese Reformen, sagt Kanzler Schröder, sagt auch die Opposition, müssen so sein: Es geht nicht anders.

Das ist die Bankrotterklärung jeder Politik. Wenn es keine Alternativen mehr gibt, bin ich hilflos irgendwelchen Naturgesetzen ausgeliefert. Aber ökonomische Prozesse sind keine Naturgewalten, sondern sind immer eingebettet in gesellschaftliche Entscheidungen, politische Weichenstellungen.

Wie erklären Sie sich, dass heute, anders als vor drei, vier Jahrzehnten, alles Soziale so peinlich ist wie Hämorriden?

Diese Stimmung kommt aus der US-amerikanischen Finanzwelt. Die USA sind seit Langem das Vorbild. Als führende Wirtschaftsmacht können die USA militärisch und politisch durchsetzen, was sie wollen, weltweit. Das fasziniert die bürgerlichen Eliten, sie himmeln ihren Helden an. Die erschreckenden Schattenseiten des amerikanischen Modells ignorieren sie. Das Vorbild ist dieser Ellenbogenstarke, der seinen

Willen durchsetzt. Und hier bei uns, klagen nun die Eliten, werde der Elan des Siegers auf allen Ebenen gebremst, gebe es zu viel Parlamentarismus, zu viel Spaßgesellschaft. Wenn schon in der Schule partizipatorisch gelernt wird – angeblich hemmt das Effizienz und Wettbewerbsfähigkeit.

Anders ausgedrückt: Es tobt ein Kulturkampf um die Philosophie unseres Zusammenlebens?

Ja, sicher. Wie es um die mentale Verfasstheit unserer Eliten bestellt ist, zeigt sich auch an Erfolgsbüchern wie dem von Frau Höhler mit dem programmatischen Titel »Spielregeln für Sieger« oder Hans-Olaf Henkels »Ethik des Erfolgs«. Das Moralische, der Respekt vor anderen, wird weggedrängt zugunsten des Olympiakämpfers, des Athleten, der auf jeden Fall die Spitze erreichen muss. Und sie als die Starken, die Arbeitslosigkeit nicht kennen, weigern sich, für die am Rande der Gesellschaft mitzuzahlen. Deswegen diese systematische Entsolidarisierung.

»Mut zur Freiheit« nennt das BDI-Präsident Rogowski.

Ja, ja. Ihre Reformen verkaufen sie geschickt als Befreiung. Sie reden von Eigenverantwortung. Freiheit. Sich verwirklichen. Umbau des Sozialstaats. Das sind alles schöne Worte, die Wirtschaft und Politik benutzen. Die Sprachregelung kaschiert den Verfassungsbruch, den Abschied vom Sozialstaat.

Nochmals, auch der SPD-Kanzler Schröder sagt: Diese Reformen müssen sein.

Ja, ich habe das Gefühl, Schröder möchte den wirtschaftlichen Eliten gefallen. Er lässt sich von ihnen treiben und tritt dafür kräftig nach unten. Es ist eine wirklich bittere Ironie der Geschichte, dass ein SPD-Kanzler das Lambsdorff-Tietmeyer-Papier von 1982 …

… über das der SPD-Kanzler Helmut Schmidt gestürzt ist, weil in ihm massive soziale Einschnitte verlangt wurden …

… nun nicht nur umsetzt, sondern noch verschärft. Seine Agenda 2010 ist eine Kriegserklärung an die Opfer der Krise. Was da drinsteht, konnte man schon bei Reagan und Thatcher lesen. Dieser 14. März, an dem er die Agenda im Parlament verlesen hat, war ein schwarzer Tag für den Sozialstaat – und die Demokratie.

Herr Hengsbach, Sie übertreiben.

Tue ich das? Ich fürchte leider: nein. Haben Sie noch die Sprache des Kanzlers im Ohr? So hat noch kein Kanzler die sozial Schwachen abgebürstet, so schroff hat noch keiner die Leute gepeitscht. Schröders kalte Entschlossenheit war einmalig. Er hat im Grunde umgesetzt, was die Unternehmensberatungen Berger und McKinsey verlangen: dass Schluss ist mit dieser Debattiererei. Dass es einen Ruck geben muss! Wir brauchen eine starke Führung. Einen starken Kanzler. Und mit einer, ja, so muss ich es sagen, brutalen Sprache, die an Empfindungen der eigenen Partei und des Volkes vorbeiredet, sagte er: »Wir werden dafür sorgen, dass … Wir werden das so durchsetzen!« Eine eisenharte Ellenbogenrede.

Harte Zeiten, so heißt es, erfordern harte Maßnahmen.

Ja, für viele sind die Zeiten hart, wir haben eine schreckliche Massenarbeitslosigkeit.

Nicht nur das, klagt der bayerische Ministerpräsident Edmund Stoiber. »Wir sind die Letzten! Die Letzten!« Mit diesem Slogan hat er einen ganzen Wahlkampf bestritten.

Ja, Deutschland gilt als unbeweglich, starr, ein gefesselter Riese, es hat die rote Laterne. Auch in jener Kanzlerrede hieß es wiederholt: Deutschland muss wieder an die Spitze kommen! Das sind so die Losungen, die stereotyp wiederholt werden. Aber sie stimmen nicht, sind eine mutwillige Täuschung der Bevölkerung, die über den Tisch gezogen wird. Es wird ein düsteres Bild gemalt nach der Methode der Höllenprediger, ein Drohgemälde wird an die Wand geworfen, damit die Leute zittern und alles mit sich machen lassen. Aber wer so auf die Menschen einwirkt und Macht durch Drohgebärden ausübt, nimmt die Betroffenen nicht ernst, er verachtet sie. Und das kann auf die Dauer nicht gut gehen.

Wie meinen Sie das? Erwarten Sie Aufstände, Aufruhr, Widerstand?

Ich weiß nicht, wie sich die Frustration entladen wird. Noch wird alles durchgezogen. Die Abweichler in den Parteien werden ruhiggestellt, plattgemacht. Aber ich glaube nicht, dass der Wille einer kleinen

Gruppe das ganze Volk umkrempeln kann. Im Moment sind die Menschen irritiert und orientierungslos, sie gehen nicht mehr zur Wahl.

Aber über 100 000 Menschen gingen neulich in Berlin auf die Straße, um gegen den »sozialen Kahlschlag« zu demonstrieren.

Das hat alle verblüfft, auch die Regierung. Die Menschen spüren sehr genau – irgendetwas stimmt nicht, irgendwie ist ungerecht, was hier passiert. Sie empfinden die Agenda 2010 wie des Kaisers neue Kleider. Es muss nur noch ein Kind kommen, das ruft: »Der hat gar nichts an!« Dann steht der Kanzler nackt da: als einer, der seine SPD beschädigt und den Sozialstaat demontiert hat.

Das Kind ruft im Augenblick etwas anderes. Es ruft: Die Alten von heute plündern das Sozialsystem, sie verprassen die Renten. Und das Kind hat Angst: Im Alter werde ich arm sein. Ich bin das Opfer der demografischen Katastrophe!

Auch das ist so eine Legende. Soll sie nun plötzlich zur Wahrheit werden, weil die SPD und die Grünen sie nun auch vertreten? Soll Angst das Denken ersetzen? Es gibt keine demografische Katastrophe.

Wie bitte?

In einer modernen Arbeitsgesellschaft gibt es keine Generationen. Was ist denn eine Generation? Urahne, Großmutter, Mutter oder Kind? Familiäre Verhältnisse lassen sich nicht auf die heutige Gesellschaft übertragen. Gerechtigkeit ist kein biologisches Problem. Es ist vielmehr – auch wenn das schrecklich unmodern klingt – das uralte Problem der gerechten Verteilung zwischen Reich und Arm. Über die wirtschaftliche Leistungsfähigkeit eines Volkes entscheidet nicht die Biologie, sondern die Produktivität, das Wachstum und die Beschäftigungszahl. Vor hundert Jahren haben acht Bauern arbeiten müssen, um einen Nichtbauern zu ernähren. Heute ernährt ein Bauer 88 Menschen.

Wir können also in Ruhe so weitermachen wie bisher?

Nein, Reformen sind notwendig. Aber Sie müssen einfach sehen, dass die zunehmende Ungerechtigkeit bei gleichzeitiger Verarmung des Staatshaushaltes politisch erzeugt wurde: Die Einkommen aus Vermögen und Unternehmenstätigkeiten sind in den letzten 25 Jahren konsequent steuerlich entlastet worden, die Gewinnquote hat sich verdoppelt, die Unternehmenssteuern sind aber gesenkt worden.

In Amerika heißt es: »Man muss die Pferde füttern, dann haben die Spatzen auch was zum Futtern!«

Ja, ja, aber die Verheißung, dass diese Steuerpolitik zu mehr Arbeitsplätzen führt, hat sich als Trugschluss erwiesen. Auch hier ist das Problem die Verteilung, und es ist ein Jammer, dass über Vermögens- und Erbschaftssteuer nicht ernsthaft geredet werden kann, auch kaum darüber, dass endlich alle Einkommen, also auch das Kapitaleinkommen, zur solidarischen Sicherung herangezogen werden. Wenn der Sozialstaat noch politisch gewollt werden würde, wäre er auch finanzierbar.

Sie sind ein Träumer.

Das mag sein. Kanzler Schröder möchte ja auch alle, die über den Tag hinaus denken und Visionen haben, zum Arzt schicken. Mit Leuten, die Perspektiven entwickeln, kann er wenig anfangen. Die politische Botschaft der Agenda 2010 ist eindeutig: Wir wollen diesen Sozialstaat nicht mehr. Gesellschaftliche Risiken wie Krankheit, Alter werden beim Einzelnen abgeladen, den Schwächeren wird mehr zugemutet als den Starken. Es ist eine beklemmende Entsolidarisierung, die stattfindet. Wir sind auf dem Weg in eine Wolfsgesellschaft.

Sie können schön kritisieren, doch da ist die Globalisierung, die …

Globalisierung! Globalisierung! Das ist ein Zauberwort, eine Mehrzweckwaffe, um Löhne, Steuern, Sozialabgaben zu senken. Es ist ein Wahn.

Es geht um den Standort Deutschland, der ist doch gefährdet, oder nicht?

Noch so ein Schmetterlingswort: Standort Deutschland! Die deutsche Wirtschaft stellt sich gern als Opfer dar. Aber Deutschland ist nicht Opfer der Globalisierung, sondern ihr wichtigster Motor. Wir sind die Exportnation Nummer eins. Wir sind produktiver als Japan. Deutschland ist eine der reichsten Nationen der Welt. Wir leben nicht über unsere Verhältnisse, sondern weit drunter.

Wie bitte? Der grüne Finanzexperte Oswald Metzger sieht das radikal anders:

»Das Schlaraffenland Deutschland gibt es nicht mehr! Schluss mit der Volksbeglückungsmentalität!«, ruft er in Talkshows. Und überhaupt, sagt er: »Der Sozialstaat ist schuld an der Armut!«

Oswald Metzger verkauft sich gut, indem er die angesagten neoliberalen und modernen Sprüche der Betriebswirtschaftler brav nachplappert. Ein Erfüllungsgehilfe jener, die den Sozialstaat nicht brauchen – der Gutverdienenden, der Selbstständigen.

Der Publizist Arnulf Baring hat unlängst in der »FAZ« die Bürger aufgefordert, auf die »Barrikaden« zu gehen, gegen einen bevormundenden Staat und »Politiker«, die »das Land verrotten lassen«.

Ja, Baring, Metzger, Henkel und Berger – es sind immer die gleichen Namen – haben sich in Bürgerkonvents formiert, um den Sozialstaat radikal umzukrempeln. Diese Konvents …

Sie meinen die »Initiative Neue Soziale Marktwirtschaft« oder »Konvent für Deutschland«?

Ja, diese Zirkel, sie verkörpern gesellschaftlich konservatives bis reaktionäres Milieu, wirtschaftlich sind sie liberal, und sie haben ein klares Ziel: Sie wollen den schlanken Staat. Es ist verrückt, wie sich die Vermögenden, die Einkommensstarken organisiert haben und auf jene eindreschen, die abhängig beschäftigt, arbeitslos sind oder Sozialhilfe empfangen. Es ist eine so noch nie da gewesene Solidarität der Starken gegen die Schwachen. Diese Bürgerkonvents haben eine erhebliche Macht, extrem viel Geld stecken sie in Werbekampagnen, sie steuern den politischen und öffentlichen Diskurs im Land – und sie sind im Kanzleramt angesehener als die Abgeordneten, die Repräsentanten unseres Volkes. Sie werten die demokratischen Einrichtungen der Bundesrepublik ab. Ihnen sind demokratische Prozesse lästig, Föderalismus, Bundesrat, Abstimmungen, Diskussionen, das alles dauert ihnen zu lange!

Nochmals Baring: Wir brauchen, meint er, »mehr Wettbewerb, überall und allenthalben, an und zwischen den Schulen, Universitäten, Ländern, Kommunen«.

Ja, Konkurrenz wird als Wunderdroge gereicht. Dazu reden sie noch den Sozialstaat systematisch schlecht, weil sie ihn nicht brauchen. Sie rufen nach Reformen und meinen damit: Entsolidarisierung, Aushöhlung der Sozialsysteme, letztendlich Aufkündigung des Gesellschaftsvertrags.

Sie lehren hier an einer Jesuiten-Hochschule. Aber auch Ihre frommen Mitbrüder haben genug vom Sozialstaat, Kardinal Lehmann begrüßt die Agenda 2010, und der Jesuitenpater Hans Langendörfer fordert geringere Hilfen für Arbeitslose, weniger Kündigungsschutz.

Ja, das ist enttäuschend. Noch 1997 hat es im Kirchenwort geheißen, dass es zu den solidarischen Sicherungssystemen keine Alternative gibt. Das hat sich leider etwas geändert. Ich vermute, die Kirchenleitung – nicht die Kirchen! – möchte den Fehler der Gewerkschaften vermeiden, dass sie wegen zu heftiger Konfrontation aus dem Eliten-Dialog ausgeklinkt wird. Die Angst vor der Stigmatisierung ist groß. Die Kirchenführer wollen bei den weltlichen Führungseliten mitreden dürfen.

Aber sie könnten dennoch ganz christlich sagen: Massenarbeitslosigkeit ist eine Sünde!

Sie ist ungerecht, eine strukturelle Sünde. Vor fünf Jahren haben die Kirchen das noch so gesagt. Heute, so fürchte ich, verzichtet die Kirchenführung auf die Erkenntnisse von Caritas und Diakonie. Die Kirchenführer bewegen sich wie die Spitzenpolitiker und Manager in Milieus, denen Not und Arbeitslosigkeit fremd sind, die keine Ahnung haben, wie den Armen zumute ist, wie hart Millionen Bundesbürger um ein Leben in Würde kämpfen. Das wird verdrängt, diese Ahnungslosigkeit gefährdet die Demokratie.

Was hat Sie eigentlich in den vergangenen Jahren besonders geärgert?

Dass ich manchmal nicht laut genug meine Stimme gegen Ungerechtigkeit erhoben habe, dass …

Das hört sich sehr pathetisch an.

Soll es aber nicht. Ich werfe mir das vor, weil ich meine Nerven schonen wollte, einfach müde war. Meine Vorgesetzten, auch die in Rom, müssen sich Beschwerden anhören, ich sei nicht mehr tragbar. Vielleicht kneife ich deswegen bei manchen Konflikten. Aber ich kann ja nicht ständig kämpfen, ich brauche einfach ein paar Nischen der persönlichen Zufriedenheit.

Friedhelm Hengsbach, 1937 in Dortmund geboren, war von 1985 bis 2005 Professor für christliche Gesellschaftsethik an der Philosophisch-Theologischen Hochschule St. Georgen in Frankfurt und war Leiter des Oswald-von-Nell-Breuning-Instituts. Als 20-Jähriger trat Hengsbach dem Jesuitenorden bei, heute ist er der führende Vertreter der christlichen Soziallehre. Der streitbare Jesuitenpater sieht sich als Anwalt der Schwachen; mit seinen kritischen Ansichten erregt der katholische Professor immer wieder den Unmut seiner Kirchenführer. 1998 erhielt er wegen seines sozialen Engagements den Gustav-Heinemann-Preis der SPD.

GÖTZ WERNER

»Das manische Schauen auf Arbeit macht uns alle krank«

(2006)

Er war mal ein ganz normaler Kapitalist – immer auf der Jagd nach mehr. Dann las er Schiller und Goethe. Jetzt will Götz Werner, Eigentümer der Drogeriemarktkette »dm«, Revolutionäres: ein Grundeinkommen für alle – von der Wiege bis zur Bahre. Als ich ihn im Frühjahr 2006 in seiner Karlsruher Firmenzentrale besuche, sitzt er in seinem spärlich eingerichteten Büro vor einem TV-Schirm, schaut sich einen Clip an, in dem ein amerikanischer Manager heftig gestikulierend, grell brüllend, wild herumhüpfend seine Mitarbeiter antreibt. »Die spinnen, die Amerikaner!«, sagt Götz Werner und lacht und lacht.

Herr Werner, Sie lieben Tabubrüche, Sie sagen: »Es ist eine gute Sache, wenn die Menschen nicht arbeiten müssen!«

Ja, es ist doch eine großartige Sache, von diesem Zwang zur Arbeit befreit zu sein. Die Zeiten sind vorbei, dass wir – wie nach dem Sündenfall – im Schweiße unseres Angesichts das Brot verdienen müssen. Der Mensch hat die fünfte Schöpfung geschaffen – nämlich die Maschinen. Diese Maschinen sind unsere modernen Sklaven. Es ist also unsinnig, wenn etwa Bergarbeiter um ihre Knochenjobs kämpfen, dafür, dass sie in 2000 Meter Tiefe bei Hitze krank machenden Feinstaub einatmen.

Es ist einfach so: Man ist in der Gesellschaft nur etwas wert, wenn man arbeitet, wenn man Werte schafft. Das schafft auch Selbstwert.

Ja – denn wir leben immer noch nach dem alten, nicht mehr zeitgemäßen Gebot: »Wer nicht arbeitet, soll auch nicht essen!« Da waren die alten Griechen schon viel weiter. Bei ihnen war die Muße das Ziel, nicht die Arbeit. Ich kann also das Gerede um die Schaffung neuer Arbeitsplätze kaum mehr hören.

Jetzt sagen Sie bloß noch: Arbeitslosigkeit ist eine Chance.

Ja, so ist es.

Sozial ist, was Arbeit schafft, rufen die Politiker!

Die Politiker sind vernagelt. Von ihnen sind kaum Ideen zu erwarten, die uns weiterbringen. Sie sind narkotisiert vom Vollbeschäftigungswahn. Aber die Zeiten der Vollbeschäftigung sind endgültig vorbei. Vollbeschäftigung ist ein Mythos. Eine Lüge.

Aufgabe der Wirtschaft ist es doch, Arbeitsplätze zu schaffen.

Nein. Das ist Unsinn. Die Wirtschaft ist keine sozialtherapeutische Beschäftigungsveranstaltung. Kein Unternehmer geht in seinen Laden und fragt sich: Wie schaffe ich neue Arbeitsplätze? Er fragt sich stattdessen: Wie kann ich möglichst effizient produzieren und wie rationalisieren, wie kann ich das Optimale für meine Kunden schaffen? Aufgabe der Wirtschaft, abgesehen von der Güterproduktion, ist es, die Menschen von Arbeit zu befreien.

So betrachtet, steht die deutsche Wirtschaft großartig da!

Ja. Wir leben in paradiesischen Zuständen. Die Frage ist, wie wir es fertigbringen, allen Menschen den Zugang zu dem zu ermöglichen, was die Gesellschaft hervorbringt. Nach 5000 Jahren Mangel, Mangel, der genetisch in uns zu sein scheint: Zum ersten Mal in der Menschheitsgeschichte leben wir im Überfluss. Aber die Menschen schaffen es nicht, mit dieser neuen Wirklichkeit klarzukommen. Sie sind in einem Erfahrungsgefängnis.

Sie haben ganz einfach Angst, ein Hartz-IV-Fall zu werden.

Ja. Und das ist ein großes Problem. Sie haben Angst, stigmatisiert zu werden. Nutzlos zu sein. Dieses manische Schauen auf Arbeit macht uns alle krank. Und was ist denn Hartz IV? Offener Strafvollzug. Die Beraubung von Freiheitsrechten. Hartz IV quält die Menschen, zerstört ihre Kreativität. Es ist ein Skandal, dass eine rot-grüne Regierung dieses destruktive Element in die Gesellschaft gebracht hat.

Das war notwendig, heißt es allenthalben, um aus der Krise herauszukommen!

Aha! Was für eine Krise? Wir haben keine Wirtschaftskrise.

Wie bitte?

Wir haben eine Denkkrise. Dass wir so viele Arbeitslose haben, zeigt die Stärke und die Effizienz unserer Wirtschaft.

Sie sind ein Zyniker.

Nein, ganz im Gegenteil. Ich bemühe mich, den Menschen zu helfen. Niemand muss ins soziale Abseits rutschen, wir können alle Erwerbslosen versorgen. Dazu müssen wir lernen, radikal, revolutionär zu denken.

Dann verraten Sie, was getan werden muss!

Einkommen und Arbeit sind in unserem Wirtschaftssystem aneinander gekoppelt. Das ist nicht mehr zeitgemäß. Wir brauchen kein Recht auf Arbeit. Wir brauchen ein Recht auf Einkommen. Auf ein bedingungsloses Grundeinkommen. Den Menschen muss man Geld in die Hand geben – von der Wiege bis zur Bahre –, unbürokratisch, ohne Auflagen, ohne Formulare.

Wie schön!

Ja, sehr schön. Spotten Sie nicht, denken Sie stattdessen! Wir brauchen das Bürgergeld – für jeden.

Sie wollen jedem ein paar Hundert Euro monatlich in die Hand geben, einfach so?

Ja, nicht nur ein paar Hundert Euro, sondern so viel, dass jeder, bescheiden zwar, aber in Würde leben kann. Dass jeder am gesellschaftlichen und kulturellen Leben teilnehmen kann. Und damit erreichen Sie auch, dass es Arbeitslosigkeit als Problem nicht mehr gibt, dass niemand mehr stigmatisiert werden kann.

Wie hoch soll dieses Bürgergeld sein?

Ich denke, es sollten 1500 Euro sein. Stellen Sie sich mal vor, was für eine Gesellschaft sich entwickeln würde – eine Gesellschaft ohne Existenzangst!

Das ist ein schöner Traum, aber wer soll ihn bezahlen? Das hieße doch: noch mehr Steuern, noch mehr Abgaben!

Überhaupt nicht. Ich bin dafür, alle Steuern abzuschaffen. Bis auf eine: die Mehrwertsteuer. Die müsste allerdings kräftig ansteigen, vielleicht sogar auf 50 Prozent.

Sie sind verrückt.

Nein. Die Mehrwertsteuer ist die einzig gerechte und wirklich sinnvolle Steuer. Wer viel konsumiert, der trägt viel zur Finanzierung des Staatswesens bei.

Aber der Dumme ist – wie so oft – der, der wenig hat. Er bezahlt prozentual am meisten. Außerdem werden die Waren teurer.

Nein. Man kann, erstens, die Mehrwertsteuer sozial gestalten. Und zweitens werden die Waren nicht teurer. Eine Brille kostet, sagen wir mal, 100 Euro. Darin sind heute 16 Euro Mehrwertsteuer und 84 Euro Warenwert. In diesen 84 Euro sind aber 34 Euro versteckte Steuern, der tatsächliche Warenwert beträgt also nur 50 Euro. 50 Prozent Mehrwertsteuer wären also nichts anderes, als den Steueranteil sauber auszuweisen. Ich sage ja auch nicht, dass die Mehrwertsteuer auf einen Schlag so hochgehen soll, das würde Jahre dauern. In den skandinavischen Ländern ist sie jetzt schon viel höher als bei uns, zum Teil bei 25 Prozent, und diesen Ländern geht es deutlich besser als uns. Ja, diese Konsumsteuer würde viele unserer strukturellen Probleme lösen.

Wieso denn das?

Der gesamte Wertschöpfungsprozess wäre von hemmenden Steuern befreit, wirtschaftliche Initiative würde nicht mehr mit Abgaben bestraft, die Leistung würde entfesselt, wenn das Einkommen nicht mehr besteuert und Arbeit nicht verteuert wird. Und da die Löhne niedriger würden, wäre die Auslagerung von Produktion ins Ausland überflüssig, der Standort Deutschland würde gestärkt.

Ich verstehe. Ihr Modell ist vor allem eins: das perfekte Unternehmerparadies. Und die Reichen werden noch reicher.

Sie denken immer noch zu kurz, und in den alten Schablonen. Sie denken: Man muss die Unternehmer besteuern, damit man die Kleinen entlasten kann. Das ist doch Lug und Trug. Die Unternehmer, ich weiß, wovon ich rede, zahlen doch so gut wie keine Steuern.

Wie bitte? Ich habe im Ohr die heftigen Rufe der darbenden Unternehmer: Die Steuern fesseln uns, sie erwürgen uns!

Ja, ja, ja, Geschrei. Klagen und Jammern gehören zum Geschäft. Aber jeder Unternehmer wälzt seine komplette Steuerlast auf die Preise ab. Nein, ich glaube, mein Gesellschaftsentwurf wäre auch das Angestelltenparadies. Die Unternehmer würden an Macht verlieren, die Gewerkschaften, die Politiker würden ebenfalls an Macht und Einfluss verlieren. Aber jeder Bürger würde gewinnen. An Würde und Sicherheit. An wirklicher Freiheit: die Freiheit, Nein sagen zu können. Stellen Sie sich doch mal vor, was so ein Grundeinkommen bewirken würde: Befreit von Existenzsorgen, würden die Leute nicht mehr ängstlich sparen, sie könnten konsumieren und, noch wichtiger: Ohne Zukunftsangst könnten sie ihre Talente entfalten, wirklich Mensch werden. Und jeder wäre mit jedem auf gleicher Augenhöhe. Menschenwürde ist etwas ganz Feines. Ohne Angst könnten die Angestellten sagen: Bei diesem Arbeitgeber arbeite ich nicht, er verschmutzt die Umwelt zu sehr, er schikaniert seine Leute. Ich gehe.

Also: Sie wollen jedem Bürger tatsächlich 1500 Euro in die Hand geben, einfach so?

Ja.

Das sprengt die Staatshaushalte. Das wären etwa 1,4 Billionen Euro im Jahr, also gut zwei Drittel der Wirtschaftsleistung Deutschlands!

Ich sage ja nicht, dass wir sofort voll in das neue System einsteigen. Das ist ein langer Prozess, der 15, 20 Jahre dauern wird. Es geht um einen Einstieg in das neue Denken. Mit meiner Idee des Bürgergeldes kann man schon morgen – auf kleiner Flamme – anfangen. Wir könnten schon morgen sagen: Jeder hat Anspruch auf 700, 800 Euro. Außerdem wird nicht jeder 1500 Euro bekommen, das Grundeinkommen wäre nach dem Alter gestaffelt, Kinder bekommen 300 Euro, Rentner etwas weniger als Leute im Arbeitsalter. Über 720 Milliarden geben der Staat, die Länder, die Kommunen an Transferleistungen schon heute aus – an Arbeitslosengeld, Kindergeld, Sozialhilfe, Bafög, Wohnungsgeld und ...

Das fällt dann alles weg?

Ja, die Dinge sind alle im Grundeinkommen enthalten, also nun überflüssig. Und somit passiert noch etwas: Der aufgeblähte Verwaltungsapparat, diese gigantische Sozialbürokratie, die die Bürger kujoniert, würde dramatisch zusammenschnurren, zig Milliarden würden freigesetzt. Ein Grundeinkommen von 800 Euro können wir uns also sofort leisten, das ist überhaupt nicht utopisch.

Bevor Sie mit Ihrem Traum ganz abheben, Herr Werner: Wer macht dann die Drecksarbeiten? Wer sitzt dann noch an der Kasse Ihrer Drogeriemärkte? Da legen sich doch alle mit ihren 1500 Euro in die Hängematte und ...

Nein, nein! Natürlich müssen unangenehme Jobs, wenn sie nicht von Maschinen übernommen werden können, höher entlohnt werden. Aber prinzipiell haben Sie ein zu pessimistisches Menschenbild. Das Grundeinkommen macht die Menschen doch nicht faul und apathisch, im Gegenteil. Wir wollen etwas leisten. Zwang hilft nicht.

Angst hilft nicht. Aber wenn Sie zufrieden sind, leisten Sie mehr. Sie unterschätzen den immateriellen Wert von Arbeit. Arbeit macht auch Spaß. Die Leute wollen arbeiten, sie möchten gemeinschaftlich etwas erreichen. Schon 1966 hat Erich Fromm geschrieben, ohne Arbeit würden die Menschen verrückt werden, weil sie sich nicht für andere nützlich machen könnten. Wenn die Arbeit kein Zwang mehr ist zur Existenzsicherung, wenn ich machen kann, was mich erfüllt, dann...

Sie hören sich nun an wie Karl Marx, der ...

Um Gottes willen, nein! Hören Sie auf!

... der von der Aufhebung der Arbeit träumte und meinte, »das Reich der Freiheit beginnt in der Tat erst da, wo das Arbeiten, das durch Not und äußere Zweckmäßigkeit bestimmt ist, aufhört«.

Ja, ganz genau, das brauchen wir! Das hat der junge Marx geschrieben, leider hat er im Alter diese Gedanken nicht weiter verfolgt. Durch das Grundeinkommen ergäbe sich die Möglichkeit, wirklich sinnvolle Dinge zu tun, die unsere Gesellschaft so bitter nötig hat: die Arbeit am Menschen, Alten- und Krankenpflege, Kulturarbeit, Umweltschutz. Stellen Sie sich mal vor, die Menschen werden nicht mehr arbeiten, weil sie müssen, sondern weil sie wollen – das würde das soziale Klima in der Gesellschaft radikal verändern.

Sie sind ein Träumer.

Nein. Begreifen Sie doch endlich, wir können nicht mehr so weitermachen wie bisher. Wir stehen an einer Weggabelung. Der Mensch lernt immer aus zwei Gründen: durch Einsicht oder nach Katastrophen. Und wenn wir nicht wollen, dass bei uns Dinge passieren wie gerade in Frankreich, erst die Explosion der Vorstädte, nun der Aufruhr der Studenten, müssen wir über das Grundeinkommen nachdenken.

Im Klartext: Sie haben Angst, dass die Arbeitslosen rebellieren, das Wirtschaftssystem prinzipiell infrage stellen?

Vielleicht ja. Aber ich sehe das nicht so eng ideologisch. Wir Menschen brauchen doch eine Perspektive. Mich treibt diese Frage ganz konkret um: Wir gehen auf eine Gesellschaft zu, in der die klassische Arbeit verschwindet. Die Fabriken leeren sich. Der Wirtschaft-Nobelpreisträger Milton Friedman geht davon aus, dass in ein paar Jahren wegen des technischen Fortschritts nur noch 20 Prozent Arbeit haben.

Der Münchner Soziologe Beck spricht davon, dass immer mehr Menschen schlichtweg das werden: »überflüssig«.

Kein Mensch ist überflüssig. Jeder ist wichtig und wertvoll. Die Frage ist doch, was die Menschen, die aus der klassischen Arbeit herausfallen, mit sich anfangen? Das ist eine Kulturfrage. Wir müssen den Menschen Hoffnung geben. Glaube. Liebe. Hoffnung. Wenn wir das nicht schaffen, fallen wir ins Vegetieren zurück, dann sind wir bloß noch Tiermenschen, zweibeinige Tiere.

Sie sind Herr über 23000 Menschen …

Ich bin nicht »Herr über«.

Sie sind der Chef von 23000 Angestellten und gut 1600 Filialen. Nehmen Sie sich ein Beispiel am britischen Unternehmer Robert Owen: Der versuchte im 19. Jahrhundert seine sozialpolitischen Utopien in seinen Fabriken umzusetzen – keine Kinderarbeit, ein Zehn-Stunden-Arbeitstag. Schaffen Sie in Ihrem Reich doch das Paradies im Kleinen – fangen Sie an!

Abgesehen davon, dass ich denke, dass in unserem Unternehmen ein anderer Ton als üblich herrscht, hat ja das Beispiel Owen gezeigt, dass man so einen allumfassenden Entwurf nicht im Kleinen vorwegnehmen kann. Owen hat einiges erreicht, ist in vielem gescheitert. Nein, nicht im Kleinen müssen wir handeln, es geht ums Ganze, wir müssen die Denkblockaden der Gesellschaft überwinden. Und das endgültige Ziel ist für mich klar: eine Gesellschaft ohne Angst. Das ist der Polarstern.

Was hat Sie dazu gebracht, so über die Gesellschaft nachzudenken.

Die Klassiker.

Sie meinen Goethe, Schiller …

… und noch einige andere mehr, ja. Ich habe die Klassiker gelesen als eine Art Grundlagenforschung. Ich war ja auch mal verzehrt von diesem üblichen Drang nach mehr, mehr. Das hat mich fast umgebracht. Aber irgendwann kommen die Fragen nach dem Sinn des Strebens. Goethes »Faust«, Schillers »Ästhetische Briefe« halfen mir, die Welt neu zu sehen. Das macht einen wahrnehmungsfähig.

»Werft die Angst des Irdischen von euch«, ruft Schiller, »Fliehet aus dem engen dumpfen Leben/ In des idealen Reich!«

Ja, darum geht es! Als junger Mensch habe ich auch eher nach dem Motto gelebt: Drauf und los! Aber wenn man älter wird, merkt man, dass Erfolg nicht heißt, wie erfolgreich bin ich, sondern, wie gelingt es mir, andere erfolgreich zu machen. Es geht immer um den Menschen. Die Frage ist: Womit kann ich den Menschen dienen, nicht verdienen.

Edel, edel.

So sehe ich mich nicht, eher als einen – wie im »Faust« beschrieben –, der immer strebend sich bemüht.

Und weil »Faust« Sie so fasziniert, müssen heute Ihre Lehrlinge …

Bei uns heißen sie »Lernlinge«.

… Theater spielen und »Faust« aufführen.

Sie müssen nicht, das ist ein Angebot. »Abenteuer Kultur« nennen wir das, jedes Jahr nehmen an diesen Workshops 700, 800 junge Menschen teil. Die jungen Leute sind heute einem Beeindruckungsbombardement ohnegleichen ausgesetzt, sie sind reizüberflutet, sie sprechen – vom Fernsehen und dem allgemeinen Lärmen verformt – Stakkato. Sie können sich kaum mehr ausdrücken. Beim Theaterspielen erleben sie, was in ihnen ist. Sie entdecken sich neu.

Und Sie glauben, Ihr Tun, Ihre Gedanken, das hilft, das schafft eine bessere Welt?

Ich weiß nicht. Aber ich weiß, dass meine Ideen den Menschen Hoffnung geben. Ich glaube auch, dass meine Ideen sich ausbreiten. Ich bin da voller Vertrauen. Sehen Sie mal, wie wenig Hefe nötig ist, um den Teig zum Treiben zu bringen!

Götz Werner, 1944 in Heidelberg geboren, Gründer der dm-Drogeriemarktkette, eröffnete 1973 sein erstes Geschäft. Heute arbeiten bei ihm europaweit 30000 Menschen in über 2000 Filialen. Sein Unternehmen (Umsatz 4,7 Milliarden Euro) ist die Nummer zwei der Branche. Seit Oktober 2003 leitet Götz Werner das Interfakultative Institut für Entrepreneurship an der Universität Karlsruhe.

GÜNTER THEWS

»Ich sterbe lebenssatt«

(1992)

Ich habe das Geräusch noch im Ohr, Knochen knackte auf Knochen, als ich Günter Thews die Hand drückte. Wenn ich daran denke, zucke ich noch heute zusammen, und mein Händedruck tut mir noch immer leid. Thews wog bloß noch 40 Kilo. Der aidskranke Kabarettist der »3 Tornados« war schon vom Tod gezeichnet. Seinem nahen Tod sah der 47-Jährige lächelnd entgegen: Er wolle, sagte er, mit Opium wegschlummern, die Musik von Pink Floyd im Ohr. Kurz nach dem Gespräch starb Günter Thews, am 30. Januar 1993, genau so, wie er es geplant hatte. Für seine Beerdigung hatte er nur einen Wunsch an die Trauergäste: 30 Minuten Schweigen, 30 Minuten völlige Stille.

Herr Thews, bald ist es vorbei.

Ja, aber ich bin mordsmäßig neugierig darauf, was nach dem Sterben kommt. Wir brauchen ja kein Abitur, um sterben zu können oder um das Geheimnis des Todes zu lösen. Man soll sich da vertrauensvoll reinlegen. Es findet eine Verwandlung statt. Es gibt keinen Tod, es geht weiter.

Wie bitte?

Das hat nichts mit der blöden christlichen Sehnsucht nach dem ewigen Leben zu tun. Ich habe die sechs Zahlen angekreuzt, jetzt warte ich die Ziehung ab. Vielleicht komme ich als Fleißiges Lieschen wieder – aber wenn ich's wüsste, wäre die Luft raus aus dem ganzen Spiel. Aber ich mache mir keine Sorgen.

Ich habe Angst vor dem Tod.

Das ist völlig normal. Aber Sie haben nicht Angst vor dem Tod, Sie haben Angst vor dem Sterben: Halte ich das durch? Habe ich Schmerzen? Wie ist das, wenn ich die verlassen muss, die ich liebe? Und da ist natürlich eine ganz starke buddhistische Fähigkeit gefragt: das Loslassen-Können.

Kann man das trainieren?

Ich denke schon. Ich mache das, indem ich mich hinlege und meinen Körper und meine Sinne durchgehe. Und mir dabei bewusst mache, dass es so viel Quatsch auf dieser Erde gibt. Was versäume ich denn, wenn ich tot bin? Mehrere »Tagesschauen«, ein paar »Sportschauen« und den Besuch des kenianischen Präsidenten am Brandenburger Tor – nicht allzu viel also.

Ziemlich sarkastisch.

Nein. Ich muss mit mir wie mit meinem kaputten Immunsystem wahr umgehen. Manchmal fühle ich mich ganz prima und denke, warum soll das jetzt alles nicht zwanzig Jahre weitergehen? Ich mache jetzt noch zwanzig Jahre lang einen auf sterbenden Schwan! Die Sehnsucht nach dem Leben, nach Wärme trägt man schon in sich, und dass das alles aufhört, ist schmerzhaft – aber letztendlich doch nicht so doll. Es nützt nichts: Ich kann dem Sterben nicht entgehen.

Als Ihr Aidstest positiv ausfiel und Sie Ihr Todesurteil bekamen, da …

… habe ich in einem ersten Anfall von Wut, Verzweiflung und auch Hass gedacht: Es hätte auch diesen Idioten oder diesen Idioten erwischen können! Verdammt noch mal, warum bin ich's? Ausgerechnet ich? Und da muss man schon aufpassen, dass man sich nicht zu sehr dem Selbstmitleid hingibt, man muss dieses Gefühl radikal wegkriegen. Aber ich finde es legitim, dass man deshalb traurig ist und darüber weint.

Voller Verzweiflung fressen manche Aidskranke Katzendreck – weil es helfen soll.

Die krallen sich am Leben fest wie die Wespe im Colaglas, anstatt die Arme in Ruhestellung zu bringen. Wir sind ein Zufallsprodukt auf einem großen blauen Planeten. Was ist schon das Leben? Nichts, ein leerer Schuhkarton. Gier, Neid und Eitelkeit: Alles Tinnef, nur reine Sprache, Brubbelbrubbel, Musik, Mundgeräusche. Wenn du an deinem Redaktionstisch anfängst zu träumen und hörst zu, wie alle reden und alle sich ungeheuer wichtig nehmen, dann hörst du nach einiger Zeit bloß noch eine Melodie: Brubbelbrubbel. Worte. Nichts.

Es geht um Aufstieg, die Karriere, den Erfolg.

Ja, diese elendige Eitelkeit, hechel, hechel. Deswegen bin ich auch immer wieder auf die Bühne, weil ich geliebt werden wollte. Ich wollte diesen Beifall, verzehrte mich nach den Streicheleinheiten. Dieses Gefühl ist so unermesslich groß, dass dir die eigene Frau, der eigene Freund nicht mehr ausreicht. Du brauchst die tausend Leute da unten, die für dich klatschen. Das ist die Stimulans für uns Künstler, immer wieder aufzutreten. Wir sind alle einsam und wollen mordsmäßig geliebt werden.

Gegen Liebe spricht doch nichts.

Nein. Aber die Angst vor dem Alleinsein, der Einsamkeit und Langeweile zermürbt uns. Wenn wir damit klarkämen, würden wir nicht mehr mit dieser verzweifelten Intensität all diese anderen Sachen in Angriff nehmen: Kino. Videospiele. Olympia. Aids ist ein Aufschrei gegen die Einsamkeit.

Dann sind Sie also froh, dass Sie die Krankheit in sich haben?

Wenn es ein Wundermittel gäbe – ich würde es sofort nehmen, klar. Aber ansonsten betrachte ich diese Krankheit schon als Privileg, weil ich mich grundsätzlicher mit der Frage des Lebens und des Todes beschäftige. Ich freue mich also darüber.

Ich kann's Ihnen nicht glauben. Und wenn Sie jetzt noch sagen: Meinen Kaffee erlebe ich intensiver, ich erlebe alles intensiver, dann klingt das für mich nach Selbsttäuschung.

Sorry, so ist es aber. Natürlich betrachte ich jetzt nicht jeden Kaffee als meinen letzten, jeden Joint als den letzten in meinem Leben – das würde mich ja unter einen Wahnsinnsdruck setzen. Aber ich merke, wie unsere Genüsse verschüttet sind: Fühlen, hören, riechen – das vernachlässigen wir völlig, und ich habe das neu für mich erfahren. Spazieren gehen, eine Birke anfassen – Genüsse von allergrößter Güte sind das. Oder ich trinke jetzt den Kaffee mal ohne Milch, weil ich noch mal den Kaffeegeschmack pur erleben will. Neulich habe ich Spinat gegessen, obwohl ich ihn nicht mag. Ich habe sogar Matjes gegessen, obwohl ich sonst Schiss vor den Gräten hatte. So stöbere ich ein bisschen rum und mache Sachen, die ich noch nicht erledigt habe. Das Problem ist nur, dass mich mein Körper, nicht mein Geist, mehr und mehr im Stich lässt. Ich komme kaum mehr gegen die Appetitlosigkeit an – neulich hat meine Mutter mir meine Lieblingsspeise gekocht, aber bis das herrliche Essen auf den Tisch kam, war der Appetit weg.

Sie verdünnisieren sich.

Das ist der richtige Ausdruck: Ich magere ab wie nichts. Vor ein paar Wochen habe ich noch 52 Kilo gewogen, heute sind es schon wieder zehn weniger, und ich bin über eins achtzig groß.

Und erschrecken Sie, wenn Sie sich im Spiegel sehen?

Ich sehe nicht schön aus, es ist nicht ästhetisch. Ich bin ein klapperndes Skelett, jede Bewegung schmerzt, Knochen scheuert auf Knochen, mein Unterarm ist so dick wie Ihr Daumen. Aber ich bewege mich mit Humor weiter, und wenn es zu toll wird, verabschiede ich mich vorzeitig. Ich nehme mir das Leben, ich muss nicht warten, bis ich an alle Apparaturen angeschlossen bin.

Ist das die große Angst: hilflos anderen ausgeliefert zu sein?

Wenn du Durchfälle hast bis zum Gehtnichtmehr und dein Freund muss das alles wegwischen, wenn du dir Pampers anziehst in allen Größen, the real big ones, und wenn du versuchst, das Gröbste zu verhindern, aber irgendwann geht das alles nicht mehr, wenn du also als Pflegefall einem ziemlich auf den Wecker gehst, dann ist es besser, sich zu verabschieden. Ich nehme dann Opium. Mit diesem Mittel kenne ich mich aus, da fühle ich mich wohl, und dann schlaf ich sanft ein. Ein Bettnachbar im Krankenhaus hat mich davor gewarnt, nicht weil er etwas gegen Opium hätte, aber er sagte: Wenn ich schon von meiner Geburt nichts mitgekriegt habe, will ich wenigstens den Tod bewusst erleben, dafür habe ich teuer bezahlt, den will ich sehen. Man darf das alles nicht hochstilisieren: aus dem Leben abgerufen werden. Wenn es so weit ist, nehme ich das Opium, setze mir den Kopfhörer auf, um was Bleibendes zu genießen, etwas, das man auch in der letzten Minute hören kann: mit Pink Floyd im Ohr trete ich ab. War ganz schön schwierig, die richtigen Töne für den letzten Moment rauszufinden.

Und jetzt ist alles klar?

Alles ist für mich fertig, alles erledigt. Das hat etwas sehr Beruhigendes. Aber über eines staune ich immer wieder: Körperlich bin ich bald am Ende, aber mein Geist ist total fit. Der kennt keine Altersbegrenzung: Du fühlst dich fit wie ein 17-Jähriger und kommst plötzlich in absolut hilflose Situationen. Du machst in die Hose, und du sagst dir: Ja, richtig, so war das, als ich vier Jahre alt war. Da habe ich dieses Gefühl schon mal gehabt, diesen Geruch erlebt.

Das ist doch das Brutale: Ihr Körper altert so rasant, als ob Sie in der Zeitmaschine säßen.

In zwei Jahren wirst du um dreißig Jahre älter, aber damit kommt man klar. Und plötzlich stellst du fest, wie irdisch, wie relativ alles ist. Ich schaue meine verschrumpelten Hände an, sie waren mal mein Trumpfass, wenn ich ein Mädchen oder einen Jungen in den Arm genommen habe. »Ah«, hieß es da oft, »schöne Hände!« Und ein knackiger Arsch, und was für geile Schenkel! Und gerade das zerfällt jetzt alles. Damit haben natürlich die Schwulen ganz große Probleme. Schönheit ist für sie wichtig. Selbst im Krankenhaus auf der Station C 30, der Aids-Station hier in Berlin, marschieren sie im Morgenmantel und vollem Plunder auf und ab, als ob sie auf der Promenade von Gran Canaria wären – mit Kaposi im Gesicht und immer noch eitel machen sie einen auf Hallo und Trallala. Dazu Klatsch und Tratsch und weißt du, der ist gestern gestorben, und meine Krankheit ist viel weiter als deine ... ätsch. Viel Lärm, um der Einsamkeit zu entfliehen. Aber in der Stunde des Todes bin ich allein.

Sie haben das Problem gelöst?

Wenn Sie schon so direkt fragen: Im Moment würde ich Ja sagen, weil ich all den Beifall, den ich brauchte, hinter mir habe. Aber in zehn Minuten kann das alles zusammenbrechen.

Und dann kommt der Zorn hoch, und Sie sagen: Dem ich das alles verdanke, das war ein schöner Arsch!

Dieser Frage habe ich mich noch nie ehrlich gestellt, aber es ist genauso, wie Sie sagen: Ich fühle mich schuldig, weil ich rumgebumst habe und weil das Schwulsein so lange gesellschaftlich diskriminiert war. Und als es in den siebziger Jahren erlaubt wurde, haben die Schwulen richtig losgelegt. Doch kaum habe ich richtig gelebt, stehen sie wieder diskriminiert in der Ecke und haben in den Augen der Bevölkerung Schuld auf sich geladen durch dieses unkontrollierte Leben, ich fühle mich da mitschuldig.

Hart, was Sie da sagen.

Aber so ist es. Am liebsten würde ich den Kids den Sex austreiben. Da steckt einfach zu viel Aggressivität drin. Ich habe nichts gegen den Spaß, aber was aus sehr reellen Motiven heraus passiert, was zwischen

Mann und Frau an Schikane läuft, zwischen Mann und Mann – unglaublich.

Seit wann sind denn Sie auf der Seite der Moral?

Ich weiß, es hört sich komisch an, wie ich Askese predige. Ich habe eine Million Frauen und eine Million Männer gehabt, der Joint hat geschmeckt und das Bier auch, der Sex hat Spaß gemacht, die Musik hat geil angetörnt, es war wunderbar. Wer Gott werden will, muss gevögelt haben. Ich sage ja nicht, die Kids sollen nicht bumsen. Sie sollen halt Kondome benutzen. Ich sitze hier auf dem Balkon und staune, was für ein Rieseneinsatz an Menschen und Material für diese kleine Ineinandersteck-Aktion notwendig ist: Da holt der Junge sein Girl ab, hat eine Stunde geduscht und sich gekämmt und geföhnt, dann bringt er sein Cabrio in Anschlag und holt die Tante ab. Dann ist die Frage: »Wohin bis um zehn?« Wohin, bis man endlich loslegen kann? Erst mal essen gehen, dann ins Kino. Was machen wir jetzt, Schatz? Und endlich ist die Zeit da, dass man nach Hause gehen kann. Und dort ist alles hübsch vorbereitet.

Was stört Sie daran?

Alles Heuchelei. Ich mag auch nicht mehr das Gejammer bei den Schwulen hören: »Wir sind diskriminiert!« Ach was, wer diskriminiert uns denn? Wir haben eine Eins-a-Presse. »Wir dürfen nicht heiraten!« Also wirklich: Da haben wir jahrelang gegen diesen Unfug Ehe gekämpft, gegen jede Hetero-Ehe, und jetzt kommen sie mit diesem zutiefst bürgerlichen Scheiß! Da kannst du mal sehen, was für konservatives Gesocks in der Bewegung drinnehängt. Wer heutzutage alles schwul wird! Wer das alles sein darf! Das ist doch das Diskriminierende, dass das heute jede werden darf.

Sex – haben Sie darauf eigentlich noch Lust?

Das habe ich total eingestellt, schlagartig, als ich wusste, dass ich positiv bin – seit Jahren läuft nichts mehr. Ich habe keinen Bock mehr. Manchmal, wenn ich nicht einschlafen kann, fange ich an zu onanieren, dann penne ich garantiert ein. Aber sonst interessiert mich das alles nicht mehr, selbst wenn ich mir die geilsten Fantasien vorstelle, die sonst immer funktioniert haben.

Für den französischen Autor Hervé Guibert, der vor einem Jahr an Aids gestorben ist, war das Bedrückendste, dass er die Kraft für Fantasien verlor.

Ich glaube eher, dass das Interesse an Fragen nachlässt. Du gewinnst eine geistige Klarheit, und die verschafft dir eine innere Ruhe, sie entfernt dich von den unwesentlicheren Dingen.

Konkret: Besucher stören Ihren meditativen Frieden?

Manchmal besuchen mich Leute, um zu sehen, wie ich drauf bin und ob ich denn bald sterbe. Das ist so eine Art Sensationstourismus, darüber können sie dann prima beim Bier erzählen. Devise: Ich habe einen getroffen, der geht schon mal vorweg, der guckt schon mal, was im Jenseits los ist. Die stellen sich gut mit mir und gucken immer wieder neugierig nach. Die hängen dann hier echt betroffen rum und sind ganz furchtbar schlecht drauf. Dann sag' ich schon mal: Hast du mir was mitzuteilen, oder willst du mir nur beim Sterben zugucken und auch noch meinen Shit wegrauchen?

Und in Ihnen war nie die Sehnsucht, noch mal ordentlich einen draufzumachen, abzuhauen?

Nach der tödlichen Diagnose wollte ich aus meinem Restleben eine Riesenparty machen – runter an die Elfenbeinküste, an den Strand, unter die Palmen, die schönsten Drogen dieser Welt genießen und dasitzen und gucken, wie die Sonne als Fünfmarkstück am Horizont versinkt. Ich habe das alles gestrichen. So eine Flucht ist nicht nötig: Sie durchbricht meine Einsamkeit nicht. Ich habe das Problem hier zu Hause gelöst, mit einem anderen Menschen. Das ist kein schwules Verhältnis, aber es hat eben diese Berührung: das In-den-Arm-Nehmen, das Ankuscheln vorm Einschlafen.

Und so leben Sie jetzt wie ein altes Ehepaar?

Ja, glücklich und zufrieden, und Chris liest mir abends Märchen vor, Gebrüder Grimm oder Hauff. Und weil jetzt der Krieg in Jugoslawien ist, haben wir Karl May hervorgekramt und »In den Schluchten des Balkan« gelesen, nicht übel, das Zeugs, fast ein politischer Kommentar auf unsere Zeiten. Und gestern habe ich meinen Freund gefragt, ob ich diesen Winter noch machen soll? Das ist hier so eine schreckliche Jahreszeit, alles grau in grau, so blöd. Und so leben wir dahin, wie gelangweilte Kinder, die nicht wissen, was sie machen sollen; wir spielen zusammen Mundharmonika, und ich verbringe viel Zeit mit dem Lesen.

Wenn Ihr Freund nicht wäre, dann ...

... wäre ich am Arsch, dann wäre ich schon längst gestorben. Ohne so etwas lässt du einfach los.

Aber auch so: Sie hören genau in Ihren Körper rein, registrieren den allmählichen Zerfall?

Ja. Ich verabschiede mich immer mehr, und ich erlebe das ganz bewusst. Und immer öfter denke ich: Jetzt war der Paul hier, und den wirst du auch nicht mehr sehen. Aber das geht ohne großes Lamento, weil an dem gab es sowieso nichts zu sehen. Neulich habe ich mich von meiner Mutter und meinen Tanten verabschiedet, und da ist der Trick, dass die alle so um die 75 sind, also wie ich jeden Tag sterben können – und das ist ein, ja, schönes Gefühl.

Viele Aidskranke haben nicht nur Angst vor der Einsamkeit, sondern vor völliger sozialer Verelendung.

Ich weiß. Viele haben ja kaum was in die Rentenversicherung einbezahlt. Und plötzlich stehst du ganz blöd da. Da überlegst du, wie du durch den November kommst, und diese Furcht ist eine zusätzliche Schwächung deines Immunsystems: Du musst aus der Wohnung raus, kommst in den Hinterhof, rein in ein feuchtes Loch – so läuft das oft. Ich habe 35 Jahre Rente einbezahlt und kriege jetzt 116 Mark raus, 530 Mark gehen an Miete drauf. Da stellst du den Wohngeldantrag, du musst deinen Kontoauszug vorlegen, du musst x Formulare ausfüllen, und dann kriegst du 18 Mark. Ohne die Solidarität meiner ehemaligen Kollegen wäre ich schon längst ein Sozialfall.

Wie sieht das aus? Da klingelt es an der Tür, und da steht der Geldbote?

Manchmal kommen so langhaarige Zottel vorbei und bringen das hintenrum. Und das ist ganz wunderbar, für so einen Zusammenhalt haben wir als Tornados ja gestanden. Viele Kollegen helfen mir jetzt über die Runden – der Lindenberg, Konstantin Wecker oder Richard Rogler und die Leute vom Mainzer Unterhaus. Und auch Dieter

Hildebrandt, dieser Rollpullikabarettist, mit dem ich sonst nicht so gut auskomme, bringt ein bisschen Geld und freut sich, dass er mir helfen kann.

Für Susan Sontag ist Aids, neben Ozonloch und Tschernobyl, ein weiteres Indiz dafür, dass es keine Utopie mehr gibt, bloß noch Überleben im Zeichen der Apokalypse.

Da ist was dran. Stell dir mal vor, wie kurz die Talkshows wären, wenn sich die Leute darauf einigen könnten, anstatt das gesamte Elend der Welt immer wieder runterzubeten – Regenwald, Ozonloch, Aids, FCKW und so weiter –, einfach einen Begriff dafür nähmen: X 15. Das heißt: Alles Scheiße, alles kaputt, nichts funktioniert mehr, wir wissen nicht weiter. Also wenn ich mir X 15 so anschaue, dann habe ich mir den optimalen Zeitpunkt für meinen Tod ausgesucht.

Anders ausgedrückt: Sie sind ganz froh, dass Sie nicht mehr zur nächsten Wahl müssen?

Sehr froh sogar. Wahlen sind eine große Illusion, der Politik habe ich nie vertraut. Pausenlos beschäftigen sich da Nichtfachleute mit Dingen, von denen sie keine Ahnung haben. Und dann jammern sie auch noch darüber. Aber sie jammern natürlich völlig blödsinnigerweise, weil sie sich vorher im grauen, frisch gebügelten Anzug frech hingestellt und gesagt haben: »Wir wissen, wo es langgeht.« Und das wissen sie eben nicht. Ich habe da schon so meine Freunde, die ich gern in der Schusslinie meines Damenrevolvers hätte. Aber die Politiker sind ja keine schlechten Menschen, eher doof und völlig unwichtig im Vergleich zu einem Industrieboss wie Reuter von Daimler-Benz. In Bonn siehst du doch dauernd, wie schnell ein Landwirtschaftsminister zum Verteidigungsminister umgepflügt werden kann: Jeder Regenmacher, Kartenleser, Magier oder Medizinmann wäre in der Politik erfolgreicher.

In Schwerin und Rostock und Cottbus greifen Jugendliche Asylbewerberwohnheime an, in Augsburg brennen Rowdys ein Zeltlager von Flüchtlingen nieder. Und die Politiker sitzen auf der Couch und nehmen nicht mal übel.

Warum sollten sie auch? Das würde ich denen doch gar nicht glauben! Die Kids erledigen doch für sie die Drecksarbeit. Ich finde es auch fast in Ordnung, dass es brennt. Das ist der offene Ausbruch eines Gefühls, das tief und wahrhaftig in der Bevölkerung verwurzelt ist. Warum haben wir die Juden umgebracht? Wir haben so viele Fragen in der deutschen Geschichte noch nicht gelöst. Und solange das nicht erledigt ist, kommt das immer wieder hoch. Es gibt nicht nur Humanisten, nicht nur saubere Fernsehzuschauer, es gibt Schweine, es gibt Drecksäue.

Wenn Sie als Kabarettist noch auf diesen Hass reagieren könnten – wie sähe das aus?

Den Schalter Kabarett habe ich innerlich schon abgeschaltet, ich schaue mir das alles nur noch aus Kollegialität an. Die Lage hat sich so zugespitzt, dass die Form des Kabaretts hinterfragt werden muss: Muss da immer einer im Konfirmationsanzug stehen und Geschichten nacherzählen, die man eh pausenlos im Fernsehen sieht? Es fehlen den Kabarettisten die richtigen Fragen. Ich kann dem Skin doch nicht erzählen, dass er unrecht hat. Ich kann ihm nur sagen, dass er sein Leben lang in den Arsch gekniffen ist. Er hat keinen Job, keine Hoffnung – nur Hass. Ich kann ihm keine Vision geben, warum er hinter mir statt den Faschisten hergehen soll. Nazi – das ist ein Lebensgefühl, ein Faszinosum, da hatte Ex-Bundestagspräsident Jenninger schon recht. Vielleicht wäre schon was gewonnen, wenn ich dem Skin die schöne Utopie geben könnte, dass St. Pauli Deutscher Meister wird.

Im Klartext: Aufklärung ade?

Rassismus muss zur Folklore werden. Man hat so seine naiven Träume: Warum schieben wir die 150 Randalierer nicht mal für ein Jahr nach Sri Lanka ab? Überweisen ihnen ihre 650 Mark Sozialhilfe da runter, und da scheint die Sonne jeden Tag, da gibt's jede Menge Weiber – alles bestens. Und dann kommt so ein Skin wieder zurück, hat in Sri Lanka geheiratet, muss etwas mitbringen für die Schwiegermutter im Asylantenheim in Cottbus. Und der braun gebrannte Skin taucht auf, und seine Freunde stehen vor dem Heim und brüllen: »Hey, schön, dass du wieder da bist!« Und er sagt: »Ich muss da drin erst mal was abgeben!« »Du ins Asylantenheim, bist du lebensmüde?« »Meine Schwiegermutter ist hier!« Das wär' doch eine schöne Nummer.

Stimmt, und ich würde sie gerne von Günter Thews gespielt sehen. Schade drum.

Ja, bald sind alle Kreuzworträtsel gelöst, und ich lasse X 15 hinter mir. Und meine Mutter wird immer noch bedauern, dass ich nicht 'ne Frau, ein Kind, ein Haus habe. »Wärst du bloß bei der Edeka geblieben!« Aber was wäre da passiert? Ich wäre Filialleiter und mehr geworden, hätte Positionen erreicht, die ich verteidigen müsste. Und ich wäre im Krankenhaus mit Herzinfarkt oder Krebs. Nein, nein, so ist alles gut. Heute Abend kochen wir noch mal, was wir gestern schon hatten, aber mir schmeckt das so: Erbsensuppe mit Knackern, und dabei werde ich ein bisschen Fernsehen gucken. Ich sterbe lebenssatt.

Günter Thews, 1946 in Celle geboren, war einer der Gründer der Kabarettgruppe »3 Tornados«. Ihren ersten Auftritt hatte die anarchistische Spaßguerilla-Gruppe 1977, die Tornados waren aktiv bei Streikaktionen gegen Berufsverbote, bei Anti-AKW-Demos, sie hatten mit zahlreichen Prozessen und Auftrittsverboten zu kämpfen, ins Fernsehen durften sie nie. Ihr Witz war zu wahr, zu verschroben, zu unsachlich, ihr Spott zu böse, zu radikal. »Hey, was ist denn da los, das sind die 3 Tornados!«, krächzte Thews, 120 Auftritte pro Jahr, 13 Jahre lang, mit Sperrmüllkoffern im roten Kombi durch die alte BRD. Das war Volkstheater für Spontis, Anarchos, Müslis, Hausbesetzer – Seelennahrung für die Freaks von Biberach bis Berlin.

OSWALT KOLLE

»Ich war wie ein Kaninchen«

(1998)

Er ist der Altmeister der sexuellen Aufklärung und brachte wie kein anderer Bewegung in deutsche Betten: Sex ist lernbar und macht Spaß, ob man jung oder alt ist. Genieße, gib dich hin, heißt bis heute seine Botschaft. Ein bisschen komisch guckte ich schon, als der ältere Herr, ein netter Opa, den ich 1998 in seiner Wohnung in Amsterdam traf, einen Dildo in der Hand haltend, gut gelaunt Sätze von sich gab wie: »Im Grunde ist es egal, wenn man keine Erektion mehr hinkriegt: Wer eine Zunge und zehn flinke Finger hat, ist immer noch potent.«.

Herr Kolle, die Sex-Unternehmerin Beate Uhse sagt, drei Faktoren hätten das Sexualverhalten der Deutschen radikal verändert: »Beatchen Uhse, die Pille und Oswalt Kolle«.

Ja? Stimmt schon, ich habe ein bisschen Aufklärung in diese Welt gebracht. Ich habe dafür gesorgt, dass eine miese, dreckige, menschenfeindliche Moral abgedankt hat. Ich wurde angegiftet in den Sechzigern: »Wegen dir geht die Moral vor die Hunde!« Ja, was denn für eine Moral? Eine heuchlerische Scheißmoral! Zwei Millionen Abtreibungen auf dem Küchentisch gab es damals! Heute können wir vernünftig über Sexualität reden. Ich habe Türen geöffnet.

Für die 68er waren Sie ganz einfach ein kleinbürgerlicher Spießer.

Ach was. Für die Rechten war ich der Ehezerstörer, für die katholische Kirche »ein volksverführerischer Gaukelspieler«. Ich bin ein Realpolitiker. Die Linken wollten mit dem großen Schraubenschlüssel die ganze Sexualität umdrehen. Die dachten, wenn man mit dem nackten Arsch den Leuten ins Gesicht springt, dann verändert sich alles schlagartig. Aber Sie überzeugen einen Homosexuellenfeind nicht von der Schönheit der Männerliebe, indem Sie ihm die Hosen runterziehen.

Sie setzen auf das sanfte Streicheln.

Aber nur! Und ich habe mehr erreicht als die ganze linke Bewegung mit ihren wilden Aktionen. Mir war das alles zu ungestüm.

Wie sind Sie erzogen worden?

Ganz klassisch, bürgerlich-liberal. Meine Mutter war nicht streng, sie war sanft. Aber es war eine sehr körperfreie Erziehung. Küsse, Umarmungen gab es da nicht. Meine Eltern schlugen mich nie, nicht mal im Zorn. Mit einem strafenden Blick guckten sie, wenn bei uns Jungs bestimmte Flecken waren auf der Wäsche.

Und die gab es häufig?

Natürlich. Mit acht, neun habe ich angefangen zu onanieren. Ich habe onaniert wie verrückt.

Warum?

Es ist das Schönste, was es gibt für einen Jungen, der noch keine Freundin oder keinen Freund hat. Und es ist ein wunderbares Spiel, das jung hält und gesund macht.

Moment mal, neulich haben Sie bitter darüber geklagt, dass »wir auf dem Weg in die Masturbationsgesellschaft« seien.

Ja, weil die Leute mit offenen Hosen vor dem Video oder Internet sitzen und gar nicht mehr rausgehen, total vereinzeln. Das war nicht mein Ziel. Ich wollte, dass Masturbation als normal und angstfrei erlebt werden darf.

Hatten Sie ein schlechtes Gewissen, wenn Sie masturbierten?

Nein, nie. Ich habe mich eher gewundert, woher meine erotischen Fantasien kamen: Mädchen spielten da keine Rolle. Immer Jungs. Aber das hatte mit der Schule zu tun. Da wurde geprügelt wie verrückt. Der Lehrer Kürschner machte daraus ein Ritual: »Ich mache meinem Namen Ehre, weil ich frechen Jungs das Fell gerbe.« Er zögerte die Schläge hinaus, manchmal durfte man die Zahl der Hiebe selber bestimmen, schließlich musste man sich über den Schemel legen: »Stell ihn in die Mitte, damit alle sehen können, wie es einem frechen, schmutzigen Jungen ergeht.« Und dann drosch er mit dem Rohrstock auf den Po. Ich fand das toll. Das hat mich erregt. Lust-Angst. Ich war klein, schwach – und in meiner Fantasie liebte ich die schlanken, starken Jungs.

Sie waren in der Hitlerjugend?

Ja, aber unwillig.

Wie alle guten Deutschen.

Nein, die meisten waren sehr gerne da, ich aber nicht.

Wie haben Sie die Nazis erlebt?

Es waren alles so verklemmte Schwitzgeschichten in der HJ: Reinheit der Seele, Reinheit des Körpers. Flink wie ein Windhund. Hart wie Kruppstahl. Übergib dem Führer deine reine Seele. Und ich hatte da ein Riesenproblem – meine Onanierlust. Ich war in der Rundfunkspielschar, wir haben morgens im hessischen Radio Chöre gesungen. Und irgendwann wurde ich dem Reichsjugendführer Baldur von Schirach vorgestellt. Für mich war das eine ganz furchtbare Frage: Ich muss diesem Vertreter des Führers ja die Hand geben. Geht das denn? Das ist ja meine Onanierhand, und die ist beschmutzt. Ich habe ihm diese befleckte Hand gereicht – ein fürchterlicher Stress.

Erinnern Sie sich noch, wie das war – das erste Mal zu zweit?

Das war ein Moment des Glücks. Ein Augenblick, der verhuschte, aber immer in Erinnerung ist. Es war mit einem Freund, in einer Jagdhütte. Er war 16, ein Jahr älter als ich, und es ist einfach geschehen. Für mich war das überwältigend, den Körper eines nackten Jungen im Arm zu haben. Ich liebte den, ich mochte den. Wir haben uns gegenseitig masturbiert. Es roch nach Tannen und Gras, und Vögel zwitscherten – dieses Bild habe ich noch immer vor mir. Eine wahnsinnige Geschichte.

Haben Sie sich danach geschämt, dachten Sie: Ich mache hier etwas Falsches?

Nein, ich habe schon gewusst, dass es Männer gibt, die nur Männer lieben. Mein Onkel Helmut, ein Maler und großer Freund von Cocteau, war homosexuell. Aber ganz ehrlich war ich damals nicht. Ich habe mit niemand darüber geredet. Eine Zeit lang war ich auch verwirrt, habe ich mich immer gefragt: Bin ich eigentlich bisexuell oder nur ein Heterosexueller, der keine Angst vor Sex mit Männern hat? Von Anfang an habe ich mit Männern und Frauen geschlafen, habe das genossen – ohne Schuldgefühle.

»Der Verlust des Schamgefühls«, schreibt Sigmund Freud, »ist ein Zeichen von Schwachsinn.«

Das ist die Argumentation, die aus der christlich-reaktionären Ecke kommt. Freud meinte das völlig anders, er sagte: Bei Schwachsinnigen können wir feststellen, dass sie zuerst die Scham verlieren. Also was wir bei Alten und Senilen erleben. Die Feinde der sexuellen Freiheit benutzen diese Worte als Waffe. In den Sechzigern wollten ja Ärzte, Hochschulprofessoren mit der »Ulmer Denkschrift« die Pille verbieten lassen. Wenn man den Frauen, sagten sie, die Angst vor der Schwangerschaft nimmt, würden sie hemmungslos: »Die Abgabe der Tabletten würde bei ihnen die letzten Bremsen beseitigen. Wir kennen dies ja bei manchen Fällen der Sterilisation.« Im Klartext: Die Frau ist unmündig, und im Grunde ist sie eine Hure. Und dagegen …

… waren Sie: »Der wackerste Kämpfer für die Entteufelung des Unterleibs«, wie die »Zeit« Sie einmal nannte.

Ja, natürlich. Sie müssen einfach wissen, wie die Stimmung damals in Deutschland war. Ich war mit meiner Frau fünf Jahre zusammen, und dann haben wir geheiratet. In unserer Hochzeitsnacht wollten wir in Offenburg im »Offenburger Hof« übernachten. Ich hatte die Ehepapiere vergessen, und da hieß es: »Bitte schön, Sie haben keinen Trauschein, Sie kommen nicht zusammen in ein Zimmer!« So war das.

Es galt noch die »Himmlersche Polizeiverordnung« mit den Kuppeleiparagrafen und …

… es war noch die Zeit, wo die Polizei in ihren Fahndungsblättern schrieb: »Otto Eduard Hasse, herumreisender Schauspieler, homosexuell. Verhaften!« Das können sich die jungen Homosexuellen heute nicht vorstellen. Ich habe in der »Quick« eine Aufklärungsserie gemacht: »Dein Kind – das unbekannte Wesen.« Ich schlug vor, man solle doch nicht mehr Pullermännchen sagen, sondern von Penis, Scheide, Vagina oder Glied reden. Da schrieb der damalige Familienminister, Herr Würmeling, wenn solche schmutzigen Ausdrücke nochmals erscheinen, werde er dafür sorgen, dass die »Quick« verboten wird.

Damals nahm man nicht mal das Wort Schwanz in den Mund.

I wo. Ich bekam Tausende von Briefen. Die Leute schrieben: Wir wissen nichts. Wir können nicht miteinander reden. Helfen Sie uns! Als ich angetreten bin, war Sex eine Leistung. Eheliche Pflicht hieß das. Ich wollte da weg: Nee, nee, nix Leistung, nix Pflicht. Wir müssen woanders hinkommen – zu mehr Zärtlichkeit, zu mehr Sinnlichkeit. Die Frau gleichberechtigt mit dem Mann, nicht als Genossene, sondern als Genossin.

Sie waren damals, schrieb die »Bild am Sonntag« äußerst erregt, der dritte Mann in jedem deutschen Ehebett.

Ich war für viele eine Hassfigur. Ein katholischer Pfarrer beschimpfte mich: »Sie wollen die Menschen sogar in der Ehe zu sexuellen Spielen verführen!« Für die Männer war ich ein Verräter. Sie konnten es nicht mehr so einfach mit ihren Frauen treiben.

Was war denn das Skandalöse an Ihrer Botschaft? Habt Spaß miteinander, sagten Sie. Und: Die Frau darf auch mal oben liegen!

Aber das war revolutionär. Bei der Freiwilligen Selbstkontrolle tobte ein Zensor: »Sie wollen die ganze Welt auf den Kopf stellen – jetzt soll sogar die Frau schon oben liegen!« Ein Chefredakteur sagte: »Ich finde toll, dass der Kolle mit seinem Zeugs so einen Erfolg hat, aber ich verstehe das nicht ganz: Bei mir zu Hause geht das ruckzuck und fertig.«

Das war auch John F. Kennedys Rammel-Maxime: »Wham, bam – thank you, Ma'am!«

Bisher hatten die Männer ihr Ding reingesteckt, sind kurz rumgezuckt, und das war's. Mir fällt dazu dieser Witz ein: Ein Mann schläft mit seiner Frau, er ist heftig bei der Sache und sagt plötzlich: »Entschuldigung, Liebling, habe ich dir wehgetan?« Sie: »Warum denn?« Er: »Ich habe das Gefühl, dass du dich bewegt hast.« Ich habe die Frauen renitent gemacht, ich habe ihnen etwas gegeben und den Männern was genommen.

Einer von diesen Männern wollte Sie löten.

Der lief auf Sylt herum, wo ich gerade Urlaub machte, und brüllte in den Kneipen: »Ich bring' den Kolle um!« Dann hat er eine Kneipe demoliert und geschrien: »Das ist für Kolle!« In der Polizeizelle hat er randaliert, und die Polizisten warnten mich vor ihm. Irgendwann riefen mich Freunde an und sagten, jetzt sitzt mein Mörder im »Rauchfang«. Ich bin zu der Kneipe gefahren. »Du willst mich umbringen?«, habe ich gesagt. Ich habe ihn geduzt, denn Mord, finde ich, ist eine sehr intime Sache. Er hat mich entgeistert angeguckt. »Wieso denn?« »Ich bin Oswalt Kolle.« Er war entsetzt. »Ich meine doch nicht Sie! Ich meine die Idee, die Sie verkörpern. Du und deine Zärtlichkeitsscheiße. Die hat mich um meine Frau gebracht. Die ist jetzt weg, du bist schuld daran!«

»Meine Olle treibt's wie Kolle!«, hieß es draußen im Volk.

Ach ja, mit dem Kalauer kann ich gut leben. Die Leute, die heute etwas zu sagen haben, die 40- bis 50-Jährigen, sind mit meinen Filmen und Büchern aufgewachsen. Ich weiß, ich habe etwas geleistet und etwas zustande gebracht.

Aber ob das für die Nachwelt reicht? Im Meyer-Lexikon stehen Sie, anders als Ihr Vater, der Psychiater, oder Ihr Großvater Wilhelm, der als Hygieneprofessor die Choleraschutzimpfung entwickelte, nicht drin.

In meinem Lexikon, dem Brockhaus, bin ich drin. Aber ob ich eine Spur für die Nachwelt hinterlasse, ist mir egal.

Vor 30 Jahren haben Sie das lustvolle Miteinander junger Menschen propagiert. Und jetzt haben Sie ein neues erregendes Ziel: Sie wollen die Alten auf Trab bringen. Ihre Devise heißt: Für ein freudvolles Ineinander, bis dass der Tod euch scheidet.

Sex ist ein gutes Mittel gegen Altersfrust. Aber ich will niemand zu irgendetwas verführen. Im Gegenteil, ich sage: Wer dir den einzig richtigen Weg zeigen will – alles Scheiße, schmeiß ihn in die Ecke!

Wie bitte? Ihr neues Buch heißt: »Die Liebe altert nicht«, und es verspricht im Untertitel das große Glück, nämlich: »Erfüllte Sexualität ein Leben lang«.

Manchen geht es im Alter ja so wie Arthur Schopenhauer, der sich endlich »vom Ungeheuer Sexualität« befreit fühlte. Gut. Aber ich weiß, dass andere furchtbar unglücklich sind, weil sie mit Sex im Alter nicht umgehen können.

Wenn eine Frau 50 ist, meint die britische Feministin Germaine Greer, wird sie »unsichtbar«. Sie wird nicht mehr wahrgenommen als sexuelles Wesen.

Das ist fürchterlicher Unsinn, dem auch Simone de Beauvoir aufgesessen ist. Ich war neunzehn, da hat mich eine 55-Jährige verführt. Mit ihren Händen und Lippen – sinnlicher als ein junges Mädchen. Und wenn jetzt eine 40-Jährige zu mir sagt, du kannst mit mir schlafen, mein Körper ist noch toll, da sage ich zu ihr: Was redest du da für einen Blödsinn! Das ist ja ein grauenhafter Satz. Mir ist die alte, faltige Haut meiner Frau doch genauso lieb wie eine junge!

Ihren aufmunternden Worten zum Trotz: Die Diktatur des Schönheitsideals ist unbarmherzig. Da wird geliftet und gestrafft, was das Skalpell hält.

Das ist schlimm. Und die Frauen, die das machen, werden nicht glücklich. Man muss mit Würde altern.

Sex im hohen Alter, sagen Sie, sei auch eine Frage des Trainings, und Sie weisen auf wichtige Dinge hin. Auf einen Muskel zum Beispiel, den kaum einer kennt. Die Frau solle bei jeder Gelegenheit ihren »Pubococcygeus« trainieren: »Immer drei Sekunden anspannen, dann wieder entspannen.«

Ja, Sexualität kann man lernen. Es ist doch so, wie Ernest Bornemann gesagt hat: Viele erleben Sex wie ein Mensch, der einen Achtzylinder fährt, bei dem aber nur zwei Zylinder funktionieren.

Und damit alle Zylinder herrlich aufröhren, haben Sie mannigfache Tipps: »Manche Frauen«, schreiben Sie, »können erst über die Schwelle des Orgasmus gehoben werden, wenn der Partner ihnen im entscheidenden Moment leichte Schläge auf den Po versetzt oder mit den Fingernägeln die Innenseite der Schenkel kratzt.«

Das hilft, diese Tipps helfen den Menschen …

… den »Ganzkörperorgasmus«, wie Sie schreiben, zu erleben?

Aus Briefen, ich kriege pro Monat um die 200 Stück, weiß ich, dass meine Ratschläge die Leute weiterbringen.

Sex ist trainierbar wie ein Fußballspiel?

Unsinn. So einen Vergleich hasse ich wie die Pest. Aber viele ältere Menschen haben ungeheuer quälende Vorurteile im Kopf: Sie denken, wenn sie Lust haben, das ziemt sich nicht – o Gott! Und ältere Männer haben schreckliche Angst, impotent zu werden, und erinnern sich an ihre Jugend. Damals hieß es: Tausend Schuss, dann ist Schluss! Solche Ängste können Sie den Leuten nehmen.

Und Sie selbst – wie haben Sie befriedigenden Sex erlernt?

Ich habe erst mit Jungs, dann mit Mädchen geschlafen. Ich schäme mich heute. Ich war am Anfang wie ein Kaninchen, habe einfach losgerammelt, so wie es heute noch irrsinnig viele Männer machen, die nach wie vor Cunnilingus für eine irische Fluglinie halten. Ich habe mein Ding reingesteckt, abgezogen, möglichst oft hintereinander. Ich habe dann eine ältere Frau kennengelernt, sie war dreißig, ich um die zwanzig, und die hat zu mir gesagt: Mein lieber Freund, es ist ja toll, wie potent du bist, du hast auch einen ganz schönen Schwanz, aber schöner Sex ist viel mehr.

Und sie hat Ihnen gezeigt, was wirklich schön ist?

Ja, wie man sich lecken und schlecken kann, wie man sich frei im Bett bewegt und dass man nicht bloß auf der Frau draufliegt. Dieser Frau, Helga hieß sie, bin ich ungeheuer dankbar. Die Erfahrungen, die ich mit ihr gemacht habe, habe ich an alle weitergegeben, mit denen ich geschlafen habe – auch meiner Frau.

Sie haben auch Sex zu dritt probiert. War's gut?

Wunderbar, und es ist immer noch wunderbar. Sie können einfach mehr Spaß haben. Ich habe es immer genossen, wenn zwei Männer mit einer Frau zärtlich waren. Ich hatte einen Freund, Martin, er war 20 Jahre jünger als ich, auch bisexuell. Wir waren keine Konkurrenten im Bett. Hatte sich eine junge Frau in einen von uns verliebt, dann wurde sie dem anderen vorgestellt. Viele Frauen reizt die Vorstellung, wie zwei Männer miteinander zärtlich sind. Wir haben mit den Frauen darüber geredet, und wir sind selten abgeblitzt. Wer keinen Sex zu dritt haben will, muss es doch nicht machen: Ich muss doch auch nicht Schaschlik essen, wenn ich genau weiß, dass es mir davon schlecht wird.

Bei Sex ohne Liebe, meint die Schauspielerin Jeanne Moreau, beginne das Fleisch des anderen zu stinken.

Ich bin gegen diese Romantisierung. Es muss nicht die strahlende Liebe sein, wenn man ins Bett geht. Es ist doch eine Lüge, dass es im Bett nur dann wirklich klappt, wenn man sich richtig liebt. Freundschaft, Vertrauen ist wichtig.

Eifersucht – ist das ein Fremdwort für Sie?

Ich lebe jetzt seit fünfzig Jahren mit meiner Frau zusammen. Wegen unserer Untreue. Sie hat genau wie ich immer gesagt: Wenn du nicht weggehst, weiß ich ja gar nicht, ob du zurückkommst. Es gab Zeiten, da wollten wir uns trennen. Es gab Schmerzen, Tränen. Ich habe auch gelitten. Aber Eifersucht? Das hieße, ich missgönne meinem Partner etwas. Wir haben vor unserer Ehe eine Probezeit gemacht: Drei Monate sollten wir uns nicht sehen. Ich bin nachts zu ihr zurückgeschlichen. Und plötzlich wussten wir: Wir kommen nicht ohne einander aus.

Wie gehen Sie damit um, wenn eine Frau Sie abweist?

Das kommt nicht vor. Ich bin ja nie der Verführer, ich bin nicht so aktiv. Ich lasse mich verführen. Äußerlichkeiten sind nicht wichtig. Die Augen, die Sprache, die Gestik – darauf kommt es an.

Sie werden bald siebzig.

Alt werden ist nicht angenehm, aber nicht alt werden ist unangenehmer. Alles wird mühsamer, man wird kurzatmig, und auch die Frauen und Männer gucken einem nicht mehr so hinterher.

Lässt die Lust nach?

Sie ist nicht mehr ganz so stark wie früher. Aber ich bin ein klassischer Fall, von dem die Wissenschaftler sagen: Wer früh anfängt, kann lang durchhalten. Ich habe keine Angst, impotent zu werden. Im Grunde ist es aber auch egal, wenn Sie keine Erektion mehr hinkriegen: Wer eine Zunge und zehn flinke Finger hat, ist immer noch potent.

Oswalt Kolle, 1928 in Kiel geboren, schrieb unzählige Artikel und Bücher (»Deine Frau, das unbekannte Wesen«) über Sexualität, mit seinen Aufklärungsfilmen (»Das Wunder der Liebe«) erreichte er zwischen 1968 und 1972 weltweit über 140 Millionen Zuschauer. Kolle lebt in Amsterdam, zuletzt erschien seine Autobiografie »Ich bin so frei«.

MARTIN WALSER

»Du stehst da oben, du willst lesen, dann brüllen die Bengel: Antisemit!«

(2003)

Meine Beziehung zu Martin Walser ist schwierig. Einerseits ist sie herzlich und unkompliziert, »Bua«, sagt er beim Besuch in seinem Haus am Bodensee zu mir, »hock de na, iss, trink!« Andererseits hat er ein stundenlanges Gespräch, das wir im Sommer 2001 führten, nicht freigegeben. War ich seiner verletzten Seele zu nahe gekommen? Als ich ihn Mitte Dezember 2002 wieder besuche, reden wir wieder stundenlang, und als ich spätabends aus seinem Schreibzimmer die Treppe herunterkomme, steht im Flur seine Frau: »War es wieder so schlimm?«

Herr Walser, es war doch ein Drecksjahr für Sie.

Nein, nicht ein Drecksjahr. Überhaupt Dreck. Von all meinen Jahren war es das grellste. Was habe ich getan? Ununterbrochen habe ich mich gerechtfertigt wie ein Angeklagter. Wie ein Verurteilter.

Tausende von Seiten erschienen über Sie allein in der überregionalen Presse – ich hab's nachgewogen: insgesamt 3,4 Kilogramm.

Na und? Und wenn es so gewesen ist, soll ich danke schön sagen? Wie soll ich das bewerten? Dass ich so auffalle, ist schrecklich. Ich bin kein Provokateur, ich bin harmoniesüchtig.

Ihr Buch »Der Tod eines Kritikers«, Ihre Abrechnung mit Marcel Reich-Ranicki …

Es ist keine Abrechnung.

… löste eine außergewöhnliche Aufregung aus: In den Tagen, als zwischen Pakistan und Indien ein Atomkrieg drohte, machten die »Tagesthemen« mit Ihrem Werk auf, das noch gar nicht erschienen war.

Das – und alles andere in diesem Jahr – folgte aus der Verurteilung durch die »Frankfurter Allgemeine«, in der Frank Schirrmacher das Buch in einem hohen Dringlichkeitston nicht nur mit dem Verdacht, sondern mit dem Urteil belegt hat, es sei antisemitisch.

Schirrmacher, dem Sie den Roman zum Vorabdruck angeboten hatten, nannte ihn außerdem »ein Dokument des Hasses« und …

… darauf muss ich nicht reagieren, Schirrmacher ist eine Gefühlsniete, was mich betrifft, wenn er glaubt, ich könnte aus Hass schreiben. Das kann ich nicht. Ich schreibe nur über Leute, die ich liebe. Und »Der Tod eines Kritikers« ist eine unglücklich verlaufende Liebesgeschichte.

Für Schirrmacher ist es »eine Exekution«, »eine Mordphantasie« an Marcel Reich-Ranicki.

Wenn jetzt das ganze Jahr so abgelaufen wäre, dass die grellen Inszenierungen von Herrn Schirrmacher und das noch grellere Nachgeplapper von Frau Schmitter im »Spiegel« allgemein geworden wären, dann hätte ich … ich hätte das nicht mehr ausgehalten.

Wie? Sie dachten ans Auswandern?

Stellen Sie sich doch mal vor, wenn alle gesagt hätten: Walser – er ist ein Antisemit, ein Antisemit! Dann wäre das doch für mich die perfekte Verunmöglichung des Daseins in diesem Land gewesen. Dieser Vorwurf kommt einer Ächtung gleich. So etwas hätte ich nie aushalten können. So etwas würde kein Mensch aushalten! Wenn das geglückt wäre, wäre ich weg. Die wahre Beschädigung des Jahres 2002, das Schlimmste für mich ist, dass ich mich habe hineintreiben lassen in die sinnlose Selbstverteidigung. Dieses Andauernd-sich-Rechtfertigen – grauenhaft!

Sagen Sie mal, Sie geben Ihr Buchmanuskript an die »FAZ« zum Vorabdruck, und am 29. Mai fallen Sie vom Hocker, weil es dort in einem offenen Brief …

Er durfte das nicht! Es ist ein Bruch von Brauch und Gesetz. Man könnte ihn haftbar machen, aber ich kann das nicht.

… weil es in diesem Brief heißt: Mordaufruf. Antisemitisch. Undruckbar. Wie war das für Sie?

Da hat die deutsche Sprache ein fabelhaftes Wort, das man nicht überbieten kann: fassungslos! Du bist fassungslos, weil du es nicht verstehst. Es ist schwer für mich, jetzt darüber zu reden. Wenn ich das jetzt öffne … Ich wurde in den Tagen vorher ja immer wieder von der »FAZ« angerufen, bis zum 27. Mai war ich von der »FAZ« im Glauben gehalten: Es klappt. Und keiner hatte in dem Text Antisemitisches entdeckt, sowenig wie mein Verleger Siegfried Unseld.

Er soll ja gesagt haben: »Ein Meisterwerk!«

Nicht: Er soll gesagt haben. Er hat zu mir am 7. April am Telefon gesagt: »Ein Meisterstück. Ein Meisterstück.« Und was ganz wichtig ist, er sagte auch: »Wir werden das machen, in die Vorschau nehmen, es in unserer Weise anbieten.«

Ihr inzwischen verstorbener Verleger Siegfried Unseld war schwer krank, als…

Wenn er jeden Tag in den Verlag hätte kommen können, wäre alles anders gelaufen. Unseld hätte hellauf gelacht. Schirrmacher hätte diesen offenen Brief nicht geschrieben, er hätte es nicht gewagt. Keine Sekunde lang wäre ich ein Antisemit. Siegfried wollte das Buch machen, er sagte auch, er könne keine Beleidigungsabsicht Reich-Ranicki betreffend feststellen.

Wie bitte? Reich-Ranicki, der in Ihrem Roman Ehrl-König heißt, geben Sie doch, salopp gesagt, ordentlich eines mit: Man müsste »ihm einmal mit dem Zoom aufs Mundwerk fahren«, heißt es da, »dass endlich mal das weiße Zeug, das ihm in den Mundwinkeln bleibt, groß herauskäme, der vertrocknete Schaum ...«

Ja, ja. Ja und? Was ist das? Antisemitisch?

Weiter heißt es da: »Scheißschaum, gellte Bernt Streiff, das ist sein Ejakulat. Der ejakuliert doch durch die Goschen, wenn er sich im Dienst der deutschen Literatür aufgeilt.«

Ja und? Das ist ein Roman. Es ist geschmacklos. Aber Literatur ist keine bürgerliche Geschmacksparty. Ich bin doch kein Damenkränzchen. Was Sie zitieren, das sind zwei besoffene Schriftsteller, die wollen jetzt einmal das Maul aufmachen gegen den, der sie öffentlich heruntergemacht hat. Nichts weiter. Das ist polemisch. Und, bitte schön, das ist die Perspektive von zwei Romanfiguren.

Für den »Spiegel« ist Ihr Roman »der wohl machtvollste Antisemitismus der an solchen Ausfällen nicht armen deutschen Geistesgeschichte«.

Was Elke Schmitter da geschrieben hat, ist grotesk. Dass die »Spiegel«-Redaktion sie nicht schützt, so etwas völlig Absurdes zu veröffentlichen, ist den daran beteiligten Herren seriös vorzuwerfen. Aber offenbar hört beim Alarmwort Antisemitismus die Denkfähigkeit auf. Was Schmitter da geschrieben hat, halte ich für zeitgeistbefrachteten Opportunismus oder bösartige Voreingenommenheit.

Herr Walser, Sie ...

Moment! Schmitter schreibt, ich hätte einen Juden dargestellt, der selber unproduktiv ist und einen Nichtjuden als Einflüsterer braucht. Das sagt sie! So etwas zu unterstellen nach einem Jahrhundert, das, was jüdische Geistesleistung betrifft, so produktiv war wie noch kein anderes, Kafka, Mahler, Einstein. Ich weiß nicht, ob es solchen Unsinn im

Nazi-Jargon gegeben hat. Ich kann mich bloß wundern, dass eine Intellektuelle so etwas behaupten kann, obwohl sie doch wissen muss, dass das – falls sie sich in der Kulturtradition Europas auskennt – nicht stimmen kann. Nein, es tut mir leid, aber ich bin trotz dieses auflagenstarken Schwachsinns glücklich über jede Zeile in meinem Buch.

Tatsächlich?

Ja, natürlich! Da übt jemand Macht aus …

Sie meinen nun Reich-Ranicki.

… und er übt diese Macht hemmungslos aus, zwanzig Jahre lang. Und seine Hemmungslosigkeit wird ihm honoriert als Temperament. Enthemmung imponiert den Fernsehzuschauern, das wirkt charismatisch, das bringt Quote, der Hemmungslose merkt, er darf alles. Und du darfst nicht einmal 200 Seiten schreiben über diese Machtausübung! Das nicht beantwortet zu haben all die Jahre, hat sich in mir zum Vorwurf ausgewachsen. Lässt du dir wirklich gar alles gefallen? Bloß weil der der Mächtigste ist in der Szene?

Und dann haben Sie ja zurückgeschlagen.

Ach was, geschlagen, ich habe eine Prosakomödie inszeniert, habe die wirkliche Figur ins Überlebensgroße gesteigert. Dankbar könnte der Herr sein.

Reich-Ranicki sah das völlig anders. Er befand, Ihr Buch darf im Suhrkamp Verlag nicht erscheinen.

Tja, wenn ich auf eine solche Wucht von Zumutung nicht mehr schreibend antworten kann, dann gehe ich in die nächste Gärtnerei und pflanze Geranien. Bitte schön, über mein Buch »Jenseits der Liebe« schrieb er unter der Überschrift: »Jenseits der Literatur«. Das ist ein Platzverweis. Der Versuch eines Hinauswurfs. Über Botho Strauß sagt er: »Wer berühmt ist, kann jeden Dreck veröffentlichen.« Der ist nicht zimperlich. Ich habe das Buch gewidmet all denen, die meine Kollegen sind.

Die jüdische Schriftstellerin Ruth Klüger ist von Ihnen enttäuscht, sie schreibt Ihnen: »Das Gift, das Dir aus der Feder floss, ist Dir nicht einfach zu einem schlechten, es ist eher zu einem üblen Buch geronnen.«

Das ist für mich so unverständlich wie Schirrmacher, ein Rätsel. Ich muss bei beiden Motive vermuten, die mit mir nichts zu tun haben. Ruth kennt mich seit 1946. Sie müsste wissen, dass ich zu dem, was sie mir nun nachsagt, nicht fähig bin.

Sie fühlt sich von Ihrer »Darstellung eines Kritikers als jüdisches Scheusal betroffen, gekränkt und beleidigt«.

Jüdisches Scheusal! Ich habe auf einen deutschen Kritiker reagiert, der allgemein als der wichtigste deutsche Kritiker gilt. Ich habe noch kein einziges Mal gehört, er sei ein jüdischer Kritiker, also wäre er, sogar wenn er bei mir ein Scheusal wäre, was er definitiv nicht ist, kein jüdisches Scheusal, sondern ein deutsches. Was Ruth Klüger mir da nachsagt, muss sie mit sich, vielleicht noch mehr mit Reich-Ranicki abmachen. Für mich ist es das traurige Ende einer Beziehung.

Das ist doch tragisch für Sie: Am späten Abend Ihres Lebens …

… Abend genügt.

Also, am Abend Ihres Lebens wenden sich die Menschen von Ihnen ab.

Nicht die Menschen, sondern ein paar. Und dass auch ein paar sich Abwendende zu Schmerzquellen werden, ist wahr. Die wenden sich ja möglichst öffentlich ab. Sodass sie strahlend gut aussehen und ich bös schlecht. Das scheuert auf den Nerven. Manchmal glaubt man dann, man könne sich vorstellen, wie es sich anfühlt, in einer kommunistischen Diktatur aus der Partei ausgestoßen zu werden. Einerseits. Andererseits habe ich noch nie eine so stürmische Leserzustimmung erfahren und …

Sie sind aber nicht glücklich.

Und könnte doch wirklich glücklich sein. Es würde mich – ja, das kann ich schon sagen – nicht mehr geben, wenn die ganze Öffentlichkeit und auch die Leser reagiert hätten, wie Herr Schirrmacher sich wohl ausgerechnet hat. Dann wäre ich weg, wäre ich wahrscheinlich nicht mehr hier. Die »FAZ« hat es nicht geschafft, und deswegen kann ich leben. 99,9 Prozent der Stimmen, der Briefe an mich sind positiv, die »Jüdische Wochenzeitung«, jüdische Professoren im In- und Ausland haben erklärt, mein Buch sei nicht antisemitisch. Das ist unmittelbar heilend.

Gibt es dennoch Momente, in denen Sie sagen: Verdammt, hätte ich das Buch bloß nicht geschrieben!

Niemals! Ich bin mit diesem Buch so einverstanden, wie ich es selten mit einem Buch war. Das Buch hatte in mir eine angejahrte Dringlichkeitsstufe – und nun bin ich es glücklich los. Manchmal, was ich mit früheren Büchern nicht immer mache, nehme ich dieses Buch in die Hand und schaue hinein und sage: Ja! Ja! Ja!

Ihrem Jubel zum Trotz: »Tod eines Kritikers« hat Sie schrecklich isoliert.

Na gut, die Verhältnisse haben sich geklärt. Jetzt weiß ich, wie ich mit jedem stehe. Da gibt es, hysterieimmun, Günter Grass, Adolf Muschg, Joachim Kaiser, und es gibt, hysteriebereit, kirchenhaft eifrig, die Correctness-Bosse und -Bossinen und ihre ideologischen Absahner. Und ich ahne jetzt, dass wir in diesem Land zu meinen Lebzeiten Meinungsfreiheit nicht mehr erringen. Toleranz bleibt Lippengebet.

Sie sind verbittert.

Nein, erfahrungsgesättigt, aber nicht satt.

Herr Walser, Sie haben in den vergangenen Jahren eine bemerkenswerte Karriere gemacht: vom »geistigen Brandstifter«, wie Sie Ignatz Bubis 1998 nach Ihrer Paulskirchen-Rede bezeichnet hat, hin zum potenziellen Mörder, wie Sie Frank Schirrmacher nun sieht.

Ignatz Bubis hat den »geistigen Brandstifter« zurückgenommen, der von Schirrmacher versuchte Rufmord harrt noch seiner Zurücknahme. Die Karriere, die Sie mir auf den Leib zitieren, hat mit mir nichts zu tun. Ich bin der, der ich vor diesen Skandalen war.

Dann sind Sie also noch der Walser von früher, der linke Schriftsteller, der…

Halt. Ich habe einen Lernprozess machen müssen. Auf die beiden Wörter links und rechts muss ich verzichten. Ich habe keine Chance mehr, links zu sein oder zu gelten. Und rechts zu sein oder zu gelten, daran ist mir nicht gelegen. Ich habe mit diesen Adjektiven Schluss gemacht. Das sind Verblendungen, Attrappen, Verlogenheiten, moralische Anmaßungen.

Egal, ob rechts oder links: Wo Sie nun auftreten, rufen Demonstranten Ihnen zu: »Antisemit! Antisemit!«

Das ist passiert in Leipzig. Einem liebenswürdigen Menschen zuliebe habe ich eines Nachmittags dort gelesen, da war eine Gruppe von jungen Leuten, lauter prima Gesichter, aber ihr einziger Text war: »Antisemit!«

Und die meinen Sie damit!

Das ist eine unerträgliche Situation.

Sie könnten ja mit diesen Leuten diskutieren.

Das geht nicht. Die brüllen nur. Du stehst da oben, du willst lesen, und ich mache das wahnsinnig gern, aus dem »Tod eines Kritikers« kann man wunderbar lesen, aber dann kommen diese Parolenbengel mit ihrem Ruf: Antisemit! Ich weiß gar nicht, wo der hintrifft. Dann habe ich zu einem besonders Lauten gerufen: Kommen Sie jetzt hierher zu mir aufs Podium, sagen Sie mir das ins Gesicht, dann kriegen Sie eine Ohrfeige.

Und das, glauben Sie, würde Ihnen helfen?

Ich weiß es nicht. Ich habe es ja noch nicht tun können. In Erfurt habe ich mal einen vom Podium wegschieben wollen, dann hat er gerufen: »Rühren Sie mich nicht an, mein Vater ist Staatsanwalt!« Da wusste ich, mit wem ich es zu tun hatte: bürgerlichste Randale.

Sie müssten einfach ruhig sein.

Moment! Jetzt frage ich Sie: Da ist die »FAZ« mit ihrem gloriosen bürgerlichen Anspruch, da ist der »Spiegel« mit seiner Aufklärer-Fahne, und das endet dann in diesen Sprechchören, mit diesen Parolenbuben und -mädchen, die nichts gelesen haben, aber Parolen haben sie mitgekriegt, diskutieren wollen sie nicht, nur verhindern, nur Skandal machen. Diese Verführten möchte ich gern Herrn Schirrmacher und Frau Schmitter vorführen. Was sagen die dazu? Nichts. Die drücken sich. Ich nenne das Correctness-Diktatur.

Ich sag's ja: Sie sind verbittert.

Nein.

Nochmals: Sie müssten einfach ruhig sein, nichts mehr schreiben.

Das ist ja ein wunderbarer Rat! Vielen Dank! Wissen Sie, wenn ich auf einer Reise keine ruhige Minute habe, merke ich nach ein paar Tagen, dass mir etwas Wichtiges fehlt, und zwar etwas Lebenswichtiges, nämlich das Schreiben. Entweder ist die Welt zu schön oder zu scheußlich. Und beides muss man mit Schreiben beantworten.

Sie werden also immer schreiben, schreiben bis zum letzten Schnaufer.

Offenbar.

Und Sie machen sich ständig Notizen.

Ja. Soll ich an meinen Einfällen ersticken?

Was haben Sie heute notiert?

Das geht Sie nichts an. Aber es gehört zum Spiel, also bitte. Ich schaue nach. Hier: »Die Ungewissheit ist eine Flut, die steigt, ohne dich ganz zu ertränken. Die Ungewissheit ist ein Würgegriff, der immer kurz vor dem Ersticken haltmacht. Nur die Gewissheit ist tödlich, also erlösend.«

Das hört sich an, als ob für Sie Schreiben ein Akt der Notwehr sei, eine Art Therapie.

Das gefällt mir überhaupt nicht. Man kann doch nicht den Normalzustand als krank bezeichnen. Wenn mir etwas fehlt, schreibe ich, und da mir viel fehlt, schreibe ich viel.

Und Sie schreiben alles von Hand.

Nach dem Krieg habe ich gelernt, mit der Schreibmaschine zu schreiben, aber es entspricht mir nicht. Ich schreibe dort an diesem Tisch. Ich muss mit zwei Ellbogen auf ihm liegen, der Tisch gibt nach, er vibriert, es muss rascheln und …

… das Schreiben macht Ihnen richtig Spaß.

Spaß? Das ist nicht das richtige Wort. Schreiben ist unglaublich, es ist das Belebende schlechthin, und mir tut jeder leid, der diese ungeheure Ermöglichung des Lebens durch das Schreiben nicht selber erfährt. Es gibt kein anderes Rettungsmittel, das so universal funktioniert. Stell dir doch mal vor: Du musst nichts unbeantwortet lassen – keine Gemeinheit, keine Machtausübung, keinen Blödsinn. Und das ist meine Aufgabe: Etwas so schön zu sagen, wie es nicht ist. Auch in einem Gespräch wie diesem, lieber Herr Luik.

Geboren am 24. März 1927, ist der eigenwillige Essayist und ungewöhnliche Erzähler, dessen Romane, Novellen, Theaterstücke und Hörspiele sich zu einer Bewusst-

seinsgeschichte der Bundesrepublik verdichten, einer der bedeutendsten Autoren Deutschlands. Zusammen mit Günter Grass, Heinrich Böll, Walter Jens und Siegfried Lenz galt Martin Walser jahrzehntelang als Inbegriff des engagierten Schriftstellers. Als er in den Achtzigern die deutsche Teilung als »Katastrophenprodukt« bezeichnete, war er für die Linke ein »Nationalist«. Nach seiner Rede 1998 zum Friedenspreis des Deutschen Buchhandels sah er sich »von zeitgeistbefrachteten Opportunisten« dem Vorwurf des Antisemitismus ausgesetzt, was sich – in verschärfter und den Suhrkamp Verlag fast zerreißender Weise – mit seinem Roman »Tod eines Kritikers« (2002) wiederholte.

JOACHIM UNSELD

»Sicherheiten gibt es nicht im Leben«

(2004)

Er sollte den Suhrkamp Verlag erben. Doch sein Vater, Siegfried Unseld, heiratete eine junge Frau und verstieß den Sohn. In den Räumen seiner Frankfurter Verlagsanstalt sprach ich mit Joachim Unseld im Winter 2004. Es wurde dunkler und dunkler, Joachim Unseld machte kein Licht an, er redete und redete. »Das ist Material für einen großen Film wie Citizen Kane«, schrieb ein Kritiker später über dieses Gespräch.

DAS ERSTE KAPITEL

Herr Unseld, in Ihrem Leben ist ziemlich viel dumm gelaufen.

Ach ja? Entschuldigen Sie mal, wenn Sie jetzt hier rausgehen, ein Ziegel fällt Ihnen auf den Kopf, Sie sind schwer verletzt, und ich würde dann sagen: »Ziemlich viel dumm gelaufen in Ihrem Leben!«, dann würden Sie über mich denken: Was für ein Arschloch, das war ein Unfall! Es gibt Weichen im Leben, und wenn etwas bei mir schieflief, ist es das gebrochene Verhältnis zu meinem Vater und diese Sache mit dem Suhrkamp Verlag.

In Ihnen muss doch ständig der Gedanke sein: Ich müsste jetzt drüben im Suhrkamp Verlag sitzen – als Chef, Verleger, Herausgeber.

Nein! Nein! Nein! Ich sitze hier in meiner Frankfurter Verlagsanstalt …

… und drüben im Suhrkamp Verlag geht es drunter und drüber: Martin Walser hat nun mit all seinen Büchern, all seinen Rechten den Suhrkamp Verlag verlassen.

Walsers Entscheidung ist fürchterlich. Aber ich kann seinen radikalen Schritt nachvollziehen, weil ich weiß, dass Verlegen immer etwas sehr Persönliches ist, eine Frage von Vertrauen – und das war nicht mehr vorhanden. Ich bedauere es unendlich, dass sich keine Personenkonstellation ergab, die Walser im Suhrkamp Verlag hätte halten können. Sein Weggang trifft den Verlag in seiner Substanz.

Wie? Ist Suhrkamp bald am Ende?

Nein, es wird schon noch dreißig, vierzig Jahre gut gehen. Aber die Frage ist doch: Welche Rolle spielt das Haus noch? Welche Bedeutung hat es noch für die deutschsprachige Gegenwartsliteratur? Fördert, pflegt, glaubt Suhrkamp noch an junge Autoren? Ich bin skeptisch.

Ihr Vater hat Sie als seinen Kronprinzen erzogen – doch nun regiert dort die Suhrkamp-Autorin Ulla Berkéwicz, die zuvor Schauspielerin war und Ursula Schmidt hieß.

Mein Gott, ja. Die Märchen haben ja immer recht, die böse Stiefmutter

– aber ohne Ironie: Seitdem diese Frau da war, ist alles kaputtgegangen in dem Verhältnis zu meinem Vater.

Ein Stachel, der wehtut?

Das geht niemand etwas an. Aber es ist traumatisch, wenn Sie plötzlich nicht mehr arbeiten können. Mein Vater hatte alles dafür getan, dass ich sein Nachfolger werde, schon 1978 habe ich Anteile am Verlag bekommen, mein Typ war also gefragt. Aber plötzlich, nach 15 Berufsjahren, sagt mein Vater: Das war's dann!

Man kann es so sagen: Ihr Vater wurde alt, heiratete eine junge Geliebte, verstieß Sie und hinterließ eine Nachfolgeregelung für seinen Verlag, die kein Mensch versteht,

So ist es, und Letzteres ist natürlich verantwortungslos. Aber mein Vater hat diese Realität nicht mehr gesehen. Martin Walser, der sich gut auskennt, hat in seinem »Tod eines Kritikers« eine gute Formulierung dafür parat. Julia Pelz, die Gattin des verliebten Verlegers …

Sie sprechen nun von Ihrem Vater und Ulla Berkéwicz?

… sie hat ihm eine Liebe produziert, die es nicht gab. Aber dadurch, dass sie diese Liebe jahrelang produziert hat, gab es sie doch.

Was meinen Sie damit?

Sie hat die große Liebende gegeben, zunächst war sie die Geliebtendarstellerin, dann die Ehefraudarstellerin, jetzt haben wir es mit einer Verlegerdarstellerin zu tun.

Sie sind verbittert.

Nein.

Das müssen Sie jetzt sagen.

Nein, Blicke zurück lohnen sich nicht.

Unlängst schrieb der Verlagsleiter Wolfgang Balk über Sie: »Er war und ist prädestiniert, die Verlage Suhrkamp und Insel ins 21. Jahrhundert zu leiten.«

Es ist doch schön, wenn andere so etwas über einen sagen. Ich habe allerdings alle Voraussetzung einen großen Verlag zu leiten, ich habe das gelernt.

Stattdessen sitzen Sie hier im Hinterhof, Ihre Frankfurter Verlagsanstalt hat 108 Bücher im Sortiment, Sie bringen zehn Bücher im Jahr heraus, im Suhr-

kamp Verlag gibt es 6800 lieferbare Titel, werden pro Jahr 500 Bücher gemacht.

Na und? Ich glaube nicht an die Herrschaft der reinen Zahlen. Ich habe keinen Hermann Hesse, der mir jeden Spaß finanziert. Was ich also hier mache, ist schwieriger. Aber die literarischen Resultate sprechen für sich.

Wenn man über Sie redet, schwingt fast immer Mitleid mit. Ach, heißt es, der Ausgebootete, der Loser...

Ich bin kein Loser.

... der sich ins Abseits hat schieben lassen von Ulla Berkéwicz.

Was soll ich denn Ihrer Meinung nach machen? Diese Frau hat sich letztlich meinen Posten angeeignet. Ein Jahrzehnt lang hat sie so getan, als wolle sie das nicht machen. Schauen Sie sich mal diese Postkarte an.

Joachim und Siegfried Unseld, beide sind gut gelaunt, Sie stehen da, Arm in Arm.

Ja, so hat uns der Maler Wilhelm Schlote gesehen. Mein Vater und ich – wunderbar vertraut, das war 1989.

Doch ein Jahr später waren Sie draußen aus dem Suhrkamp Verlag

Ich war gleichberechtigter Verleger, unter anderem zuständig für die junge deutsche Literatur. Ich habe die jungen Autoren auf mich gezogen, mein Vater hat das nicht ertragen. Das hat, wie er es nannte, seine Position als Verleger von Suhrkamp untergraben, dieses Allmächtige halt. Da war diese Angst des Älteren, wenn eine neue Generation kommt. Das hat er nicht ausgehalten, und im selben Moment kommt diese junge Frau, die ihm das Gefühl gibt, noch mal neu anfangen zu können.

Es geht ja das Gerücht, dass Sie damals auch eine Beziehung zu Ulla Berkéwicz, Ihrer späteren Stiefmutter, hatten.

Sie, Herr Luik, sind schon die ganze Zeit indiskret. Das ist doch Quatsch! Es gab mal ein Buch, »Abstieg vom Zauberberg«, da wurde dieser Unsinn kolportiert, und irgendwie ist wohl was hängen geblieben.

Den Streit, der zur Trennung zwischen Ihnen und Ihrem Vater führte, löste ein Wort aus: »Eines Tages«, hatte er in einem Interview gesagt, würden Sie sein Nachfolger. Und dieses »eines Tages« soll Sie so gestört haben, dass Sie ...

Mein Vater hatte immer gesagt: Eines Tages soll jemand – er meinte mich – den Suhrkamp Verlag machen. Aber durch die Hochzeit mit Frau Berkéwicz hat er seine Pläne revidiert, sich mit 65 zurückzuziehen und mit 70 mir das Haus zu überlassen.

Das soll Sie so genervt haben, dass Sie Ulla Berkéwicz anriefen und zu ihr sagten: »Sag dem Alten, der dein Mann ist, dass er künftig nur Interviews geben darf, wenn auch ich eines gebe.« Darauf Berkéwicz: »Vielleicht …«

Halt! Auch dies ist eine Kolportage. Nein. Ich bin zu ihm hin, eine halbe Stunde haben wir geredet. Ich habe ihn gefragt, warum kippst du meine zwei neuen Buchreihen aus dem Programm. Er sagte: »Weil ich das bestimme!« Darauf sage ich: »Ich bin gleichberechtigter Verleger.« Er: »Hast du das schriftlich?« Ich: »Moment, das haben wir so ausgemacht.« Er: »Gut, dann widerrufe ich das jetzt.« Ich habe ihn noch gefragt, was ich dann machen soll, und er meinte: »Das ist dein Problem.«

Sie sollen bei diesem Treffen seinen Abschied aus dem Verlag mit diesen Worten verlangt haben: »Ich will jetzt alles.«

Das ist die neue Dolchstoßlegende. Wenn man einen Putsch von oben macht, muss man die Gemüter aufstacheln gegen den, den man in die Falle laufen lässt. Man sorgt für eine Geschichtsklitterung.

Wie auch immer: Vor diesem 23. Oktober 1990 waren Sie der Verleger des mythenreichen Suhrkamp Verlages und …

… danach war ich erst einmal nichts mehr. Ein Nichts. Ich bin da irgendwie noch in den Intrigantenstadel des Suhrkamp Verlags hineingeraten, da waren ja schon einige aufseiten dieser Frau. Ich sagte mir dann: Das ist nicht mehr mein Ding.

Max Frisch soll Ihrem Vater abgeraten haben, Sie zum Nachfolger zu machen: »Wenn du das tust, sage ich meinen Erben, sie sollen die Rechte zurücknehmen, wenn sie auslaufen.«

Auch so ein Dolchstoß, mein Vater hat das nach dem Tod Frischs behauptet. Max Frisch hat mir selbst jedenfalls das nicht gesagt.

Und Ihr Vater sagte damals über Sie, »der kann's nicht«. »Unfähig« seien Sie.

Das ist lächerlich. Nein. Ich habe einfach nicht mehr in seinen Lebensplan gepasst, nach seiner Hochzeit mit dieser jungen Frau, die nicht meine Mutter war. Im Mai 1990 wurde meine Mutter von meinem Vater geschieden unter der Absprache, dass ich der Erbe beider bin. Die Scheidung war unter dieser Voraussetzung billig für meinen Vater. Ein paar Monate später flog ich aus dem Verlag, war enterbt.

Wie fühlt man sich in dem Moment des Türezumachens: Denkt man da an Randale, Totschlag, Mord?

Es gibt einen wunderbaren Roman von Rilke, den einzigen, den er geschrieben hat, und da drin steht der Satz, was man in so einem Moment denkt: Dazu genügt die Fantasie einer Concierge. Das ist brachialer psychologischer Missbrauch. Absolut traumatisierend. Ich habe danach eine Gesprächstherapie mit jemandem gemacht, der so alt wie mein Vater war – einfach um wieder Vertrauen in diese Generation fassen zu können. Ich bin dann nochmals zu meinem Vater und habe zu ihm gesagt: »Ich habe dir vertraut, man muss doch zwischen Vater und Sohn nicht alle Dinge schriftlich regeln.« Und dann sagt der Vater zu mir, und ich stehe in diesem Augenblick wie ein kleiner Schulbube vor seinem Schreibtisch: »Merke dir eine Sache im Leben, Joachim, Sicherheiten gibt es nicht im Leben.« Dann sagen Sie sich, das war einmal dein Vater. »Auf Wiedersehen, Vater.« Das war eine Fata Morgana.

Es war schon ein seltsames Verhältnis zwischen Ihnen und Ihrem Vater: An seinem 65. Geburtstag sollen Sie ihn in Venedig im Haus des Autors Gaston Salvatore die Treppe hinabgestoßen haben.

Puh, auf so Zeugs sollte ich gar nicht eingehen. Rufmord. Mobbing. Gerüchte. Das wirkt doch nur bei einfachen Leuten, die sich dann denken: »Ach, der will ja nur die Kohle haben, der interessiert sich nicht für Literatur, aah, der wartet nur darauf, dass sein Vater tot ist!« Mich würde es interessieren, wer so etwas in die Welt setzt.

Sie werden doch darüber nachgedacht haben – sagen Sie es mir.

Keine Ahnung, irgendwelche Leute wohl, die Lust am Rufmord haben. Aber ich habe keine Lust, mich mit diesem Zeugs zu beschäftigen.

Sie haben ja nochmals versucht sich auszusöhnen mithilfe von Star-Psychologen: Horst-Eberhard Richter war Ihr Sekundant, und Ihr Vater kam mit dem Tiefenpsychologen Tilmann Moser zur Psycho-Séance.

Das ließ sich ganz gut an, aber mein Vater hat das Gespräch dann abgebrochen, weil er gesehen hat, dass er nicht gewinnen kann.

Ihre Beziehung – das war eine Frage von Sieg und Niederlage?

Bei ihm war das so. Immer Kampf, immer Krieg, immer Sieg. Beim Schachspielen hat er sich nie gute Partner ausgesucht, sondern solche, gegen die er gewinnen konnte.

Vielleicht hätten Sie schon früher gegen Ihren Vater kämpfen, protestieren sollen.

Hören Sie doch mit diesen Psychoanalysmen auf. Protest! Protest! Mein Vater ist viel schwieriger zu fassen, als Sie denken. Seine psychologische Konstruktion war – um es höflich zu sagen – verworren, was die Beziehung zu mir, seinem Sohn, betraf.

Sie sprechen in Rätseln.

Mein Vater war keine geradlinige Persönlichkeit. Er konnte sich nicht zurücklehnen, entspannen, mal lachen, frei sein. Familiär ist das der Horror. Bei ihm hieß es immer: Ich muss. Ich muss. Ich muss. Sein Arbeitsplatz war vollgehängt mit Zetteln, so Sprüchen, die ihn motivieren, stimulieren sollten. Er musste laufend von außen Lob bekommen. Es war schon eigenartig, als Sohn und später als Angestellter, mit diesem Mann umzugehen.

Reich-Ranicki hat über Ihren Vater gesagt, »so einen Kerl« habe er zeit seines Lebens nicht gesehen.

Wahrscheinlich meint Reich-Ranicki sich selbst damit. Die Bekannten meines Vaters, Reich-Ranicki, Walter Jens oder Martin Walser, diese ganze Generation, das sind Menschen, die eine abgebrochene Kindheit und Jugend haben. 1945 kam für sie der Riesenbruch, den sie mit einem gewaltigen Über-Ich kompensiert haben, das alles Spontane darunter hat verkümmern lassen. Ein riesiges Narzissmus-Spektakel wurde da aufgeführt. Wollen Sie mal sehen, womit mein Vater gespielt hat?

Das ist eine Burg voller Soldaten mit Nazi-Uniformen und Nazi-Fahnen.

Das ist seine Kindheit. Mein Vater, 1924 geboren, ging durch diese ganze Nazi-Geschichte, wurde dann ins Wirtschaftswunderland entlassen. Er konnte nicht über sich sprechen.

Dafür hatte er ja den Suhrkamp Verlag: den Hort der Aufklärung.

Ja? Intellektuell schon. Aber können Sie ein deutsches Suhrkamp-Buch nennen, das den Holocaust beschreibt, wirklich faktisch beschreibt?

Es gab Adorno und Peter Weiss' »Ästhetik des Widerstands«.

Die waren schon vor meinem Vater da. Ich meine diese Nebelkerzenliteratur der Soziologie, wo man meistens genial am Sujet vorbeizielte. Aber die konkretere Tradition des Benennens und Erinnerns ist beim Fischer Verlag. Schauen Sie sich den Titel dieses Buches an!

»Ins Gelingen verliebt sein und in die Mittel des Gelingens«, ein Zitat von Ernst Bloch.

Ja, aber das heißt, dass die Leute, die einem Erfolge verschaffen, Mittel sind.

So wie Sie das interpretieren, könnte der Satz von Adolf Hitler sein.

Natürlich. Aber alle beten diesen Spruch von Bloch nach, weil mein Vater ihn verbreitet hat.

An ihm müssen Sie sich noch immer abarbeiten.

Mein Leben lang, so wie er in mich hineinregiert hat. Mein Vater neidete mir – das kann ich mit Fug und Recht sagen – meine geradlinige Biografie in Friedenszeiten. Und da ist es schön, wenn man auch mal was kaputtmacht. »Jetzt spiele ich deinen Hitler und enttäusche dich! Ich bin dein Vater, ich enttäusche dich! So wie Hitler mein Vater war, der mich enttäuschte. Und ich enttäusche dich.«

Ulla Berkéwicz hat Ihren Vater so beschrieben: »Da ging die Tür auf, und dann stand da plötzlich so ein edles Übermaß der Vorzeit im Türrahmen und füllte den vollkommen aus.«

Wie schön für sie. Mein Vater und Frauen. Er hat mir immer gesagt, er wird nie im Leben zweimal heiraten, weil das nur Spießer machen. Entweder mit einer Frau zusammenbleiben oder mit vier Frauen, da hat man wenigstens Spaß. Und dann sein Vorsatz, nie etwas mit einer Autorin anzufangen ... Wenn ich es mir überlege, weiß ich wenig über meinen Vater.

Wieso? Sie saßen doch hier an diesem Tisch jahrelang mit ihm zusammen?

Ja, klar, aber es ging immer nur um das Geschäft, Suhrkamp Verlag.

Und auch Sie machen sich Sorgen um den Verlag.

Ja, ich finde es interessant, dass plötzlich nicht mehr von der Suhrkamp-Kultur die Rede ist, sondern plötzlich eine Unseld-Kultur aufkommt.

Sie meinen: eine Ulla-Berkéwicz-Kultur?

Wie auch immer. Jedenfalls ist die Suhrkamp-Kultur usurpiert worden, also jene Kultur, wonach der Autor meilenweit über dem Verlag stehen und der Verlag ihm dienen sollte.

Ich sag's doch: In Ihnen ist dieser Stachel, der...

Ja, klar! Mir geht es wie der Frau Lot, aber ich dreh mich nicht um ... das macht dich kaputt, ich schaue nach vorn. Wissen Sie, mein Vater und auch ich haben mit den Autoren zusammengesessen und diskutiert, was im Schwange ist, was für Programme wir planen. Enzensberger wird heute nicht mehr gebeten, vorab ins Programm zu schauen.

Enzensberger hat ja gemeinsam mit Habermas, Kluge, Muschg und Singer seinen Rücktritt vom Stiftungsrat erklärt.

Auf eine wirklich plumpe Art sind die Leute, die die Geschichte der Bundesrepublik intellektuell begleitet und geprägt haben, vor den Kopf gestoßen worden! Es ist doch unsäglich, wenn Frau Berkéwicz in der Öffentlichkeit den Stiftungsrat, also gestandene Männer, die das Tausendfache von ihr geleistet haben, düpiert und sagt: »Die haben ihren Vertrag nicht gelesen. Die haben überhaupt nichts zu sagen!«

Sie hat ja recht.

Natürlich hat sie formaljuristisch recht und auch einen guten Anwalt. Wenn aber so die neue Unseld-Kultur aussieht, dann gute Nacht. Das ist nicht mehr das System Peter Suhrkamps, nicht mehr der alte Stil des Hauses, den mein Vater mit Erfolg gepflegt hat.

Aus dem Verlag hört man nun merkwürdig Neues: von okkulten Ritualen ist die Rede, verhexten Mitarbeitern, und die Chefin hält Zwiesprache mit dem toten Verleger.

Das muss ich nicht kommentieren.

Und eine Suhrkamp-Pressesprecherin erklärt: »Wir haben viel Unseld-Blut in uns.«

Was für ein bizarrer Satz. Da wär ich wohl der Einzige, der das von sich sagen kann.

Als Ihr Vater vor zwei Jahren im Sterben lag, haben Sie das durch Zufall erfahren.

Es war in der Paulskirche bei der Verleihung des Börne-Preises an Hans Magnus Enzensberger. Der sagte mir, dass es meinem Vater sehr schlecht geht. Es war ein wahnsinniger Tag. Ich rief sofort an, wollte meinen Vater sehen, und die Antwort seiner Frau war: »Warum willst du das?« Ich habe ja den bösen Verdacht: Weil sie wussten, dass ich komme, haben sie meinen Vater so unter Schmerzmittel gesetzt, dass er bewusstlos war.

Das ist doch nicht Ihr Ernst?

Doch.

Sahen Sie Ihren Vater dann nochmals vor seinem Tod?

Sie wollten das nicht, sie wollten nicht, dass ich mit ihm spreche. Ich drohte, per Gericht mir das Recht einzuklagen, meinen sterbenden Vater zu sehen. Erst ein paar Stunden vor seinem Tod holte mich der Arzt zu ihm. Ich hielt die Hand meines Vaters, zum Reden war es zu spät.

Bei der Beerdigung Ihres Vaters, schrieb später der Autor Bodo Kirchhoff, »war nicht der Verstorbene, sondern seine Frau die Hauptperson«.

Das war keine Beerdigung, es war eine Inszenierung, schlechtes Theater. Ich saß irgendwo am Rand, als ob ich nicht dazugehörte. Die Frau ließ alle warten, den Kanzler, die Autoren, alle, die ganze unruhige Trauergemeinde, vielleicht zehn Minuten lang. Und dann, den Schleier zurückgeworfen, beendete sie die Stille in der Paulskirche mit ihrem Absatz, und im langsamen Stechschritt zog sie an der Spitze ihrer Familie ein. Ich hatte nicht das Gefühl, mein Vater liegt dort im Sarg. Es war eine Beerdigung ohne Tränen, nein, es wurde Beerdigung gespielt. So wie nun Suhrkamp gespielt wird und das System Suhrkamp gebrochen ist.

Vielleicht ist das sogar im Sinne Ihres Vaters. Vielleicht will er gar nicht, dass der Verlag, »meine Geliebte«, wie er ihn nannte, ohne ihn weiterlebt.

Dieser Hollywoodvariante könnte man tatsächlich anhängen, wenn man sieht, dass mein Vater dieses Haus einer nicht so begnadeten Autorin überlassen hat, die zudem keine Erfahrung im Geschäft hat. Wenn Suhrkamp nun unterginge, stünde er noch besser und größer da.

Es gibt ein Stück von Max Frisch, »Biografie: Ein Spiel«. Ein Mensch erhält die Möglichkeit, sein Leben neu zu leben. Doch an jeder Wegkreuzung entscheidet er wie zuvor.

Ich würde dieses Leben sofort wieder leben. Es ist doch herrlich. Man darf nicht nur in einer lauen Badewanne planschen. Es muss hoch- und runtergehen, sonst ist man kein Mensch. Ich beklage mich nicht.

Sie wollen mir sagen, dass Sie glücklich sind?

Glücklich? Ich weiß es nicht, alles ist im Fluss. Wenn es zu einfach wird, macht es keine Freude mehr. Nur was du selbst erschaffen hast, kann dich wirklich erfreuen. Ich habe vorhin das neue Manuskript von Bodo Kirchhoff bekommen, da fiebere ich beim Lesen, beim Lektorieren mit, das ist toll, aufregend.

Sie sind gerne Verleger?

Ja, es ist Kunst, Handwerk und Geschäft – und Sie müssen ein bisschen abgedreht sein. Ich möchte mit meinen Büchern – ohne die Probleme der Welt lösen zu können – eingreifen in die Welt da draußen. Und ich will es ordentlich machen, in diesen zwanzig Jahren, die ich noch habe. Ernst Rowohlt ist mir nahe, der Verleger Kurt Wolff – in deren Tradition sehe ich mich. Und das Schönste ist: Ich bin niemandem Rechenschaft schuldig, ich gehöre 100 Prozent mir selbst.

Joachim Unseld wurde 1953 in Frankfurt am Main geboren. Der Sohn, einziges Kind des legendären Suhrkamp-Verlegers Siegfried Unseld, trat nach seinem Studium eine Lehre im väterlichen Unternehmen an. 1978 überschrieb ihm sein Vater zehn Prozent des Suhrkamp Verlags. 1984 erhöhte er den Anteil auf zwanzig Prozent und versprach ihm das Suhrkamp-Erbe. 1990 kam es zum Bruch, der bis zum Tod Siegfried Unselds im Jahr 2002 nicht mehr gekittet wird. Seit 1994 leitet Joachim Unseld die Frankfurter Verlagsanstalt.

JÜRGEN TODENHÖFER

»Bin Laden hat viel weniger Menschen getötet als George Bush«

(2008)

Völlig verrückt, könnte man sagen, was bringt einen deutschen Topmanager dazu, sein Leben im Irak zu riskieren? Was bringt ein 67-jähriges Vorstandsmitglied eines milliardenschweren Konzerns dazu, sich wie Wallraff zu verkleiden und in einem klapprigen Auto klammheimlich auf der Straße des Todes von Damaskus ins irakische Ramadi zu fahren, eine umkämpfte Stadt am Euphrat, 100 Kilometer westlich von Bagdad? Ja, was?
In seinem Münchner Büro des Burda-Konzerns treffe ich im August 2008 einen Mann, der einen weiten Weg zurückgelegt hat und der vor dem Gespräch eine sehr seltsame Frage stellte: »Waren Sie auch einer von jenen, die mich früher umbringen wollten?«

Herr Todenhöfer, Sie sind ein sehr merkwürdiger Typ.

Ein Kompliment, wenn Sie es so aussprechen: merk-würdig. Wenn Sie meinen, dass man sich die Sachen merkt, die ich mache.

Sie sind Vizechef des milliardenschweren Burda-Konzerns, ein Topmanager und …

Ich mache meinen Job hier gerne, stelle meine ganze Arbeitskraft zur Verfügung, zehn bis zwölf Stunden am Tag und …

… dann machen Sie das: Sie verkleiden sich als Arzt, fahren im klapprigen Auto auf der Straße des Todes von Damaskus ins irakische Ramadi, undercover, wie ein Agent.

Ist das so unbegreiflich? Was mich dorthin treibt, ist dieser Hass des Westens auf die muslimische Welt, dieser unberechtigte Hass. Ich musste dorthin, in dieses Kampf- und Krisengebiet des Iraks, obwohl oder gerade weil dort in den letzten drei Jahren kein westlicher Journalist gewesen ist – zumindest nicht ohne US-Soldaten.

Ich kann mir nicht vorstellen, dass Ihre Freunde aus den Vorstandsetagen in Kriegsgebiete fahren, wo sie ratzfatz entführt und erschossen werden können, wo das Leben nichts wert ist.

Das müssen sie auch nicht. Ich bin einer, der im Urlaub nicht am Strand liegen kann. Ich will es wissen. Alle Berichte aus dem Irak sind gefiltert, es sind Berichte aus der Sicht der amerikanischen Besatzer. Ich wollte sehen, was die Leute denken, wenn kein amerikanischer GI mit einem Maschinengewehr sie einschüchtert, was sie wirklich denken, wie sie sich fühlen.

Sie sind 67 Jahre alt, ein Millionär, Sie haben hier ein angenehmes Leben – und das alles setzen Sie aufs Spiel.

Ich bin wohlhabend, ja, aber wenn mein beruflicher Weg zu Ende ist, werde ich über die Hälfte von dem, was ich besitze, karitativen Dingen zur Verfügung gestellt haben. Es ist, glaube ich, al-Ghazali, ein persischer Philosoph, der sagt: »Nur das ist wirklich dein Besitz, was du bei einem Schiffbruch nicht verlieren kannst.«

Puh, das ist ja furchtbar pathetisch.

Nein. Geld ist nicht alles, es macht nur glücklich, wenn man damit etwas Sinnvolles unternimmt.

Aber es ist doch gaga, sein Leben im Irak zu riskieren für – ja, für was eigentlich?

Gaga? Nein, das ist es nicht. Ich bin leidenschaftlich an der Wahrheit interessiert, das ist ein fast detektivisches Interesse, ich …

Es ist irre, was Sie tun.

Was haben Sie denn? Es ist nicht irre. Es war gefährlich. Und ich weiß auch, dass ich auf einer Rasierklinge gehe, ich muss ja alles in Einklang bringen mit meiner Rolle im Beruf, ich muss …

Was meint eigentlich Ihr Vorstandsvorsitzender Hubert Burda zu Ihren Polit-Abenteuerreisen?

Ich möchte dazu nicht viel sagen. Er weiß, das ist meine Privatsache, die ich alleine zu verantworten habe. Ich verkaufe immer nur meine Arbeitskraft, aber nie meine Seele. Und ich muss das alles auch erträglich halten für die Menschen, die ich liebe. Ich wusste ja nicht, ob ich von dieser Reise lebend zurückkommen würde, das Risiko war hoch. Ich habe, da bleibt einem nichts anderes übrig, mein Testament aktualisiert. Ich sehe es aber wie mein Freund Reinhold Messner: Man muss an die Grenzen gehen, man muss mit seinen Talenten etwas anfangen.

Das klingt wie ein Satz von Muhammad Ali, der mal sagte: »Ich habe nichts anderes getan, als für das zu kämpfen, woran ich glaubte.«

Ja, das ist ein ganz wichtiger Satz für mich, ein Schlüsselsatz. Er hängt übrigens bei uns unten im Verlagshaus: »All I did was stand up for what I believed.« Dieser Mann hat für seinen Glauben, seinen Widerstand gegen den Vietnamkrieg alle Boxtitel verloren. Um Mensch zu sein, muss man manchmal etwas riskieren. Es ist fast so etwas wie eine Pflicht. Und ich wollte das Leid der Menschen im Irak zeigen.

Und so begeben Sie sich auf einen Kreuzzug der ganz besonderen Art, und Sie machen etwas, was wohl noch keine Privatperson zuvor getan hat: Für

Hunderttausende von Euro schalteten Sie riesige, vierseitige Anzeigen in der »FAZ«, der »New York Times« und der arabischen Zeitung »al-Quds« …

Andere kaufen sich einen Sportwagen, mir ist das wichtiger.

… und plakatierten bundesweit die Städte: In bester Volkshochschulmanier erzählen Sie die traurige Geschichte der abendländisch-morgenländischen Missverständnisse, präsentieren Sie zehn Thesen, mit denen sich der muslimisch-christliche Gegensatz überwinden lasse, garniert mit drastischen Bildern westlicher Grausamkeiten.

Ich habe an dem Text lange gearbeitet, ich bin stolz auf ihn, diese Thesen sind mir sehr wichtig. Ich wollte aufzeigen, dass in den letzten Jahrhunderten wir, die Europäer, heute die Amerikaner, die Gewalttätigen sind. Ich wollte diese Erkenntnis mit vielen Bildern dokumentieren, aber bei der »New York Times« habe ich manche nicht durchbekommen, die Begründung war: Wir sind eine Familienzeitung, einige Bilder können wir nicht zeigen. Ich habe das in Amerika veröffentlicht, damit vielleicht ein Redenschreiber von Barack Obama oder John McCain, den beiden Präsidentschaftskandidaten, das sieht und sagt: Holla, da könnte ich mal nachrecherchieren.

Um so eine Aktion durchzuziehen, da muss man so etwas wie ein Glaubenskrieger sein.

Ich hatte auch Angst, dass manche denken: Jetzt ist er durchgeknallt. Aber ich habe gehofft, dass meine Worte Menschen erreichen, und ich weiß, es passiert. Mein Buch wird in Amerika erscheinen, und der Hollywood-Regisseur und Oscar-Preisträger Nigel Noble plant, über meine zehn Thesen einen Film zu machen.

Wenn die ganze Sache nicht so ernst wäre, wenn es nicht um Krieg und Frieden ginge, könnte man fast schmunzeln über Ihren Eifer.

Wieso denn?

Sie sind Vorstand eines Medienkonzerns, in Ihrem Verlag erscheinen über 250 Zeitschriften, und dann machen Sie auf eigene Faust das, was in den Sechzigern und Siebzigern des vergangenen Jahrhunderts die Linke machte: Es hieß »Gegenöffentlichkeit«.

Ich habe mich mit diesem Begriff nicht auseinandergesetzt. Mein Zorn ist in den letzten Jahren gewachsen über die wirksame Propaganda des Pentagons, es hat ein Informationsmonopol. Mir ist klar, dass ich gegen viele Jahre westlicher Berichterstattung anschreibe. Aber das wirklich Traurige für mich ist, dass die Öffentlichkeit auf die Manipulationen der Kriegstreiber immer wieder hereinfällt. Bin Laden und al-Qaida, beides Geschöpfe der amerikanischen und saudischen Geheimdienste, sind Mörder, und diese Mörder haben im Westen 5000 Menschen getötet. Ich will das nun nicht vergleichen, für manche mag es zynisch klingen, aber man muss es so drastisch sagen: Bush hat im Irak nicht 5000 Zivilisten auf dem Gewissen, sondern mehrere Hunderttausend. Nach einer kürzlich durchgeführten Umfrage glauben die Amerikaner, dass bisher nur 9000 bis 10 000 Iraker ums Leben gekommen sind. Das irakische Gesundheitsministerium spricht von 150 000 toten Zivilisten bis Juni 2006. Unabhängige Organisationen gehen von über einer Million toten Irakern aus und über einer Million Schwerverletzten.

Der Irak hat nur 28 Millionen Einwohner. Auf Deutschland hochgerechnet hieße das: drei Millionen Tote!

Ja, aber wie viele Menschen sollen noch sterben in diesen idiotischen Kriegen?

Vielleicht noch viele, denn der US-General Peter Schoomaker meinte vor drei Jahren: »Vergangene Kriege waren wie eine Lungenentzündung. Sie hinterlässt vielleicht einen Haufen Narben auf deiner Lunge, aber du wirst geheilt. Dieser Krieg ist eher ein wenig wie Krebs. Es mag zu einer Besserung kommen, aber es geht nie ganz weg – ein Leben lang.«

Was Sie zitieren, schockt mich. Diese westliche Politik ist unmoralisch. Wäre die Invasion von Hugo Chávez durchgeführt worden mit mehreren Tausend Vergewaltigungen, mehreren Tausend Folteropfern, mehreren Hunderttausend irakischen Toten, dann würde der gesamte Westen fordern, Chávez vor den Internationalen Strafgerichtshof zu stellen. Wenn das aber ein Engländer oder Amerikaner macht, fordert das keiner. An dieser Doppelmoral wird der Westen scheitern.

Sie wirken wie ein Verzweifelter.

Nein.

Okay, wie ein Getriebener.

Nochmals nein. Ich will treiben. Ich will dazu beitragen, dass diese Kriege aufhören. Das ist meine Pflicht. Das Traurige ist – in Sachen Moral und Gewissen fängt jede Generation von vorn an. In der Forschung und der Wissenschaft entwickelt sich der Mensch rasant. Aber Charakter und Moral – da sind wir nicht weiter, als wir unter den alten Römern waren.

Ich sage ja, Sie sind verzweifelt.

Nein.

Sie verblüffen mich: In den Siebzigern und Achtzigern waren Sie einer der kältesten der Kalten Krieger, ein rechter Haudrauf, Lieblingsfeind aller Liberalen und Linken …

Wollen Sie mir nun mit meinen Jugendsünden kommen, mit den alten Zitaten?

Die Grünen waren für Sie Chaoten, vaterlandslose Gesellen – und nun überholen Sie mit links die Grünen in Sachen Frieden.

Es wäre ja grauenvoll, hätte ich mich mit den Jahren nicht weiterentwickelt. Ich singe gern Bob Dylan: »How many roads must a man walk down«, bis man weiß, was richtig ist. Um das geht es doch: Lernprozesse. Mehrere Leute haben mir geschrieben, sie hätten früher ein wichtiges Ziel im Leben gehabt, das sei, mich umzubringen. Und heute würden sie mich am liebsten umarmen. Eigentlich habe ich mich gar nicht so sehr verändert: Mir ging es immer um das Los der einzelnen Menschen. Wenn ich weiß, wie der andere sich fühlt, wird es schwer, auf ihn einzuschlagen.

Das finde ich zu einfach gedacht.

Meinen Sie? Nach dem 11. September 2001 sagte mein Sohn: »Alle plattmachen! Man muss sie alle plattmachen!« Zum Abitur habe ich ihm eine Auslandsreise geschenkt. Am Tag vor dem Abflug sagte ich ihm, wo es hinging – nach Bagdad. Er: »Du willst mich verarschen!« Es war kurz vor dem Krieg, er dachte, er trifft auf Hass, auf Monster, auf das Böse. Und dann traf er im Irak freundliche Menschen, so ganz anders als in der Propaganda dargestellt, er erlebte eine ganz andere Welt als die, die er im Westen gezeigt bekommen hatte. Er war so begeistert, dass er mit Unicef ein soziales Jahr in Bagdad machen wollte. Als das nicht ging, hat er fünf Monate lang Waisenkinder in Kabul betreut und hat wie sie auf dem Boden geschlafen. Könnte Bush noch Bomben werfen lassen, wenn er mal einige Zeit in einer irakischen, afghanischen, iranischen Familie verbracht hätte?

Ich würde sagen: Ja.

Und ich würde sagen: Nein. Ich glaube, dass jeder Mensch lernen kann. Helmut Kohl hat Gorbatschow mit Goebbels verglichen. Als er ihn ein paarmal getroffen und kennengelernt hatte, wurden sie Freunde, und Kohl entschuldigte sich. In so etwas liegt Hoffnung.

»Imagine, there's no countries ...

... it isn't hard to do, nothing to kill or die for.« Das Lied eines Träumers.

Und so hören Sie sich an.

Nein. Ich sage nur: Es hilft wirklich, mit den Menschen zu reden, das ist der Grund meiner Reisen. Ich habe etwas getan, was die Sofastrategen, die ungerührt ganze Länder mit Kriegen überziehen, eben nicht tun – ich habe mit den Menschen gesprochen, den potenziellen Opfern der Antiterrorkriege. Wenn man die Menschen kennt, weiß man, dass man die Probleme nicht lösen kann, indem man vom Himmel Bomben regnen lässt. Ich habe mich im Irak für den Westen geschämt. Unseren Politikern, vielen von ihnen, sind die Menschen wurscht.

Vielleicht hilft der neue US-Präsident Barack Obama, er gilt als Hoffnungsträger, mit dem alles besser werde – zu Recht?

Wenn Obama, als neuer Präsident, die Hand zur muslimischen Welt ausstreckt, wenn er sie so fair wie Israel behandelt, wird der Konflikt gelöst.

Das wird, fürchte ich, nicht passieren.

Ich aber hoffe es, es ist die einzige Chance. Er kann sie vermasseln, und das wäre fürchterlich für die Welt. Denn dieser Antiterrorkrieg im Irak – auch der in Afghanistan, demnächst vielleicht der im Iran – ist das reinste Terrorzuchtprogramm. Für mich ist der törichtste Satz der letzten Jahre jener des ehemaligen Verteidigungsministers Peter Struck: »Unsere Sicherheit wird auch am Hindukusch verteidigt.« Die Taliban sind eine amerikanisch-pakistanisch-saudische Schöpfung. Es ist absurd, gegen selbst geschaffene Bedrohungen anschließend die Bundeswehr einzusetzen.

Jetzt mal konkret, warum schämten Sie sich im Irak für den Westen?

Ich habe so unglaublich grausame Dinge erfahren und erlebt. Sehen Sie, ich war fünf Tage in Ramadi, es hieß, es herrsche dort Frieden. Aber als ich dort war, sind 90 Zivilisten gestorben, nein, umgebracht worden bei sogenannten Kampfhandlungen. Kampfhandlungen, deren Brutalität im Verborgenen bleibt. Bei Razzien wird nicht einfach, wie manchmal zu sehen ist, die Tür eingetreten, da könnten sich die Amerikaner ja die Knöchel verstauchen. Es werden kleine Granaten am Türgriff angebracht, die Tür fliegt auf – entweder wird sofort geschossen, oder die Verdächtigen werden auf den Boden geworfen, Hände auf den Rücken, Sack über den Kopf, und sie verschwinden dann in der Regel für Wochen in irgendwelchen Lagern. Ich habe mit Hunderten von Menschen geredet, und sie haben mir erzählt, was ja auch das Rote Kreuz bestätigt, dass es über 100 Guantanamos im Irak gibt. Dort werden Leute unter total menschenunwürdigen Zuständen gefangen gehalten. Abu Ghraib ist nur die Spitze eines Eisbergs. Ich habe mit Leuten gesprochen, die in solchen Lagern waren, und habe dann irgendwann aufgehört, das weiter aufzuschreiben.

Warum denn? Ihnen geht es doch, sagen Sie, um die Wahrheit!

Ja, aber diese Wahrheit ist zu hart, zu unfassbar, manchmal auch zu unglaublich. Der Mensch ist das grausamste Tier der Schöpfung. Wissen Sie, als ich das Buch schrieb, habe ich bei manchen Passagen geheult, weil vor meinen Augen wieder die Bilder der Opfer, der Vergewaltigten, Verstümmelten, Geschändeten auftauchten. Mit den Antiterrorkriegen demontieren wir unsere Zivilisation.

Der amerikanische Präsident Bush sieht das anders, er sagt, man kämpfe dort für die Zivilisation »gegen Menschen mit blindem Hass und tödlichen Waf-

fen, die zu jeder Gräueltat fähig sind. Sie respektieren keine Gesetze der Kriegsführung oder Moral.«

Bush lässt Städte bombardieren. Bombardements – für mich ist das das Terroristischste überhaupt, denn Sie nehmen damit, und das sage ich nun als Jurist, bewusst den Tod von Unschuldigen in Kauf. Die Wahrheit des Irakkrieges: Täglich gibt es rund 100 militärische Einsätze der amerikanischen Streitkräfte. Bombardierungen, Schießereien, Razzien, durchgeführt von 300 000 amerikanischen Berufs- und Privatsoldaten. Es gibt etwa gleich viele Aktionen des echten irakischen Widerstandes, der …

Was ist denn das nun für ein Begriff – »echter irakischer Widerstand«?

Das sind für mich Menschen, die gegen die völkerrechtswidrige Besatzung kämpfen, Widerstandskämpfer eben.

Bush würde sie anders nennen: Terroristen.

Nein, es sind Widerstandskämpfer. Echte Widerstandskämpfer gehen nicht gegen Zivilisten vor, sie …

So wie Sie das sagen, hört sich das fast so naiv an wie bei Karl May: Hier sind die edlen Indianer, die ihr Land verteidigen gegen die gierigen und gemeinen Weißen.

Nein, so sage ich das nicht. Die Widerstandskämpfer greifen die amerikanische Armee, die Besatzer an, das stimmt. Von keiner dieser Aktionen, weder von den amerikanischen Militäraktionen gegen die irakische Bevölkerung noch denen des Widerstands, sehen Sie in den Medien jemals etwas. Der wahre Krieg wird vom Pentagon totgeschwiegen. Was Sie hier zu sehen bekommen, sind die wenigen Anschläge von al-Qaida. Al-Qaida spielt im Irak aber nur eine Nebenrolle und ist im Land absolut verhasst. Al-Qaida im Irak, das sind zumeist Ausländer, vielleicht noch knapp 1000 Mann. Aber nur zu diesen mörderischen Terrorangriffen al-Qaidas dürfen die Journalisten. Dazu bekommen sie auch Informationen. Davon dürfen sie auch Bilder machen. Bush braucht diese Bilder. Und Geschichten mit der Botschaft: Verrückte, gefährliche Iraker bringen sich gegenseitig um!

Und genau so ist es doch. Es herrscht dort ein hoch entwickelter Bandenkrieg

unter hoch bewaffneten Verbrechern mit hoch entwickelten Waffen, jeder gegen jeden.

Nein, Sie mögen hier den Eindruck haben, als würden sich die Iraker gegenseitig umbringen, als würden die USA dort gegen al-Qaida kämpfen und sich ständig zwischen die sich streitenden Bevölkerungs- und Religionsgruppen werfen. So ist es aber nicht. Der Hauptkampf findet zwischen den Amerikanern und den Irakern statt. Und das Chaos haben die Amerikaner gebracht. Wenn sie weg sind, haben die Terroristen und auch die Widerstandskämpfer ihren Feind verloren. Ich habe mit fast allen Gruppierungen, Fraktionen, Parteien geredet, mit Nationalisten, Muslimen, Kommunisten, Christen, Marxisten, Frauenrechtlerinnen, Widerständlern, Gefolgsleuten und Opfern Saddams, und sie alle haben gesagt: In ein paar Monaten raufen wir uns dann zusammen.

Das glauben Sie doch selbst nicht.

Doch. Und selbst wenn es länger dauern sollte: Was für eine Arroganz ist denn das, wenn jetzt jene Kräfte, die das Chaos geschaffen haben, sagen, wir müssen bleiben, um das Chaos zu verhindern! Das ist doch eine Überheblichkeit, die einem die Sprache verschlägt. Im Irak hat mich der Zorn gepackt über die große Lebenslüge des Westens. Und die heißt: Wir sind die Guten. Wir sind die Hilfreichen. Die Muslime – das sind Monster! Wir sind ihre Opfer, wir müssen Angst haben vor ihnen! Das ist Propaganda. Die Wirklichkeit ist anders, und ich finde die Diskussion im Westen über die Gewalt der Muslime nur noch zynisch. Wir – der Westen – haben die Welt erobert durch gnadenlose Gewalt, eine unfassbare Blutspur zieht sich von den Kreuzzügen über den Kolonialismus bis heute, Millionen Tote, Demütigungen. Der Westen ist viel gewalttätiger und …

Moment mal, es war Bin Laden, es war al-Qaida, die am 11. September 2001 das Pentagon in Washington angriffen, in New York die Zwillingstürme zum Einsturz brachten, 2752 Menschen starben.

Ja, das war der feigste, mörderischste Anschlag des internationalen Terrorismus. Ein Anschlag von wahrhaft luziferischer Niedertracht und

Größe. Natürlich musste Präsident Bush darauf hart reagieren – aber mit Bombenangriffen auf Städte? Wir werden nie erfahren, wie viele afghanische Männer, Frauen und Kinder im Hagel der Bomben damals starben und heute noch sterben. Das Weltgewissen hat sich damals schlafen gelegt – es schläft heute noch.

Was meinen Sie damit?

Ich frage mich, wo sind die jungen Menschen, die gegen diese Kriege protestieren? So wie damals gegen den Vietnamkrieg. Wir werfen unseren Eltern immer vor, sie hätten im Nationalsozialismus geschwiegen. Ich glaube, für jede Generation stellt sich die Frage neu, ab welchem Zeitpunkt sie die Stimme gegen das Unrecht der Mächtigen erhebt. Den Irak wegen al-Qaida anzugreifen ist so ungerechtfertigt, als ob man Deutschland wegen der Skinheads bombardierte. Wo sind also die jungen Leute, die sagen: verhandeln! Die Friedensbewegung – wo ist sie?

Es herrscht Ruhe im Land.

Ja, warum? Vielleicht gibt es heute zu wenige Idealisten? Vielleicht sind die Jüngeren in Sorge, einen Beruf zu finden? Gibt es zu wenige Vorbilder?

Wenn ich Ihren Worten glaube, liegt die Ruhe an der »Propaganda des Pentagons«.

Ja. Anders als im Vietnamkrieg kontrollieren sie die Bilder fast komplett, es kann kaum Mitgefühl entstehen. Es findet eine Verhöhnung der Wirklichkeit statt, dagegen schreibe ich an.

Ihr Buch endet mit den Worten: »Und kein Führer der westlichen Welt hat den amerikanischen Präsidenten während seiner Amtszeit jemals zu fragen gewagt: Warum tötest du, George W.?«

Ja, es gibt eine große Feigheit vor dem Freund. Gegen die Menschenrechtsverletzungen in China und Russland sind unsere Politiker gelegentlich recht laut, stets sehr leise sind sie jedoch in Washington. Unsere Politiker verneigen sich vor dem amerikanischen Präsidenten, der viele, viele tote Zivilisten zu verantworten hat.

Angela Merkel, Ihre Parteivorsitzende, empfing neulich voller Stolz George W. Bush.

Ja, und jede Minute wurde gezählt, die sie mit ihm verbringen durfte. Wir haben Honecker vor Gericht gestellt. Er hat viel weniger Menschen getötet als George W. Bush. Wir haben Saddam Hussein vor Gericht gestellt, wir haben Milosevic, der viel weniger Menschen getötet hat, vor Gericht gestellt. Und wir werden, wenn er bei der Gefangennahme nicht umkommt, Bin Laden vor Gericht stellen, auch er hat viel weniger Menschen getötet als Bush. Die größte Errungenschaft des Westens ist die Demokratie und der Rechtsstaat. Rechtsstaat – das heißt gleiches Recht für alle.

Dort ist das Telefon, 18 Jahre saßen Sie für die CDU im Bundestag, Sie sind ein mächtiger Wirtschaftsführer, rufen Sie im Kanzleramt an, Sie werden durchgestellt, fragen Sie Frau Merkel, weshalb sie so eine treue Vasallin Bushs ist, warum sie alles mitmacht, weshalb deutsche Soldaten in Afghanistan kämpfen!

Ich habe von diesem Apparat mehrmals versucht mitzuhelfen, diese Kriege im Irak und Afghanistan zu verhindern. Ich habe meinen alten Freund Richard Perle …

… er war einer der Falken im Beraterstab Bushs, einer der heftigsten Betreiber der Kriege gegen den Terror …

… angerufen und ihn gefragt, ob er wahnsinnig geworden sei, in dieses Land einzumarschieren und …

Dort. Das Telefon. Frau Merkel. Die Bundeskanzlerin. Die Frage.

Frau Merkel kennt mein Buch, sie ließ mich wissen, es sei ein wichtiger Beitrag in einer wichtigen Sache.

Ein wichtiger Beitrag? Nett.

Ja, so ist es.

Für die CDU saß Jürgen Todenhöfer 18 Jahre lang im Bundestag. Der promovierte Jurist war der Kälteste der Kalten Krieger, einer der bekanntesten und umstrittensten Abgeordneten. 1980 reiste der Verteidigungsexperte ins sowjetisch besetzte Afghanistan. Falls man ihn erwische, so der Kreml, werde man ihn »auspeitschen und erschießen«. Von 1990 bis Ende 2008 war Todenhöfer stellvertretender Vorstandsvor-

sitzender des Medienkonzerns Burda. Die Antiterrorkriege des Westens prangert er seit Jahren an, immer wieder fährt er nach Afghanistan, war mehrmals im Irak, stets schreibt er provokante Bücher über seine Reisen. Todenhöfer: »Der unberechtigte Hass des Westens treibt mich in die muslimische Welt.«

CHRISTOPH HEIN

»Man knallt gegen eine Mauer, man steht wieder auf«

(2004)

Weil ihn Kunst so sehr interessierte, fuhr Christoph Hein im August 1961 von Westberlin nach Dresden. Plötzlich hörte der damals 17-Jährige im Radio, dass die Mauer gebaut wird. Er nahm das nicht ernst: »Ich war jung, und ich dachte, es gibt tausend Schleichwege nach drüben.« Von wegen. Plötzlich war Christoph Hein ein Gefangener der DDR. Als ich den Schriftsteller im Dezember 2004 in Berlin treffe, sagt er im Blick zurück auf sein Leben: »Das Einzige, was ich auf dieser Erde gelernt habe, ist kämpfen.«

Herr Hein, Sie sehen immer so traurig aus – wie Groucho Marx, dem das Lachen endgültig vergangen ist.

Ein Japaner schrieb über mich, ich sei ein Mann, der immer lächelt. Das gefällt mir. Vielleicht habe ich ein versteckt japanisches Lächeln. Sie sehen nicht den Humor in meinen Augen?

Nein.

Die Zeiten sind ja nicht so heiter. Aber ich bin ein heiterer Mensch, ich gehöre zu den deutschen Humoristen, sehe mich in der Reihe von Johann Peter Hebel, Wilhelm Busch, Franz Kafka. Sie müssen sich den Christoph Hein als einen wirklich glücklichen Menschen vorstellen.

Tatsächlich? Mächtige Tiefschläge sind Ihnen in den vergangenen Wochen verpasst worden.

Wenn ich in meinem Leben etwas gelernt habe, dann ist das Kampf.

Wenn ich der »Frankfurter Allgemeinen Zeitung« glaube, sind Sie »wehleidig und kritikunfähig« und ...

... ich lese wenig Zeitung, kümmere mich nicht um diesen Quatsch. Ach wissen Sie, solche Schläge, Tiefschläge, kein Problem, wirklich nicht.

Wirklich nicht?

Ja, das Einzige, was ich auf dieser Erde gelernt habe, ist kämpfen. Ich war ein Flüchtlingskind, als ich mit meinen Eltern nach Sachsen kam, ich war dazu noch ein Pfarrerssohn, was in der DDR nicht einfach war. Als ich vierzehn war, sagte der Staat: »Dieses Kind darf nicht mehr weiter auf die Schule gehen.« Die Grenze war damals noch offen, da bin ich in den Westen abgehauen – und schon wieder war ich ein Flüchtlingskind, was wieder nicht einfach war.

Das klingt bitter.

Nein, wieso denn bitter? So war die Realität. Ein paar Jahre später, ich war siebzehn, bin ich in den Schulferien illegal nach Dresden, schaute mir Museen an. Plötzlich hörte ich im Radio, dass die Mauer gebaut wird.

Und Ihnen war klar: Jetzt komme ich nicht mehr zurück in den Westen?

Mein erster Gedanke war: kein Griechischunterricht mehr! Dieser 13. August 1961 war ein sonniger Tag, ich bin zu meinen Eltern nach Ostberlin, ich konnte es mir nicht vorstellen, dass sie diese Stadt perfekt teilen würden. Ich war jung, und ich dachte, es gibt tausend Schleichwege nach drüben, die können diese Stadt nie dichtmachen.

Doch plötzlich waren Sie ein Gefangener der DDR.

Ja, und ich hatte dazu noch zwei strafbare Taten: Pfarrerssohn und abgehauen. Ich wurde, glaube ich, Landesmeister der DDR im Fach »Exmatrikulation«. Ich wurde von der Abendoberschule exmatrikuliert, von der Filmhochschule, es hörte gar nicht mehr auf, ich durfte nicht mal Tischler werden.

Gab es da Momente der Verzweiflung, in denen Sie an Selbstmord dachten?

Nee, nee! Man muss Haltung bewahren. Disziplin. Aufstehen und nach einem neuen Weg schauen. Man knallt gegen eine Mauer, man steht wieder auf. Ich musste immer wieder etwas Neues suchen – und jeder neue Weg war dann wieder ein kleiner Sieg. Als 28-Jähriger konnte ich mich mit meinem Schreiben endlich ein bisschen wehren. Ich hatte dann sofort die Presse gegen mich. Aber das war wunderbar, das stärkt das Rückgrat und die Zivilcourage.

Also: Schreiben als Therapie?

Nein. Schreiben macht mir Spaß, ich schreibe täglich acht Stunden, wenn's gut läuft eine Seite am Tag, sieben Tage in der Woche, 360 Tage im Jahr. Ich brauche keinen Urlaub, ich mache nie Urlaub.

Und was hat Sie dazu getrieben, so ein trauriges Buch über ein düsteres Kapitel der jüngeren deutschen Geschichte zu schreiben: die wilde Schießerei auf dem Bahnhof von Bad Kleinen, wo am 12. Juni 1993 ein GSG-9-Mann als auch der RAF-Mann Wolfgang Grams umgekommen sind?

Traurig? »In seiner frühen Kindheit ein Garten« ist eine wunderbare Liebesgeschichte. Es hat mich damals erstaunt, was für Merkwürdigkeiten in und nach Bad Kleinen passiert sind. Fünf Tage nach der Schießerei traten der Innenminister und der Generalbundesanwalt zurück, BKA-Leute wurden versetzt. Es gab merkwürdige Aussagen von Beamten, Ton- und Filmdokumente verschwanden, die Merkwürdigkeiten häuften sich, es blieben Merkwürdigkeiten übrig. Und das Überraschendste war: Die Gerichte nahmen diese Widersprüche hin. Ich sagte mir: Das kann doch nicht der Schlusspunkt sein. Das muss weitergehen.

Sie empfanden es als Ihre Bürgerpflicht, dieses Buch zu schreiben?

Nein. Aber ich hatte das Gefühl, die Rechtsstaatlichkeit ist verletzt worden. Ich habe ein halbes Jahr lang die Akten studiert, das war vor acht, neun Jahren, ich habe mit vielen Leuten gesprochen, bin aber nicht weitergekommen, fand keine Lösung, dieses Thema literarisch zu bewältigen. Erst Jahre später kam ich drauf, dass ich das Ganze wie ein Foto nehme und alles Private wegschneide, um es neu zu erfinden, um aus dem Dokument zur Freiheit des Schreibens zu kommen. Ich habe den unmittelbaren Fall, den Tod am Bahnhof und seine Folgen, so dargestellt, wie er ablief, so genau wie möglich. Es ist die rekonstruierbare Wahrheit.

Sie haben doch sicherlich mit den Eltern von Grams gesprochen.

Nein, ich wollte mich von den tatsächlichen Figuren nicht beeinflussen lassen, deren Welt, die Welt der Eltern, habe ich frei erfunden. Als ich mit dem Manuskript fertig war, habe ich es den Eltern Grams' zustellen lassen. Sie hatten zwei kleine Wünsche, die habe ich erfüllt, und das erste gebundene Exemplar habe ich ihnen neulich zugeschickt.

Ich nehme an, sie sind mit Ihrem Werk zufrieden.

Ja.

Weil es ein RAF-Sympathisantenroman geworden ist?

Es ist kein RAF-Roman, schon gar kein Sympathisantenroman, es ist also allenfalls ein Angehörigen-Roman.

Es ist ein Thesenroman: Der Staat ist schlecht, er geht, wenn es aus Gründen der Staatsräson sein muss, über Menschenrechte hinweg.

Es ist kein Thesenroman, das wäre entsetzlich. Dann wäre ja eine Moral in dem Stück. Moral hat immer etwas mit Mitleid und Botschaften und Predigten zu tun, das interessiert mich nicht.

Obwohl Sie sich gegen Moral und Botschaft wehren: Ihr Roman ist ein Stück Staatsbürgerkunde.

Um Gottes willen! Das hört sich ja noch finsterer an! Nein, es es ein unterhaltsamer Liebesroman, die Liebenden sind allerdings fünfzig Jahre älter, als es normalerweise Liebespaare sind. Und hinter diesem Liebespaar schwelt ein Konflikt.

Ich habe das Gefühl, in der Figur Zurek steckt sehr viel von Ihnen: Entfremdung von der Demokratie, Enttäuschung über den Rechtsstaat.

Bei mir gibt es keine Entfremdung, keine Enttäuschung. Ich hatte 1989 keine Euphorie, illusionslos sah ich die Vereinigung. Ich bin im Faschismus geboren, habe die DDR erlebt, und ich denke schon, die Bundesrepublik ist die beste aller möglichen deutschen Welten, die wir bisher hatten. Zum ersten Mal bin ich in einem Staat, wo ich die »Neue Zürcher Zeitung« straflos lesen darf.

Das ist doch ein schrecklich langweiliges Blatt.

Es ist von einer hohen Genauigkeit, das gefällt mir.

Ganz genau nachrecherchiert haben Sie die Vorgänge auf dem Bahnhof Bad Kleinen: Nun, ohne zu lügen, was ist die Wahrheit von Bad Kleinen?

Da ist mir zu heikel. Ich versuche, in dem Roman keine Fehler zu machen, keine parteiische Wahrheit zuzulassen.

Vater Zurek sagt: Es war Mord. Mein Sohn ist kein Mörder.

Ja, aber die Tochter widerspricht ihm vehement. Ich will da nicht eingreifen, nicht über das Beweisbare hinausgehen. Mir ist da die Person des Rechtsanwaltes nahe. Er sagt: »Ich habe finstere Vermutungen, sehr finstere, aber ich werde den Teufel tun und sie äußern.«

Ihr neuer Roman ist auch eine Geschichte des Verlusts, vor drei Jahren starb Ihre Frau …

Es ist für mich immer noch furchtbar. Sie war eine tolle, tolle Frau, vierzig Jahre waren wir zusammen, wahrscheinlich habe ich einen Fehler gemacht. Ich hätte alle fünf Jahre eine neue Frau heiraten sollen, dann ist es vielleicht nicht so schlimm, wenn mal eine stirbt.

Nach dem Tod Ihrer Frau konnten Sie lange nichts schreiben.

Ich wusste nicht mehr, wie ich ins Leben reinkommen soll. Ich saß jeden Tag am Schreibtisch vor dem weißen Blatt, es blieb leer, ich habe nichts geschrieben. Erst nach ein paar Monaten fing ich an, von meiner Stimmungslage zu schreiben. Und dann – so unter der Hand – entstand ein Kinderbuch.

»Mama ist gegangen« heißt dieses Buch über das Sterben Ihrer Frau – und, seltsam, es macht einen fröhlich.

Wenn es anders wäre, hätte ich es nicht herausgegeben, ich möchte Kinder ja nicht bedrücken. Aber ich habe das Buch auch geschrieben, um mir in den Rücken zu treten.

»Die gebrechliche Einrichtung der Welt«, notieren Sie in einem Essay, »ist nur erträglich, weil wir rasch vergessen und vergessen können.«

Alles, was man verlassen kann, ist schön. Jede Landschaft, jeder Ort, jede Stadt. Und darum lieben wir diese Erde, weil wir sie verlassen werden. Das ist die Schönheit dieser Welt.

Aber dass Ihre Frau Sie verlassen hat, das ist nicht schön.

Ich verüble es ihr, weil die Verabredung anders war. Wir hatten verabredet, dass ich, und ich hatte die Statistik auf meiner Seite, so mit Ende sechzig sterbe und meine Frau noch die Urenkel begrüßt. Daran hat sie sich nicht gehalten. Andersherum wäre es mir lieber gewesen.

Sie sind ein Egoist.

Ja, manchmal. Mit ihrem Tod ist Lebenslust dahingegangen.

»Was ist der Tod?«, fragt der Schriftsteller Wolfgang Koeppen und antwortet: »Nichts wird sein. Kein Schmerz, keine Angst, keine Engel, keine Teufel. Nichts, nur dass du es weißt.«

Ja, aber nur mein eigener Tod, das ist eine große Erleichterung. Mein eigener Tod berührt mich gar nicht, weil ich nichts damit zu tun habe. Das ist also wunderbar, das ist Freiheit.

Christoph Hein wurde am 8. April 1944 als Sohn einer Pfarrerfamilie in Heinzendorff/Schlesien geboren. Nach dem Krieg zog seine Familie nach Bad Düben bei Leipzig. Da er als Pfarrkind nicht aufs Gymnasium durfte, ging er 1958 nach Westberlin. Weil er in den Tagen des Mauerbaus Museen in Dresden besucht, schafft er es nicht mehr in den Westen. Er schlägt sich danach in der DDR mit diversen Jobs durch, kann schließlich das Abitur nachholen, arbeitet als Dramaturg an der Volksbühne Berlin – und fängt an zu schreiben. Heute gehört Hein zu den wichtigsten deutschen Autoren, seine Themen sind die großen Kapitel der deutschen Nachkriegszeit – Vertreibung, Terror, Vereinigung.

HANS HAMMERSTINGL

»Dein Körper steckt viel weg. Aber irgendwann streikt deine Seele« (2006)

Sie waren Jungs und spielten auf dem Schrottplatz. Ob in diesem alten Mercedes Benzin für ein Lagerfeuer wäre? Hans Hammerstingl schaute im Tank nach, sah nichts – und warf ein Streichholz hinein. 33 Jahre lang kämpfte er um sein Leben, kurz vor seinem Tod im Frühjahr 2006 traf ich ihn – eine der bewegendsten Begegnungen in meinem Reporterleben.

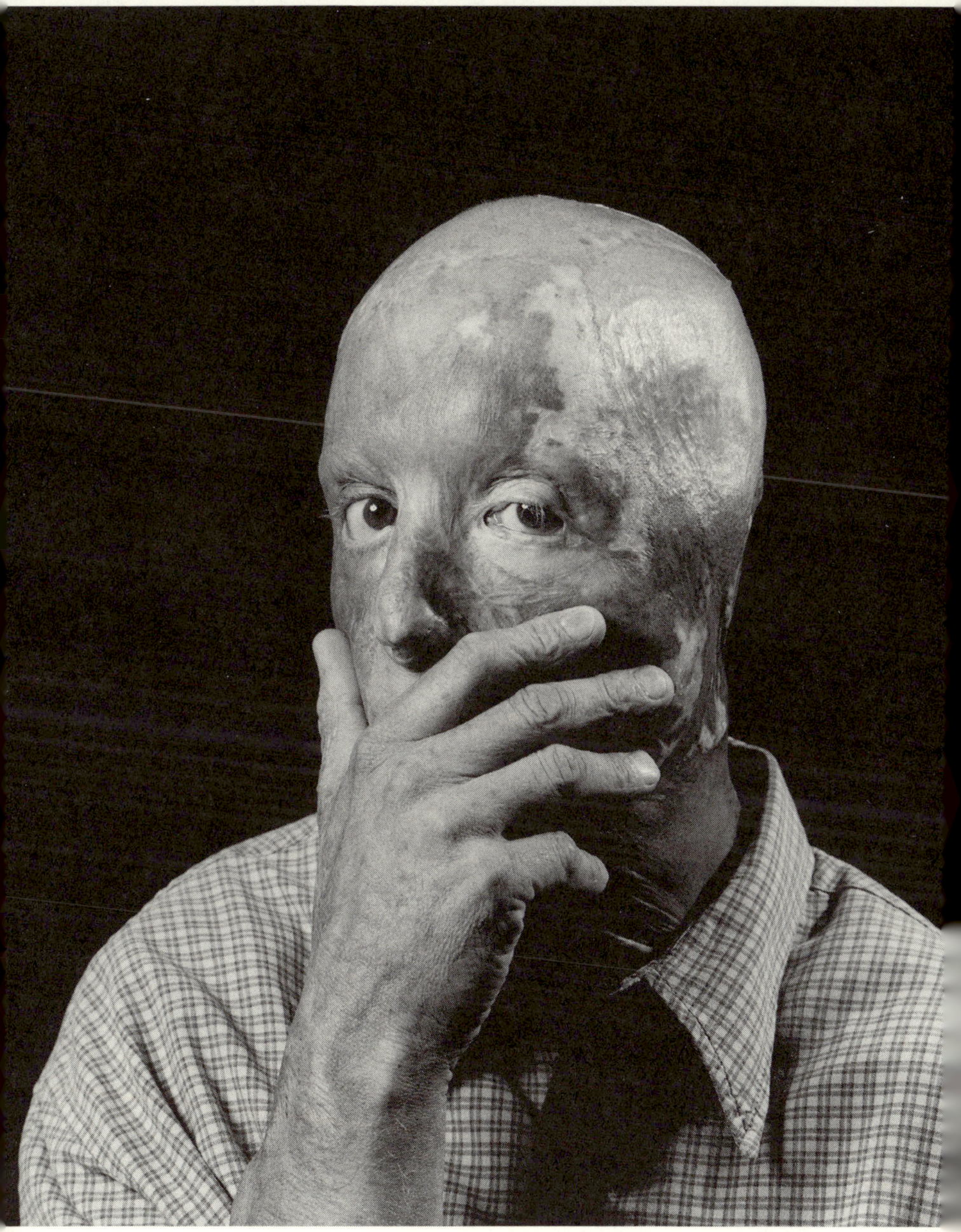

Herr Hammerstingl, Sie sehen schrecklich aus, richtig furchterregend.

Ja ja. Aber ich denke da nicht ständig dran, sonst würde ich ja verrückt werden. Ich lebe jetzt schon seit 33 Jahren mit dieser Hülle und …

… manchmal, fürchte ich, schreien Menschen auf, wenn sie Sie sehen?

Sie starren mich an, sie drehen sich um, sie machen dumme Bemerkungen. Jugendliche haben schon »Zombie« hinter mir hergebrüllt oder »Freddy Krüger«, das ist so ein Trash-Monster, ein Horror-Monster. Frauen kriegen manchmal regelrechte Schreianfälle, wenn sie mich sehen. Ich denk ja nicht ständig an mein Gesicht, und so erschrecke ich dann selbst, wenn Leute aufschreien. Ich wundere mich, schaue dann auf mein Hosentürl: Ist das vielleicht auf? Ich bewege mich ja nicht als Außerirdischer durch die Gegend.

Sie haben sich an Ihr Aussehen gewöhnt.

Ich bin hineingewachsen in diese Hülle, mir blieb ja nichts anderes übrig, um zu überleben.

Ein Bekannter von mir, der ebenfalls im Gesicht Verbrennungen hat, sagte mal zu mir: »Wenn ich in den Spiegel schaue, sehe ich mein Gesicht von früher!«

Der arme Mensch – der hat, da bin ich mir ganz sicher, noch ziemliche Probleme mit sich, schrecklich. Ich kann mich an mein Kindergesicht gar nicht mehr erinnern.

Aber im Kopf haben Sie schon den Gedanken: »Verdammt, hätte ich bloß nicht dieses Streichholz in diesen Autotank geworfen!«

Ja, klar! Diese Sekunde hat alles verändert, meine Jugend verlief heftig. Ich wäre viel freier in allem, Frauen, Beziehungen, Sex, Beruf, alles wäre anders. Ich muss mich jetzt immer der Gesellschaft gegenüber rechtfertigen. Ich habe – verrückterweise – eine Bringschuld.

Behinderte klagen oft, dass die anderen Menschen denken, sie wären dumm, sie wären nicht intelligent.

Ja, die Leute trauen mir nichts zu. Ich muss ihnen beweisen, dass ich ganz normal bin, mit Talenten, mit Schwächen. Ich war neulich in meinem Heimatdorf in Niederbayern bei meinen Eltern. Wir sind einem alten Nachbarn begegnet, der mich als Kind schon kannte. Er fragte meine Mutter – nicht mich: »Und, geht's ihm scho guad?« Er ignorierte mich, als ob ich zurückgeblieben wäre.

Das tut weh.

Ich verurteile die Menschen nicht mehr. So sind sie halt.

Niki Lauda hat sich nach seinem Formel-1-Rennunfall gewünscht, dass die Leute klüger würden, um so die Verstümmelung besser zu akzeptieren.

Das ist ein vergeblicher Wunsch. Ich lauf seit 30 Jahren mit diesem Gesicht rum, die Leute reagieren genauso unmöglich wie früher. Vor 25 Jahren wollte ich eine Ausbildung an einer Münchner Fotoschule machen, abgelehnt wurde ich mit den Worten: »Sie passen nicht in die Klassenstruktur.« Vor einiger Zeit habe ich meine Ausbildung als Mediengestalter beendet, ich hab dann fast ein Jahr lang einen Job gesucht – und schließlich einen beim Burda-Verlag bekommen. Beinahe. Eines Abends bekam ich einen Anruf, da druckste einer rum: Ja, er wisse jetzt nicht so recht, wie die anderen Leute auf mich reagieren würden. Er sagte: »Ich habe eine Idee. Ich würde Sie jetzt erst mal so in einem kleinen Raum an den Kopierer stellen, um zu beobachten, wie die Leute auf Sie reagieren.«

Tja, hätten Sie bloß nicht dieses Streichholz in den Tank geworfen!

Hätte. Hätte nicht. Früher, das ist schon viele Jahre her, gab es immer wieder so Phasen, alle paar Monate durchlief ich die, in denen ich mir sehr leidgetan habe. Ich war traurig. Ich habe geheult. Man könnte sich hineinsteigern, treiben lassen, das ist gefährlich … Also, der 23. April 1973 war ein schöner Tag, ich war zehn Jahre alt. Wir waren fünf Dorfjungs, die am Bach spielten. Und dann sehen wir, wie der Schrotthändler zwei alte Autos auf den Schrottplatz fährt. Wir sind hin zu dem Schrottplatz, das war sowieso unser Abenteuerspielplatz, wir hatten dort unser Zigarettendepot und Streichhölzer versteckt. Da stand jetzt so ein alter Mercedes. Ich schraube den Tankdeckel ab und will nun blödsinnigerweise wissen, ob da noch Benzin drin ist – für ein

Lagerfeuer, dachte ich. Ich schau also rein, sehe nichts, ich werfe ein Zündholz in den Tank, guck richtig tief in den Tank rein, und eine riesige Stichflamme haut es raus. Ich hab sofort lichterloh gebrannt, meine Haare, die ganzen Klamotten.

Jürgen Weber war ein 23-jähriger Polizist, als er bei einer Demo in Frankfurt von einem Molotowcocktail getroffen wurde. Als er brannte, flehte er schmerzgeplagt seinen Kollegen an: »Erschieß mich!«

Ich habe nichts gespürt, ich brannte einfach. Ich habe mich auf dem Boden gewälzt, ein Freund hat mich mit seiner Jacke gelöscht, und dann stand ich halt so da. Schwarz. Und mit einem schlechten Gewissen. Ich sage zu meinem Freund: »Aber ja nicht zu Hause erzählen, was wir angestellt haben! Nichts petzen!« Ich hatte Angst. Wir sind dann nach Hause marschiert, so einen Kilometer weit. Ich habe nichts gespürt. Ich stand unter Schock. Wir sind durchs Dorf gelaufen, mein Opa hat gerade ein Dach gedeckt und meinte – das sagte er mir später –, ich sei in den Dreck gefallen, weil ich von oben bis unten so kohlrabenschwarz aussah. Und dann komme ich heim, meine Mutter kommt mir entgegen, und sie schreit auf. In totaler Panik. Hysterisch. Die Nachbarin kommt angelaufen, alle schreien, es ist ein fürchterlicher Trubel um mich, ich gehe in die Küche, da hängt ein Spiegel. Aber ich war so klein, ich musste mich hochstemmen, um mich zu sehen – das habe ich nicht mehr geschafft. Und meine Mutter schreit und schreit: »Ach, der Bub, der muss sterben, der muss sterben!« Sie hat mich auf die Couch gelegt, es kam der Krankenwagen – und erst dann kamen die Schmerzen. Ich weiß noch, wie ich bettelte: »Ich will eine Betäubung! Ich will eine Betäubung!« Ich habe nur noch geschrien: »Gebt mir was! Gebt mir was!« Und dann war ich bewusstlos.

Nach ein paar Tagen wachten Sie auf – und dann ging der Horror richtig los?

Puh, in den ersten paar Jahren habe ich viel gejammert, viel geschrien. Die Ärzte waren überfordert. Sie konnten mir nicht ständig eine Vollnarkose geben. Mein ganzer Körper war offen, oh, oh. Ich hatte ein Hemd mit Plastikfasern getragen, und das war komplett in meinen

Körper reingeschmolzen. Alles war schwarz, es waren Verbrennungen dritten und vierten Grades, und wie eine flüssige Soße schwamm alles an mir. Das mussten die Ärzte abtragen, sie mussten mich regelrecht häuten.

Bernhard Heitz war Pilot, und er hat einen Flugzeugabsturz schwer verbrannt überlebt. Im Krankenhaus wollte er aus dem Fenster springen – wegen der Schmerzen, wegen seines verunstalteten Aussehens.

Nein, für mich war das nicht so, nicht mit dieser Dramatik, ich glaub auch nicht, dass man so schnell aus dem Fenster springt. Du hängst am Leben. Ich hab mich abgetastet und erst gedacht, na ja, alles nicht so schlimm.

Wie war das, als Ihre Familie Sie besuchte?

Ich hab gestaunt, warum reagieren die so heftig? Was ist mit mir los? Mei! Mei! Sie haben geheult, meine Schwestern sind fast zusammengebrochen. Nach einem halben Jahr durfte ich zum ersten Mal in den Spiegel schauen. »Uh!«, sagte ich. »Hoppala! Das sieht ja schlimmer aus, als du gedacht hast!« Ich habe dann immer gefragt, wann ich denn heim darf. Ich wurde vertröstet: Zum Geburtstag, hieß es. Zum Namenstag. Zu Ostern. Zu Weihnachten. Es war zum Verzweifeln.

Dachten Sie in solchen Momenten der Traurigkeit: Es wäre besser, ich wäre gestorben?

Nein. Ich wollte leben. Die Ärzte hatten mich schon aufgegeben. Ungefähr 70 Prozent von mir waren verbrannt, und damals, in den 70er-Jahren, hieß es, ab 50 Prozent hat man keine Überlebenschancen. Ich lag in Schwabing im Krankenhaus, die Ärzte wollten mich ums Verrecken sterben lassen, sie ließen mich wirklich stundenlang einfach hinten in einem Zimmer liegen, ich habe rumgebrüllt, die sind tagelang nicht zu mir ins Zimmer gekommen. Sie ließen mich einfach so liegen, mein Kopf lag immer so schräg auf meiner Schulter, und mein Kinn ist schließlich an der Schulter festgewachsen.

Haben Sie deswegen so eine gebückte Haltung?

Ja. Es war dann ein ziemlicher Aufwand, meinen Kopf von der Schulter wieder wegzukriegen. Dass ich überlebt habe, verdanke ich einem Zivildienstleistenden. Er hat sich sehr um mich gekümmert, er hat sich mit den Ärzten gestritten. Irgendwann war er so was wie ein Ersatzvater für mich. Er hat mich aus dem Krankenhaus geholt, dafür gesorgt, dass ich in ein Internat kam. Meine Eltern waren mit mir und dem Unfall überfordert. Drei Jahre war ich im Krankenhaus, und danach bin ich nicht mehr in mein Heimatdorf zurück – dort sind sie so komisch. In München fühlte ich mich sicherer.

Wissen Sie, wie viele Operationen Sie hinter sich haben?

Ach, Hunderte! Hunderte. In den ersten dreieinhalb Jahren wurde ständig an mir rumgemacht: hier Haut abgetragen, dort rumgezupft, abgestorbenes Gewebe weggezupft, hier Teile von Knochen wegmontiert und dort oben reingebaut. Ich bin immer wieder aufgeschnitten worden, weil nicht alles richtig mitgewachsen ist, Teile von mir waren wie ein Panzer, die wuchsen nicht mit.

Es ist für jedes Kind schwer, erwachsen zu werden, aber wenn man so aussieht wie Sie?

Tja, alles läuft ein bisschen anders, ein bisschen schwieriger. Nicht tanzen, an Discos mit Türstehern kam ich nie vorbei. Aber ich hatte Glück, dass ich in diesem Internat mit einer Gruppe von Behinderten aufwachsen konnte. Und so mit 17 war ich viel unterwegs. Ich war selbstbewusst und rebellisch. Ich habe mich in der Punkszene bewegt, und ich wollte mein Leben führen – so normal wie möglich.

Aber können Sie so etwas Einfaches tun wie – sagen wir mal – ins Freibad gehen?

Früher hatte ich damit keine Probleme. Jetzt bin ich dünnhäutiger. Früher hatte ich ein ganz anderes Selbstbewusstsein, keine Scheu. Ich bin mit sechzehn in einem Theaterstück aufgetreten – als Nummerngirl, mit Strapsen, mit meinem Aussehen! Die Leute haben vor Begeisterung geklatscht. Das war wunderschön für mich. Damals konnte ich mich ohne Probleme zeigen. Ich ging ins Freibad, und es war mir wurscht, wie die Leute reagierten, es hat mich nicht gekümmert. Heute meide ich Bäder, weil ich den Stress nicht mehr aushalte, wenn die Kinder aufschreien und wegrennen und nach ihrer Mama brüllen.

Ich merke, dass mein Körper müder geworden ist, dass ich auf meine Seele sehr aufpassen muss.

Die Operationen laugen Sie aus.

Seit 30 Jahren werde ich permanent operiert. Mit zwanzig hatte ich gedacht, bald ist es damit vorbei. Aber ständig muss an mir etwas korrigiert werden. Schauen Sie mal mein Augenlid an. Das musste schon fünf Mal repariert werden, es ist nicht mehr echt, es ist nachgemacht. Es rutscht immer weiter runter, es ist keine Spannkraft mehr da. Und ständig müssen irgendwo an meinem Körper Narbenstränge korrigiert werden. In den Neunzigern habe ich meinen Mund neu machen lassen, der war noch viel kleiner, er war ganz zusammengeschmolzen, völlig zugewachsen. Er ist drei Mal geöffnet worden, auch die Lippen wurden neu gemacht – und es war ein schönes Gefühl, den Mund mal wieder weit aufmachen, endlich wieder richtig essen zu können.

Und auch küssen zu können?

Ja, das haben die Ärzte ganz gut hingekriegt, die Lippen sind durchblutet, wirklich sensibel.

Neulich hat ein deutsches Ärzteteam verkündet, dass es demnächst ein ganzes Gesicht transplantieren wird.

O Schreck! Ich würde mir das nicht antun, nie. Sie gaben mir ganz am Anfang eine Perücke. Ich habe sie aufgesetzt, mich im Spiegel angeschaut und sie sofort runtergerissen. Ich war nicht mehr ich.

Die Französin Isabelle Dinoire kam mit zerstörtem Gesicht zu den Ärzten – ihr Hund hatte ihr Nase, Lippen, Kinn abgebissen. Die Mediziner transplantierten ihr die untere Gesichtshälfte einer Toten – und Frau Dinoire ist nun glücklich.

Ist sie das tatsächlich? Manche Ärzte sind ja Künstler, aber ich weiß nicht, ob sie da mit ihrem Ehrgeiz und ihrer Lust am Experiment nicht zu weit gegangen sind. Sie hätten auch, wie mir ein Arzt sagte, körpereigenes Gewebe nehmen können. Wie geht es Frau Dinoire in einem Jahr? Wehrt sich ihr Körper gegen das fremde Gesicht? Gewöhnt sich ihre Psyche an das fremde Gesicht? Ich glaube nicht an alle Versprechungen der Medizin. Ich weiß ja, wie schwierig Hautoperationen sind. Es ist ja nicht einfach so, dass man die alte Maske abschraubt und eine neue anschraubt. Operationen kosten Kraft. Die Wundheilung. Die ganzen Schmerzen. Das ist der Wahnsinn.

An Ihrem Kopf zieht sich eine lange Narbe.

Ja, die habe ich seit 1996, damals hat sich für mich viel verändert. Ich hatte eine Wunde am Kopf, die hat sich zwei Jahre lang nicht geschlossen. Irgendwann haben die Ärzte festgestellt, dass es Krebs ist, Hautkrebs. Eine ganze Seite meines Kopfes musste rekonstruiert werden. Sie nahmen das Endstück der Rippe, sie haben es auseinandergeklappt und dann als Kopfstück eingepasst. Und da es nicht nur mit Haut auf dem Knochen abgedeckt werden kann, musste ein Muskel darunter. Sie haben mir also noch einen Muskel rausgenommen und eingebaut und mit Haut abgedeckt. Mensch, das war eine Prozedur. Ich sagte zu mir: Du packst das nicht mehr. Das ist zu viel. Und dann kam noch ein Nierenversagen dazu. Dialyse. Eine neue Niere. Schmerz. Müdigkeit. Du weißt nicht, ob du irre wirst. Wirst du depressiv? Apathisch? Hört das denn nie auf?

Und woher kommt die Kraft, um weiterzumachen?

Ich weiß es nicht. Ich spüre aber, dass diese Kraft nachlässt.

Sie haben Angst um Ihr Leben?

Nein. Aber ich weiß mittlerweile, dass medizinische Kunst dich lange am Leben erhalten kann. Dein Körper steckt viel weg. Aber irgendwann streikt deine Seele. Die können sie nicht operieren, die lässt sich nicht flicken. Eine Seele kann man nicht behandeln, die kann man nur pflegen. Nach der Nierentransplantation war ich an einem Punkt, wo ich nicht mehr wusste, wie ich weitermachen sollte. Ich war unruhig. Ich dachte: Alles ist zu viel. Ich war sehr nestbedürftig.

Was heißt das?

Ich sehnte mich nach Vertrautheit, danach, in den Arm genommen zu werden. Und da fehlt jetzt die Freundin, die das einfach so macht – aus Liebe. Gott sei Dank habe ich einen großen Freundeskreis, die Freunde helfen, aber sie können das nur bedingt.

Hatten Sie einmal eine Freundin, eine Liebesbeziehung?

Ja, zweimal in meinem Leben. Die Beziehungen gingen über zwei Jahre, es waren wunderschöne Frauen, und die Umwelt staunte, dachte wohl: »Wie kann der da …« Es war einfach schön.

Aber wie ist es, wenn eine Frau Sie nackt sieht?

Ach, man nähert sich über eine Zeit lang an. Da wächst Sympathie, Zuneigung, das Aussehen wird unwichtiger, und wer mein Gesicht kennt, für den ist der Rest meines Körpers keine besondere Steigerung mehr. One-Night-Stands laufen bei mir natürlich nicht, das kann ich mir abschminken. Außerdem bin ich empfindsamer geworden. Mir fehlt heute das Selbstbewusstsein von früher, das es mir ermöglichte, den ersten Schritt zu tun und auf eine Frau zuzugehen – so mit der Haltung: »Hey, hallo, ich bin auch ein möglicher Partner!«

Sind Sie manchmal neidisch auf die Menschen, die kerngesund sind?

Ja klar. Ich komme einfach nicht zum richtig Leben. Ich habe mich aber darauf eingestellt.

Wie sehen Sie sich eigentlich in Ihren Träumen?

Früher hatte ich Feuer-Albträume, das ist vorbei. Neulich landete ein Raumschiff aus einer anderen Hemisphäre bei mir. Ich stieg ein, und die hatten in ihrem Universum wunderbare Ärzte mit wundersamen Heilmethoden. Als ich in München wieder aus dem Raumschiff ausstieg, schaute ich wieder ganz normal aus.

Hans Hammerstingl, 1962 in einem kleinen bayerischen Dorf geboren, starb mit 43 Jahren. Einmal wurde dem stark Verbrannten ein Job angeboten – aber dann kam ein Anruf, und »einer druckste herum, sagte: Er wisse nicht, wie die anderen auf mich reagieren würden«. Hammerstingl lebte zuletzt in München von 345 Euro monatlich – oft reichte das Geld nicht für die schmerzlindernden Hautcremes, die er so dringend brauchte.

THOMAS BUERGENTHAL

»Ich spielte gegen Hitler, die SS und die Krematorien. Ich wollte gewinnen«

(2007)

Er war zehn Jahre alt, da hatte Thomas Buergenthal zwei Gettos, Auschwitz und den Todesmarsch in das KZ Sachsenhausen überlebt. Als ihn seine Mutter nach dem Krieg durch einen Zufall wiederfand, konnte er weder lesen noch schreiben. Heute ist Buergenthal Richter am Internationalen Gerichtshof in Den Haag, einer der angesehensten Richter weltweit. »Ich bin ein Glückskind«, sagt er.

Herr Buergenthal, Sie waren zehn Jahre alt, da hätten Sie – wenn alles nach Plan gelaufen wäre – schon längst tot sein müssen: verhungert, erschlagen, vergast, verbrannt.

Das ist wahr. Ich bin immer noch erstaunt, dass ich lebe und hier in Den Haag als Richter am Internationalen Gerichtshof arbeiten kann, dass ich das Getto von Kielce, in dem täglich Menschen erschossen wurden, überlebt habe.

Im August 1942 wurde dieses Getto in Polen aufgelöst, fast alle der mehr als 20 000 Juden kamen später in Treblinka um.

Ja, dass ich Kielce überlebt habe, danach mehrere Arbeitslager, Auschwitz-Birkenau und schließlich, das Schlimmste, im Januar '45 den Todesmarsch ins KZ Sachsenhausen – ein Wunder. Ich habe aber auch überlebt, glaube ich, weil ich in dieser Hölle von meinen Eltern geschützt wurde und weil der Abstieg in diese Hölle ein paar Jahre dauerte. Ich wurde abgehärtet.

Sie waren ein Kind.

Vielleicht war das mein Glück. Kinder denken nicht so viel nach, sie akzeptieren die Situation. Das Leben mit Tod, Erschießungen, Erhängungen, Hunger, Folter war für mich normal. Ich kannte nichts anderes. Ich vergleiche mich oft mit den Straßenkindern in Lateinamerika. Kinder sind schlau, sehr gerissen, sie haben einen ausgeprägten Überlebensinstinkt. Ich hatte gelernt, mich unsichtbar zu machen – auch vor Mengele. Er war der Tod, das wussten wir, »Todesengel« nannten wir ihn. Ich wollte am Leben bleiben. Das Überleben war irgendwann ein Spiel für mich geworden, das ich gegen Hitler, die SS und die Krematorien spielte. Ich wollte gewinnen.

Sie haben gewonnen. Sie sind einer der angesehensten Richter – weltweit.

Und meine Arbeit macht mich sehr glücklich. Dass ich mich für die Menschen- und Völkerrechte einsetzen kann.

Sie sehen sich – trotz Ihrer Kindheit in Gettos und Auschwitz –, wie der Titel Ihrer Autobiografie heißt, als »ein Glückskind«.

Ja. Mit zwölf konnte ich weder lesen noch schreiben. Ich war ein kleiner Junge, der nach seiner Befreiung mit polnischen Soldaten wie ein Erwachsener Wodka trinken konnte, ein Junge mit einer kleinen, blau eintätowierten Häftlingsnummer im linken Unterarm. Es ist erstaunlich, was ich in meinem zweiten Leben erreicht habe.

Dass Sie sich für Menschenrechte einsetzen, machen Sie das wegen Auschwitz?

Lange habe ich gedacht, dass meine Arbeit mit dem Holocaust nichts zu tun hat. Erst in den letzten Jahren fühle ich, dass meine Berufswahl wohl doch kein Zufall war. Auschwitz – obwohl ich nicht täglich daran denke – ist in mir. Ich hätte als Anwalt viel Geld verdienen können.

Als Richter können Sie mehr, Sie können Opfer rächen.

Ich habe nur einmal an Rache gedacht, das war kurz nach dem Krieg. Ich stand auf dem Balkon unserer Wohnung in Göttingen, ich sah die Deutschen, wie sie am Sonntag lachend auf den Bürgersteigen flanierten. Ich dachte, da unten sind die Mörder meiner Familie! Sie lachen, sind fröhlich! Ist das gerecht? Ich hatte Sehnsucht nach einem MG. Heute schäme ich mich für diesen Gedanken. Rache hilft nicht. Recht hilft. Meine Menschenrechtsarbeit bin ich meinem verschwundenen Vater, meiner ermordeten Familie schuldig.

Sie selbst waren ein Opfer.

Und daher kann ich Opfer, nicht nur intellektuell, sondern auch gefühlsmäßig sehr gut verstehen, ich kann mich für die Opfer unserer Zeit besser einsetzen. Als ich vor ein paar Jahren die Flüchtlingskinder in Jugoslawien sah, sah ich mich auf den Straßen 1939 vor den deutschen Panzern, die Kinder sahen aus wie ich damals. Ich kannte ihre Angst. Manchmal frage ich mich: War der Holocaust nur ein Trainingslauf für andere Verbrechen?

Sie reden nun, als ob es seit Auschwitz keinen moralischen Fortschritt gegeben hätte.

Doch, doch, ihn gibt es. Aber es gibt auch viele Gründe die einen verzweifeln lassen könnten. Die Bilder vom Balkankrieg, diese Menschen, die da in Lager marschiert sind – sie erinnerten mich an den Todesmarsch von Auschwitz. Die Bilder von Abu Ghraib, die Bilder aus Guantánamo – sie wecken in mir Erinnerungen. Der Firnis der Zivilisation ist sehr dünn.

Ihr Land, die USA, ein demokratischer Staat, lässt plötzlich foltern, CIA-Greiftrupps eilen um die Welt, verhaften Terrorismusverdächtige, verschleppen sie und …

Nach den Anschlägen vom 11. September 2001 hat sich eine Hysterie entwickelt. Angst, wirklich große Angst macht mir diese enge Zusammenarbeit rechtsradikaler Religionen mit der konservativen Politik, so etwas hat es noch nie gegeben, ihr Einfluss ist enorm. Eine gefährliche Verengung des Denkens. Aber ich bleibe optimistisch – das gute Amerika kommt wieder raus. Man darf nicht verzweifeln, eine bessere Welt ist möglich.

Kennen Sie den Schwur der KZ-Häftlinge von Buchenwald?

Nein.

»Der Aufbau einer neuen Welt«, schworen sich die Überlebenden, »des Friedens und der Freiheit ist unser Ziel. Das sind wir unseren Kameraden und ihren Angehörigen schuldig.«

So empfinde ich das auch. Meine Auschwitz-Nummer hier im Arm ist für mich eine Verpflichtung. Diese bläulich verwaschene Nummer hier.

B 62930. Wie war das, als diese Nummer in Ihren Unterarm tätowiert wurde?

Das ging unheimlich schnell. Da stand ein Mensch, der hatte eine Nadel in der Hand – fertig. Ich kann diese Nummer nicht abwaschen, manchmal benutze ich sie als Passwort für meinen Computer.

Sie klingen entspannt. Sie lachen sogar.

Ich bin stolz auf diese Nummer. Sie ist mein Leben. Sie wird immer da sein, wenn sie nun auch etwas verblasst ist, wie meine eigenen Holocaust-Erinnerungen. Manchmal denke ich, das ist auch gut so, dass diese Erinnerungen verblassen. Vielleicht war dies sogar meine Rettung, denn hätte ich all meine Ängste, meine Albträume, das Schreien der Menschen, die in die Gaskammern getrieben wurden, immer mit mir herumgetragen, hätte ich kaum ohne seelische Verstümmelungen überlebt.

Wie? Man soll Auschwitz vergessen?

Nein, natürlich nicht. Sechs Millionen Menschen wurden umgebracht, eine unbegreifbare Zahl. Wie kann man etwas vermitteln, was die Vorstellungskraft sprengt? Verständlich wird sie nur in Einzelschicksalen, deswegen habe ich mein Buch geschrieben. Ich habe es vor allem für meine Kinder getan, ich habe es ja nie geschafft, ihnen alles zu erzählen und, und, und …

Und?

Ich bin enttäuscht. Sie haben es nicht gelesen. Meine Frau meint, es sei für sie zu schwer zu erfahren, was ihre Familie mitgemacht hat. Vielleicht lesen sie es nach meinem Tod.

Warum haben Sie mit diesem Buch über sechzig Jahre gewartet?

Ich war vorher nicht bereit. Ich habe in den Fünfzigern über den Todesmarsch geschrieben, meine Kommilitonen in Amerika …

… Sie waren 1951 ausgewandert …

… ja, weil ich mich in Deutschland fremd fühlte. Meine Kommilitonen hielten mein Erlebtes für eine Fiktion, eine makabre Erfindung. Sie konnten sich nicht vorstellen, dass Menschen tagelang in Viehwaggons vegetierten, verhungerten, durchdrehten, die Köpfe an den Wänden kaputt schlugen, irre wurden, qualvoll krepierten. Niemand – das war wie in Deutschland – wollte damals etwas über Auschwitz wissen, doch ich wusste immer: Eines Tages werde ich alles aufschreiben. Es wäre eine Schande, wenn ich ohne dieses Buch gestorben wäre.

Ihr Leben erinnert an Roberto Benignis KZ-Komödie »Das Leben ist schön«.

Tatsächlich? Freunde von mir sagten, das sei ein »schöner Film«, ich solle ihn anschauen. Ich ging ins Kino, und ich wusste nicht, was auf mich zukommt. Plötzlich sah ich Uniformen, die Transporte, die Züge. Ich sagte zu meiner Frau: »Ich muss raus. Ich kann das nicht ansehen!«

Sie können über Auschwitz reden, aber …

… ich habe noch keinen Film gesehen, keine Dokumentation, kein Buch, nichts über Auschwitz gelesen, nichts. Ich kann es nicht. Ich war Vorsitzender der von Präsident Carter einberufenen Holocaust-Kommission, ich war im Kuratorium für das Holocaust-Museum in Washington, aber als eine Journalistin mich bat, allein mit ihr durch das Holocaust-Museum zu gehen, habe ich es abgelehnt. Ich habe das Museum noch nie betreten.

Aber nach Auschwitz sind Sie zurückgekehrt?

Es hat über fünfzig Jahre gedauert. Und das heutige Auschwitz ist nicht mein Auschwitz. Man erkennt das Leid nicht, kann nicht erahnen, wie furchtbar es damals war, man hört nicht die Schreie aus den Gaskammern, das Bellen der Hunde, die Kommandos. Heute blühen dort Blumen, es singen Vögel – ich habe in Auschwitz nie Vögel gehört, die gab es nicht, die flohen vor dem Geruch. Wenn die Transporte kamen, hing rötlich-brauner Rauch über dem Lager, der aus den Schornsteinen der Krematorien quoll. Es stank nach verbranntem Fleisch.

Wie war das, als Sie ins Lager kamen?

Es war der 1. August 1944, ein warmer sonniger Morgen. Der Zug fuhr langsam zur Rampe. Draußen waren Sträflinge, die Ziegelsteine hin und her schleppten, die Sträflinge waren erschreckend dürr, aber wir riefen ganz glücklich: »Da leben ja Menschen! Die bringen uns nicht um!« Ein Selbstbetrug.

Einmal überlebten Sie, weil es für die Deutschen zu teuer war, Ihretwegen die Öfen anzumachen.

Es war der Tag, an dem ich meinen Vater zum letzten Mal sah. Ein Arzt winkte ihn zur linken, mich zu rechten Seite, mit einem Tritt warf er meinen Vater aus der Baracke hinaus. Ich kam in die Krankenbaracke zu den »Muselmännern«, also den Schwachen, den Kranken, den Alten. Es waren so 20, 30 Leute. Die hatten alle mit dem Leben abgeschlossen, sich ihrem Schicksal ergeben, ich aber nicht. Wir wussten, dass jetzt die Gaskammer auf uns wartete. Ich wollte zu meinem Vater zurück, ich musste also entkommen, und ich sah, dass in der Baracke ein Schlupfloch war, ich musste nur einen Draht aufbiegen. Das schaffte ich. Mit einem Satz war ich draußen, hinter mir schrien die anderen Häftlinge, dass ich geflohen sei. Ich wurde geschnappt, geschlagen. Ich floh noch zweimal, wieder schrien einige Häftlinge, und ich wurde wieder geschnappt.

Und Sie waren sicher, dass Sie nun sterben würden?

Ja. Ich hatte erst eine schreckliche Wut auf meine Mithäftlinge. Aber plötzlich wurde ich ganz ruhig. Auf einmal war eine wunderbare Wärme – ich spüre sie jetzt wieder, wenn ich mit Ihnen darüber rede – in meinem Körper, ein schönes Gefühl. Ich war zehn Jahre alt, und ich hatte keine Angst mehr zu sterben. Ich starb an jenem Tag nicht, weil unsere Gruppe so klein war und die SS es für eine Energieverschwendung hielt, die Öfen für uns anzuheizen.

War das ein SS-Mann gewesen, der Sie bei Ihrem Fluchtversuch eingefangen hatte?

Es waren Mithäftlinge. Das sagt auch etwas über die Menschheit aus.

Ein Überlebender des KZ Dachau sagte zu mir: »Sie haben uns zu Ratten gemacht.«

Um sich zu retten, um ein Stück Brot zu bekommen, machen die Menschen Unfassbares. Die Not bringt im Menschen oft das Schlechteste hervor.

Der italienische Schriftsteller Primo Levi, der deshalb auch von der Scham der Überlebenden sprach, brachte eine düstere Erkenntnis aus Auschwitz mit: »Jeder ist der Kain seines Bruders, jeder von uns hat seinen Nächsten verdrängt und lebt an seiner statt.«

Nein. Ich habe mich nie für mein Überleben geschämt. Ich verurteile niemanden – auch wenn mir Brot gestohlen wurde. Das erwartete ich. Man wollte überleben, verzweifelt überleben. Im KZ wurden deshalb viele üble Dinge von Häftlingen selbst erledigt. Der Mensch ist zu allem fähig – auch heute noch, trotz Auschwitz. Mich erstaunt da nichts. Die Menschlichkeit ist immer gefährdet. Helden gibt es selten.

Aber es gibt sie?

Ja. Aus der Krankenbaracke hat mich ein polnischer Arzt gerettet, indem er meine Kennkarte zerrissen hat und mir eine neue ausstellte.

Das war tapfer. Warum haben manche Menschen die moralische Kraft, ihren Anstand und ihre Würde zu bewahren, egal, was es kostet? Warum werden andere zu Gewalttätern? Als Richter frage ich mich, was treibt uns Menschen, so grausam zu handeln?

Ich weiß es nicht.

Ich habe auch keine Antwort. Erschreckend ist, dass wir Menschen so einfach das Blut unserer Mitmenschen von den Händen waschen können. Das Erschreckende ist, dass es meist keine Sadisten sind, die die furchtbarsten Taten begehen.

Hannah Arendt sprach von der »Banalität des Bösen«.

Sie hat wohl recht. Was in Deutschland geschehen ist, später in Kambodscha, in Ruanda, jetzt in Darfur – Mord und Totschlag, Völkermord –, begehen oft ganz gewöhnliche Menschen, Familienväter, die abends nach Hause eilen zu ihren Lieben, sich die Hände waschen, sich zu ihren Kindern zum Abendessen an den Tisch setzen, als ob ihr Schlachten ein Job wie jeder andere sei. In Auschwitz gab es Leute, die haben die Todeslisten wie Buchhalter ausgefüllt, Tag für Tag, Ziffern, Nummern, Namen – für sie eine normale Arbeit, die sie akribisch erfüllten, aber hinter diesen Zahlen waren Menschen, die ermordet wurden. Ein paar organisieren die Tat, viele machen mit aus Angst, aus Ehrgeiz, weil sie sich eine bessere Position versprechen. Es ist bedrückend.

Glaube – hat er Ihnen in Augenblicken der Verzweiflung geholfen?

Nein, denn ich glaube nicht. Zwar habe ich manchmal in Auschwitz aufgestöhnt: »Mein Gott!« Aber in mir war immer die Frage, und darüber habe ich später viel nachgedacht: Wie konnte ein liebender Gott das zulassen? Ein liebender Gott hätte Auschwitz nicht zugelassen.

In allem Schmerz – was war für Sie das Bewegendste in Ihrem Leben?

Der 29. 12. 1946, der Tag, an dem ich nach Göttingen kam. Meine Mutter war in Auschwitz von mir getrennt worden, ich hatte immer gehofft, sie einmal wiederzusehen, aber ich hatte natürlich befürchtet, dass sie ermordet worden war. Nach dem Krieg war ich in einem Waisenhaus in Warschau, durch Zufall und Glück erfuhr meine Mutter von meinem Überleben, sie schrieb nach Warschau. Ich kam mit dem Zug nach Göttingen. Meine Mutter stand auf dem Bahnsteig, sie suchte nervös, aufgeregt den einlaufenden Zug nach mir ab. Ich kann nicht weiterreden, Sie sehen, mir kommen die Tränen, ich muss heulen ... meine Mutter stand da, Mutti, ich sprang aus dem noch fahrenden Zug, wir umarmten uns, immer wieder. Der Krieg war nun für uns vorbei. Ich durfte jetzt Kind sein – zum ersten Mal. »Und Papa?«, fragte ich. Sie schüttelte den Kopf und weinte.

Thomas Buergenthal, 1934 geboren, war als Dreijähriger mit seinen Eltern 1937 in die Slowakei geflüchtet. 1945 (sein Vater war in Auschwitz ermordet worden) wurde er von polnischen Soldaten aus dem KZ Sachsenhausen befreit. Nach dem Krieg ging er in Göttingen zur Schule, aber er hielt es im Land der Täter und Mitläufer nicht aus, er wanderte aus, studierte und promovierte in Harvard. Buergenthal ist seit 2000 Richter am Internationalen Gerichtshof in Den Haag.

INGE UND WALTER JENS

»Ich sehe seinem Entschwinden zu«

(2003/2008)

Am Esstisch in seiner Wohnung sitzt Walter Jens, er trägt einen farbigen Ringelpulver und Blue Jeans. Überall stehen Blumen, vor zwei Wochen ist Jens 85 Jahre alt geworden, die Spitzen des Staates gratulierten ihm, sie feierten ihn als »sprachmächtigen Aufklärer«, als »letzten großen Intellektuellen der Republik«. Etwas zusammengesunken sitzt er jetzt da, er schaut auf seine Hände. Inge, seine Frau, sagt zu ihm: »Es sind Gäste hier. Kennst du noch Herrn Luik?« Walter Jens blickt auf, lächelt freundlich, sagt mit merkwürdig heller, fast kindlich-fröhlicher Stimme: »Ja, ja!« Dann blickt er wieder auf den Tisch, auf die Hände. »Kennst du auch noch den Fotografen, Herrn Hinz?« Walter Jens blickt wieder auf, lächelt freundlich, sagt im gleichen Tonfall: »Ja, ja!« Dann blickt er wieder auf den Tisch, auf die Hände. Plötzlich weint er.

Frau Jens, Sie sind die Witwe eines Mannes, der noch lebt.

Nein, das bin ich nicht, aber ich bin jemand, der seinen Partner verloren hat. Den Mann, den ich liebte, gibt es nicht mehr. Dass ich seine Frau bin, das sagt ihm nichts. Ich bin ihm irgendwie vertraut, das spüre ich, so vertraut wie ein altes Möbelstück. Die wirklich harte, unendlich traurige, schmerzvolle Zeit habe ich allerdings hinter mir.

Sie haben Abschied genommen von Ihrem Mann?

Ja. Was Sie wahrscheinlich kaum realisieren können, ist, was es heißt, dass der Mann, der aussieht, als wenn er der Ihre wäre, der Ihre nicht mehr ist.

Was meinen Sie damit?

Er ist nicht mehr mein Mann. Die Krankheit hat ihn zu einem anderen Menschen gemacht. Damit muss ich umgehen. Manchmal erinnert er mich noch an meinen Mann, in manchen Gesten erkenne ich ihn wieder, manchmal ist er so anders, dass ich sage: »Gott sei Dank, er ist es nicht!« Er ist in einer Welt, zu der ich wenig oder gar keinen Zugang habe.

Sie sind seit über 50 Jahren zusammen.

Wir waren jetzt 57 Jahre verheiratet, und unser Fundament war das gleichberechtigte, das fortlaufende Gespräch. Aber er kann nicht mehr reden. Er hat keine Gedanken mehr. Wenn er im Rollstuhl säße, körperliche Schmerzen hätte, wäre ich auch traurig, aber es wäre sicherlich einfacher, weil ich ihn noch durch Worte erreichen könnte. Ich würde ihn aber nie verlassen.

Sie schauen dem langsamen Sterben Ihres Mannes zu.

Nein, nein, das Sterben ist nicht aktuell. Ich sehe einem Entschwinden zu.

Ihr Mann ist abgetaucht in eine Welt jenseits der Sprache, jenseits der Gedanken.

Mein Mann ist mir in den vergangenen Jahren nach und nach entglitten. Und als er verschwand, erst unmerklich, dann so unaufhaltsam-unabwendbar, das war fürchterlich. Ich habe nur gefühlt, wie er mir entgleitet, ohne dass ich wusste, wohin er geht, ohne dass ich ihm hätte folgen, ohne dass ich ihn hätte auffangen können. Heute weiß er nicht mehr, dass ihm eine Welt zusammengebrochen ist. Aber der Weg bis dahin war lang. Er – auch ich –, wir haben eine schlimme Zeit hinter uns, als …

… er merkte, dass eine Krankheit beginnt, die den Verstand rückwärts laufen lässt, eine Krankheit, die alles Wissen auffrisst?

Vor vier Jahren begann es, Tag für Tag ließen seine Arbeitskonzentration und seine kommunikativen Fähigkeiten nach, er spürte, sein Geist verlässt ihn, ohne zu wissen, was mit ihm geschieht. Er war von Anfang an verzweifelt, aber hat nicht gewusst, was auf ihn zukommt. Die Welt war ihm, er war sich wohl selbst zu einem Rätsel geworden. Da war plötzlich Angst in ihm. Fragen, Entsetzen, ungeheure Aggressionen. Er schlug um sich vor Verzweiflung. Mein Mann, der nie im Leben irgendwie, irgendwas, irgendwen geschlagen hat! Dann überkam ihn große Traurigkeit. Eines Morgens stand er vor diesem Bild dort an der Wand, sein Gott Fontane, den er liebt und in- und auswendig kennt – oder muss ich sagen: kannte? Er stand davor, blickte auf den Mann mit dem Schnauzer und fragte: »Wer war das noch mal?«

Das tat weh.

Es ist grauenhaft. Er fühlte, etwas Unfassbares passiert mit mir, er konnte noch gehen, reden, er hatte keine Schmerzen – aber im Kopf passierte etwas, das ihm seine Fähigkeiten raubte, klar zu denken. Was ihn sein ganzes Leben ausgezeichnet hatte, dieses zielsichere Denken – es verschwand. Am Anfang fiel mir das gar nicht so richtig auf, ich hielt es für einen depressiven Schub.

Sie haben ja noch vor wenigen Jahren gemeinsam mit Ihrem Mann zwei Bestseller geschrieben, »Frau Thomas Mann« und …

… dass uns das gelungen ist, war eine späte Gnade. Es war eine gemeinsame Freude mit segensreichen Folgen: Ohne diesen kommerziellen Erfolg könnte ich die gute Pflege – und da haben wir es besser als viele andere in ähnlicher Lage – gar nicht bezahlen, wäre mein Mann vielleicht schon im Heim, vielleicht schon tot. Allerdings muss ich sagen, bei unserem zweiten Buch, »Katias Mutter«, das wir vor drei Jahren beendet haben, war es schon ein bisschen schwierig. Er gab mir Dinge zu lesen, die gingen an den Problemen vorbei. Er fing an, Zeitsprünge zu machen, schrieb über Nebensachen 10, 15 Seiten. Ich versuchte mit ihm darüber zu reden, er wurde dann schnell aggressiv. Nein, nein, wir haben uns nicht angeschrien – aber es klappte einfach nicht mehr.

Und nachts lagen Sie im Bett und grübelten und …

… ich war zunächst einmal nur verzweifelt. Und wenn Sie verzweifelt sind, haben Sie nur die Wahl, wütend oder traurig zu werden. Und Trauer ist noch anstrengender als Wut, nein, so wurde ich zornig, Zorn, gepaart mit Unverständnis. Ich habe mich gefragt: Warum tut er mir das jetzt an? Warum ist er so stur, der Mensch? Warum begreift er nicht, dass er die ganze Sache gefährdet? In mir wuchs eine riesige Hilflosigkeit.

Aber eines Tages war Ihnen klar: Mit meinem Mann passiert etwas Schreckliches!

Ja. Langsam sah ich es. Allmählich nahm seine Desorientierung auf allen Gebieten zu. Beim Essen stellte er plötzlich sein Glas in den Spinat. Eines Morgens stand er im Wohnzimmer und sagte: »Wo bin ich? Hier ist alles so schrecklich! Ich will weg!« Nach einer Stunde war er wieder voll da. Dann fielen ihm die Worte nicht mehr ein, er fing an zu stottern. Es war furchtbar für ihn. Er verstummte dann einfach. Oder er ging zum Angriff über: »Warum tust du nichts? Du bist nie da!« Später hat er dann viel geweint. Was in ihm ablief, das konnte er nicht mehr artikulieren.

Mein Vater, der an einer Variation von Parkinson erkrankt war, stellte beim Scrabblespielen plötzlich die Buchstaben auf den Kopf – er hat es nicht gemerkt.

Ja, ich kenne das. Mein Mann hat noch eine Zeit lang Normalität und Arbeit simuliert. Er ging hoch in seine Bibliothek, holte Bücher raus, stellte sie wieder rein, brachte, ohne dass er es merkte, alles durcheinander, er saß dann vor einem Stapel Bücher, studierte aufmerksam ein Buch – aber er konnte es gar nicht lesen, denn er hielt es verkehrt herum.

Bis vor zwei Jahren sind Sie ja noch zusammen öffentlich aufgetreten.

Aber es wurde zunehmend schwieriger. Ich habe am Schluss zu Hause die zwei, drei Texte, die er noch lesen wollte, mit ihm geübt. Die Auftritte, das Publikum taten ihm gut. Er war da nochmals das Zirkuspferd, das in der Arena aufwacht. Ich habe mit ihm über Händedruck kommuniziert, ich spürte sofort, wenn er Schwierigkeiten hatte, dann übernahm ich seinen Text. Seine letzte Lesung, sie war hier in der Gegend in einer kleinen Bücherei, war ungeheuer beeindruckend: Er las aus unserem Buch die Passage, in der das alte Ehepaar Pringsheim aus Nazi-Deutschland flieht. Plötzlich war da eine seltsame Übereinstimmung: Ein alter Mann liest von einem alten Ehepaar – es war ungemein anrührend.

Walter Jens, 2003/2004: »Es gibt keinen Tag, an dem ich nicht lese. An manchen Tagen schreibe ich nicht, aber ich vermisse es dann sehr. Schreiben – und Reden ohnehin – heißt für mich: Leben. Nicht mehr schreiben zu können heißt für mich: nicht mehr atmen zu können. Dann ist es Zeit zu sterben. Dann möchte ich tot sein.« *

Frau Jens, Ihr Mann hat mal beklagt, Tiere schläfert man ein, Menschen nicht.

Ja, er wollte, das hat er über viele Jahre für sich reklamiert, immer eine freie Entscheidung über sein Lebensende. Aber den Zeitpunkt, seinem Leben ein Ende machen zu können, den hat er im wahrsten Sinne des Wortes verpasst. Er, wir alle wussten nicht, dass die letzte Chance zu diesem bewussten Schritt verstrich. Könnte ich ihm jetzt vom Leben zum Tode verhelfen?

* *Die kursiv gesetzten Zitate stammen aus einem Gespräch, das Arno Luik mit Walter Jens im Winter 2003/2004 führte.*

Könnten Sie es?

Ich habe diese Frage sehr ernsthaft erwogen, mein Mann und ich haben früher intensiv darüber geredet. Ich habe auch mit Hans Küng …

Ihr Mann hat mit dem Theologieprofessor Hans Küng 1995 in dem Buch »Menschenwürdig sterben« für die aktive Sterbehilfe plädiert.

… darüber geredet. Er ist fassungslos über den Zustand seines Freundes, ich habe ihn gefragt: »Könntest du ihm jetzt ein Ende machen?« Er sagte: »Nein, das kann man nicht.« Er war ganz eindeutig. Er ist ein Mensch, der vor Ihnen steht. Der Geist ist weg, aber das Gefühl ist da.

Gewindelt werden, gewickelt, gewaschen, nicht reden, nicht denken – führt Ihr Mann noch ein Leben in Würde?

Was heißt Würde? Er weiß es nicht mehr. Aber er spürt, da bin ich mir ganz sicher, die Achtung und den Respekt, den man ihm entgegenbringt. Und es ist nichts Ehrenrühriges, ihm Windelhosen anzuziehen, in dem Sinne ist er einfach alt. Und er leidet darunter ja nicht. Er kann Schmerz empfinden, aber er kann sich auch freuen. Er freut sich heute über Dinge, die er früher als primitiv, nicht zu seiner Welt gehörig abgetan hätte.

Seine Welt: Das war Theodor Fontane. Thomas Mann. Antigone.

Ja. Und heute freut er sich, wenn er mit seiner Pflegerin Frau Hespeler in den Supermarkt gehen kann. Er schiebt, mühsam, langsam, den Einkaufswagen. Das macht ihm Spaß. Tübingen hat sich darüber den Mund zerfetzt. Wie kann die Frau ihren Mann nur so bloßstellen! Mir ist das egal. Ich habe gespürt, wie er das Angesprochenwerden genießt, und wenn er am Fleischstand ein Leberkäsweckle kriegt, dann freut ihn das! Mir schneidet das ins Herz. Sein Genuss ist für mich – salopp gesagt – gewöhnungsbedürftig. Ihm aber tut der Leberkäs gut.

Es gibt einen Satz von Karl Marx übers Altwerden: »Der erwachsene Mensch«, sagt er, »kann nicht mehr zum Kind werden, er wird kindisch.«

Nein, er kann zwar nicht mehr denken, aber kindisch ist er nicht, auch wenn er oft wie ein Kind reagiert, manchmal auch wie ein ungezogenes Kind. Man darf ihm nichts durchgehen lassen, er spürt auch sehr genau, ob es einer gut mit ihm meint oder nicht.

Hätten Sie je gedacht, Ihren Mann in so einem Zustand zu erleben? Der intellektuelle Geistesriese, der nur noch brabbelt?

Nein, man kann sich nicht vorstellen, was für ein Zustand das ist. Als ich die Diagnose bekam, habe ich lange nicht begriffen, was sie bedeutet. In unseren alten Lexika wird das Wort Demenz nur kurz erklärt. Mein Sohn Tilman hat mir dann aus dem Internet ausführliche Erklärungen zusammengestellt. Sie kriegen einen furchtbaren Schrekken, aber was dann auf Sie wirklich zukommt, das können Sie sich absolut nicht vorstellen.

Dass man nicht in die Zukunft blicken kann, ist ein Glück.

Es ist eine Gnade. Die Gnade des Nichtwissens. Wie fürchterlich es wird – ich hätte es nicht für möglich gehalten. Ich hätte es auch nicht für möglich gehalten, was man alles aushält. Und ich weiß inzwischen: Ohne Freunde, mit denen man reden kann, geht es nicht.

Walter Jens, 2003/2004: »Ein sanftes Ende, erfüllt von menschlicher Würde, und kein erbärmliches Krepieren: Das ist meine Hoffnung. Wir könnten doch alle gelassener sein, wenn uns an diesem Tag ein Arzt mit einer Spritze zur Seite stünde, ein Arzt wie Doktor Max Schur hülfe, der Sigmund Freud zur Seite stand. Kurt Martis großer Wunsch spricht mich an: ›Daß der Tod uns einst treffe, plötzlich und sanft, von einer Sekunde zur anderen. Leichter, behender, wie Gemsen im Fels, wie Fische im Meer, ließe sich leben, wüßten wir diesen Wunsch uns gewährt.‹«

Frau Jens, Sie mussten Ihren Mann oft pflegen, er war ja immer wieder sehr krank.

Mein Mann ist schwerer Asthmatiker, vor 20 Jahren litt er monatelang an einer heftigen Depression. In dieser Zeit hat er stundenlang immer wieder einen Satz wiederholt: »Du gehst der Mutter dunklen Weg. Du gehst der Mutter dunklen Weg.« Seine Mutter ist in einer Depression gestorben. Aber dennoch, das Tröstliche an einer Depression ist, es gibt Wege aus dieser Krankheit. Sie können etwas tun. Sie können reden. Und wir sind damals stundenlang gewandert und haben geredet und geredet.

Aber mit der Demenz ist es nun anders?

Ja. Völlig anders. Negativer. Unausweichlicher. Dumpfer. Stellen Sie sich vor: Da sitzt ein Mensch vor Ihnen, den Sie nur noch durch Berührung, nicht durch Worte, nicht durch Blicke erreichen. Wenn ich ihm sage: »Komm, gib mir die Hand«, dann guckt er mich groß an, deute ich auf die Hand, steckt er sie in die Tasche. Manchmal bekomme ich ein schlechtes Gewissen, weil bei ihm nichts ankommt. Man fragt sich: Mache ich genug?

Sie geben und geben – doch Sie bekommen nichts zurück, keinen Dank, nichts.

Ja. Wenn ich auf ihn zugehe, geht nur selten ein Leuchten über sein Gesicht, meistens schaut er völlig verständnislos. Ich gehöre nicht zu den Menschen, die sich eine Idylle zusammenbauen und sagen: Wenn er mich anschaut, bin ich glücklich. Ich bin nicht glücklich. Er ist in seiner Welt gefangen, ich in meiner Welt. Ich kann ihn nicht erreichen, er mich auch nicht.

Gibt es dennoch Momente, in denen er kurz aufwacht, er ganze Sätze sagt? Sie direkt anspricht?

Manchmal, sehr selten, kommt das vor. Es ist dann, als ob in seinem absterbenden Gehirn plötzlich ein Äderchen wieder mit Blut versorgt wird und ihm das für Sekunden zurückgibt, was ihn früher ausmachte: Worte. Abends sitze ich immer auf seiner Bettkante, vor vier Wochen sagte er plötzlich: »Es ist ein so klägliches Leben.«

Walter Jens, 2003/2004: »Ich möchte vor meiner Frau sterben, ich alter Egoist. Wenn sie stürbe, würde ich verstummen. Wir gehen oft rüber zum Stadtfriedhof und schauen unsere Grabstelle an – noch mit einem Gefühl ruhigen Glücks. Nah bei uns liegen Uhland und Ottilie Wildermuth, Isolde, Marie und Hermann Kurz oder Carlo Schmid. Der Friedhofsgestalter bot uns einen repräsentativen Platz bei der Kapelle an. Aber mir war es dort unten zu dunkel. Nun werden wir oben liegen, am Rande des Friedhofs, dort hat man die ganze Kette der Schwäbischen Alb vor sich. Ich liebe dieses Land. Außerdem: ›Man isch bei de Leut‹ – bei den Men-

schen: Studenten gehen durch den Friedhof zur Universität, Gäste der Stadt besuchen hier Hölderlin und Silcher. Eines Tages werden sie feststellen: Ach, da liegt ja auch der Jens. Ja. Tübingen ist meine Heimat.«

Frau Jens, haben Sie sich mal bei dem Gedanken ertappt: Es wäre gut, wenn mein Mann sterben würde!

Natürlich habe ich diesen Gedanken gehabt, sogar sehr stark. Ich weiß, dass das nicht das Leben ist, das er sich erhofft hat. Aber ist er wirklich todunglücklich? Wenn er seinen jetzigen Zustand bewusst erleben würde, empfände er ihn sicherlich nicht als lebenswert. Dass er sich heute über ein Leberkäsweckle freut …

So wie früher über einen gelungenen Text!

Ja, das wäre ihm fürchterlich! Es beherrscht ihn jetzt eine Grundtrauer. Er weint manchmal. Aber Trauer gehört zum Leben, es ist eine menschliche Äußerung. Er ist nicht so unglücklich, so voller Schmerzen, dass man ihm zum Sterben verhelfen sollte. Nein, ich habe gelernt, dass ich gewisse Dinge anheimstellen muss. Ich bete, dass er eines Morgens einfach nicht mehr aufwacht. Wenn ich einen Wunsch äußern darf, dann den, dass er an einem Infarkt, einem Schlag, was immer es ist, schnell sterben mag, ohne es groß zu merken.

Walter Jens 2003/2004: »Mit Lessing sage ich: ›Ich glaube nicht, daß ich vor meiner Todesstunde zittere. Ob ich in meiner Todesstunde nicht zittere?‹ Ich denke doch, und halte es im Übrigen mit Ernst Bloch, den ich einmal fragte: ›Was hältst du von der Auferstehung des Leibes?‹ Er antwortete: ›Ich möchte mich auf ein kleines Peut-être zurückziehen‹, ein ›Vielleicht‹ – das ist schon viel. Ich kann nicht sagen, dass ich an die Unsterblichkeit gar des Fleisches glaube. Ich bin ein zaghafter Christ. Ich glaube nicht daran, Onkel Willi wiederzusehen. Trotzdem: Es wäre schön, Brandt wiederzutreffen, oder Böll – in einem ökumenischen Himmel. Der Tod ist eine Premiere, und man weiß nicht, was nach dem letzten Vorhang kommt. Nur das Eine ist sicher: Es wird alles ganz anders sein in der letzten Stunde. Aber es müsste wunderbar sein, wenn meine Frau und ich die letzte Pforte gemeinsam durchschreiten könnten – so, wie Thomas Mann es sich erträumte: ›Wir werden zusammenbleiben, Hand in Hand, auch im Schattenreich.‹«

Frau Jens, Sie sind Christin. Waren Sie mal – wenn es ihn denn gibt – wütend auf Gott, haben Sie ihn gefragt: Warum? Warum ist mein Mann so krank? Warum er?

Nein! Nein! Warum er? So eine Frage wäre für mich Blasphemie. Zu dieser Frage gibt es für mich keinen Grund, im Gegenteil. Wenn ich auf mein Leben zurückschaue, habe ich Anlass zu großer Dankbarkeit. Ich muss mich eher fragen: Warum ist unser ganzes Leben so gut verlaufen? Diese Frage kann ich nicht beantworten, und so nehme ich nun auch die Krankheit ohne große Fragen hin. Wissen Sie, wir sind zusammen alt geworden, und dieser Forderung, »bis dass der Tod euch scheide«, der fühle ich mich schon verpflichtet.

Ihr Mann hat zu mir einmal gesagt: »Ohne meine Frau wäre ich ein Nichts.«

Und ich wäre ohne ihn nichts oder jedenfalls wesentlich weniger. Wir haben ein Leben gehabt, das schön war und das sich zu leben gelohnt hat. Ich bin mir sicher, mein Mann ist lebenssatt. Schade nur, dass er dieses schöne Gefühl nicht mehr denken kann.

Einzigartig unter deutschen Professoren – Walter Jens: Zu seinen Vorlesungen, die er bis 1988 in Tübingen hielt, kamen alle, Studenten, Professoren, Angestellte, Hausfrauen, Hausbesitzer und Hausbesetzer. Er schrieb Romane, Hör- und Fernsehspiele. Ein Universalgelehrter, der von Adenauer zu Antigone springen konnte, sich mit Brandt und Böll für die Ostverträge einsetzte, über die Mondlandung philosophierte, über Ronald Reagan schimpfte, der während des Golfkriegs amerikanische Deserteure versteckte. Der Rhetorikprofessor war Mahner, Aufklärer – die moralische Instanz der alten Bundesrepublik. Das änderte sich auch nicht, als 2003 bekannt wurde, dass er – wie er sagte: ohne eigenes Zutun – Mitglied der NSDAP war. Vor fünf Jahren begann die Krankheit, die ihm das Erinnern, Denken, das eloquente Sprechen raubte. Seit fast 60 Jahren sind Walter und Inge Jens verheiratet. 2003 schrieben sie den Bestseller »Frau Thomas Mann«. Inge Jens: »Dass uns das noch gelungen ist, war eine späte Gnade.«

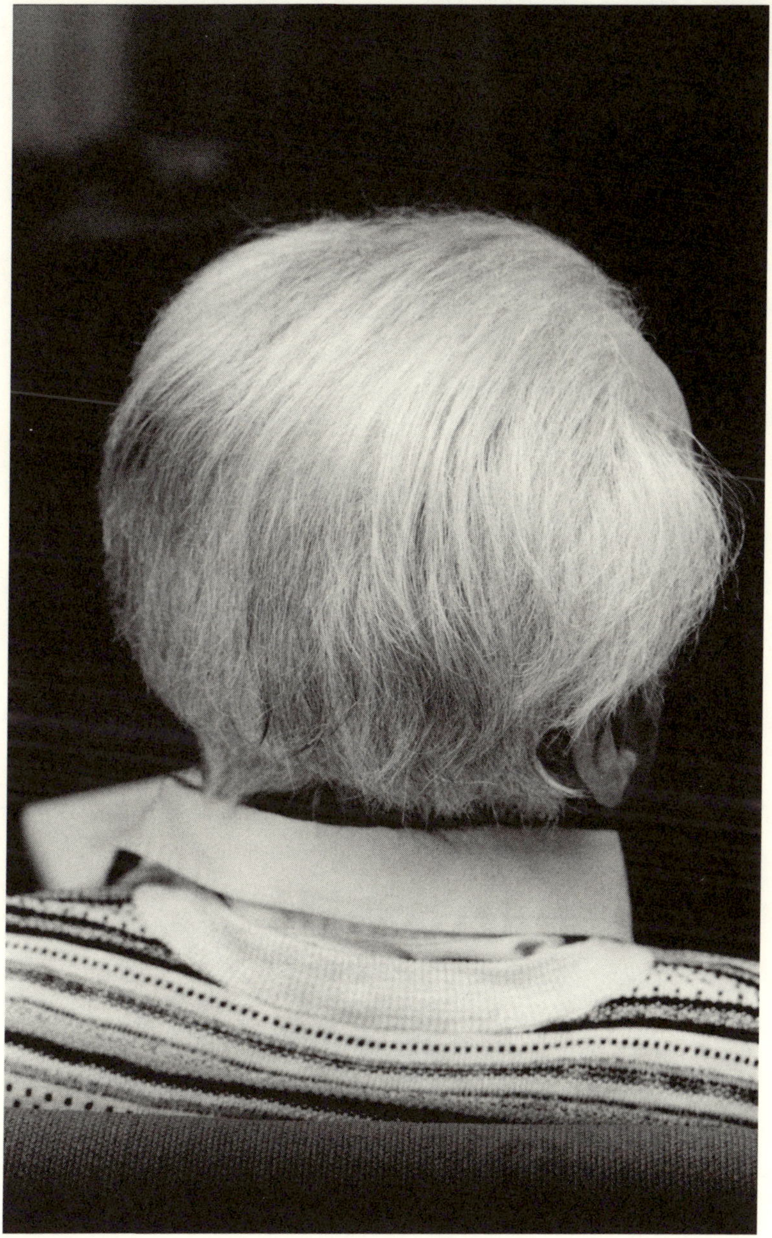

ANGELIKA SCHROBSDORFF

»Ich wünsche mir die völlige Auslöschung. Ich will spurlos verschwinden«

(2008)

Sie hatte unzählige Liebhaber, große Autos, der Champagner floss, und sie schrieb mehrere Bestseller. Sie war mit Simone de Beauvoir und Jean-Paul Sartre befreundet – ein aufregendes, erfülltes Leben, könnte man meinen, und auch jetzt noch, mit ihren 80 Jahren, wirkt sie äußerst vital, wie sie in ihrer Berliner Wohnung für mich Kaffee kocht, Wein aufmacht, mit ihren Katzen redet und flirtet. Doch sie hat in diesem Sommer 2008 nur den Wunsch, möglichst bald zu sterben. Wenn es sein muss, will sie mit Gift nachhelfen. Selten habe ich einen Menschen getroffen, der so schonungslos brutal mit allem abgerechnet hat: dem Leben und sich selbst.

Frau Schrobsdorff, ich habe Ihnen etwas mitgebracht: einen »Stern«, über vierzig Jahre alt, von 1962. Mit einer großen Porträtaufnahme von Ihnen.

Mein Gott, oh Gott, warum müssen Sie mich so erschrecken, so quälen? Das Foto knallt mir ins Gesicht!

So wurde damals Ihr erster Roman »Die Herren« präsentiert.

Henri Nannen, der Chefredakteur, ein netter Kerl, war ganz versessen auf dieses Bild. Und jetzt erschüttert es mich. Das war einmal. Keine Falten, nichts. Damals hatte ich noch richtige Augen, jetzt habe ich künstliche Linsen! Fällt Ihnen das auf?

Nein.

Aber Sie sehen an dieser alten Aufnahme, dass Altern die größtmögliche Zumutung ist. Es ist grausam. Es ist eine erbarmungslose Gemeinheit, die man da über uns schüttet. Wer hat das bloß erfunden?

Der liebe Gott – wenn es ihn denn gibt.

Wenn es ihn, woran ich nicht glaube, gäbe: Das hat er wirklich richtig gut falsch gemacht. Was er den Menschen damit antut! Aber vielleicht hat das ja alles einen tieferen Sinn? Besser wäre es, man könnte die Jahre abarbeiten – zurück in die Jugend!

Sie hoffen ja, dass das alles bald vorbei ist – das Altern, das Leben.

Das kann man wohl sagen. Ich möchte so schnell wie möglich weg sein. Total verschwinden. Das Leben – man wird durch dieses Leben geschleudert und gezogen, es wird einem dies und das angetan, und irgendwie würgt man sich durch. Nein, ich halte nichts von diesem Leben.

Es muss doch, mit Verlaub, auch für Sie noch schöne Momente geben!

Meine Zigaretten. Ich rauche wahnsinnig gern.

Ist das alles, was Ihnen noch Spaß macht?

Beinahe. Es gibt noch andere, sehr kurze Augenblicke, die einen für die Qual der Existenz entlohnen. Eine Amsel am Morgen. Wenn die Blüten rauskommen. Herrlich ist es, wenn ich am Grunewald sehe, wie die Hunde herumtollen und ins Wasser rennen. Die spielen ja wie kleine Kinder, das ist schön. Und dann gehe ich auch noch gerne ins »Clärchens Ballhaus«, drüben im Osten der Stadt. Da sieht man Menschen, die tanzen, unbefangen wie die Hunde am Grunewaldsee. Vollkommen selbstvergessen, jeder Schritt eine Welteroberung – das zu beobachten macht mir noch eine Freude. Aber das hilft mir nichts. Ich stecke in einer Sackgasse, ganz tief mit meinem Kopf stecke ich drin, und ich komme nicht raus.

Vor siebzig Jahren mussten Sie, da Sie nach den Rassegesetzen der Nazis als Halbjüdin galten, mit Ihrer Mutter und Ihrer Schwester aus Berlin fliehen. Vor zwei Jahren sind Sie aus Jerusalem zurück in diese Stadt gegangen und …

Warum bin ich hier? Warum? Voller Entsetzen fragen mich das viele Menschen. Ich kann es nicht sagen.

Vielleicht ist Deutschland Ihre Heimat.

Sind Sie wahnsinnig!

Vielleicht sind Sie hier, weil es sich leichter in der Muttersprache stirbt?

Es stirbt sich leichter in Deutschland, ja, das hoffte ich. Aber ich bin keine Deutsche. Heimat ist ein schönes Wort, und ich habe zwei Heimaten verloren: die deutsche und mein Jerusalem. In Jerusalem hatte ich mich fast mit dem Leben versöhnt. Es war das Schönste, was es gibt, und für einige Zeit war ich der glücklichste Mensch auf der Erde. Doch Israel hat sich in den letzten Jahren zu einer verrohten Gesellschaft entwickelt. Die alten Juden, die Kultur hatten, sind gestorben. Ich hatte ein unerhörtes Vertrauen in sie. Doch nun hat sich eine neue Rasse …

Was? Wie bitte?

Ja, eine neue Rasse hat sich entwickelt: roh, grob, hartherzig, mit Ellenbogen. Eine Kriegerkaste. Die Okkupationen, die sich ständig verschärften, färbten auch ab auf die Okkupanten. Ich habe einen Gerechtigkeitsfimmel. Und das Unrecht, das die Israelis gegenüber den Palästinensern begehen, hielt ich nicht mehr aus. Ich musste weg. Aber wohin denn? Wo soll eine alte Frau hin, die weiß, sie hat die letzte Schwelle ihres Lebens überschritten?

Und weil Sie Deutsch sprechen, sind Sie hier.

Ja, jahrelang habe ich alles Deutsche verweigert. Ich habe die Sprache über viele Jahre abgelehnt, es ist ja eine schwere Sprache mit Ecken und Kanten, Brüchen und Rissen. Aber sie ist auch wunderbar. Und es ist für mich nun einfach praktisch, wenn ich jemand anrufen und sagen kann: »Hören Sie mal zu, mein Klo stinkt. Bitte kommen Sie her und schauen Sie nach!« In der deutschen Sprache kann ich streng werden und laut, ich kann mit ihr fluchen und schreien, ich brauche nicht nachzudenken, was »sterben« heißt oder »Bettpfanne« – das hilft im Alltag.

»Bettpfanne« – ein wunderbares Wort.

Ja. Als ich nach Berlin zurückkam und durch die Stadt fuhr, hat mich überrascht, wie die deutsche Sprache mit Anglizismen verhunzt wird. Warum machen die das? Coffee to go! Zeitung to go! Shoppen ohne zu stoppen! So ein Quatsch! Wollen die, dass wir alle verblöden? Was tun die ihrer Sprache nur an? Wie verhöhnen und entwürdigen sie jene Menschen, die nicht Englisch gelernt haben?

Sie regen sich ja richtig auf.

Ich bin zornig, ja. Was ist das bloß für eine Gesellschaft?

Sie sind Schriftstellerin – Sie könnten sich da einmischen.

Nein. Ich kann nicht mehr schreiben. Ich trau mich nicht mehr, ich seziere jedes Wort, und so verschwindet es. Ich habe keine Motivation mehr. Ich weiß einfach nicht, wofür ich noch schreiben soll.

Schreiben war doch aber der Sinn Ihres Lebens?

Ja, es gab mir das Gefühl der Befreiung, des Glücks. An der Schreibmaschine konnte ich alles, lachen und weinen, ich legte meine Hände auf die Tasten, und sie schnurrten los. Schreiben war eine Art Droge, Erlösung. Das ist nun weg. Ich habe keine Worte mehr. Das ist das Ende. Man stirbt ja nicht nur gesundheitlich, zerfällt nicht nur körperlich. Man stirbt, was die Jungen nicht erahnen können, ja auch innerlich. Man wird kälter und kälter. Ich kann nicht mehr weinen. Ich bin innerlich erstarrt.

Vor ein paar Monaten waren Sie bei Maischberger, Titel der Talkshow war: »Die neuen Alten: Klüger, begehrter, glücklicher«.

Das ist doch Quatsch mit Soße. Es mag ja reizende Omis geben, die mit ihren Enkelkindern nochmals aufblühen und glücklich sind. Aber die Natur lässt sich nicht betrügen, sie holt uns ein und rollt über uns hinweg.

»Ich verbrachte Stunden vor dem Spiegel in Anbetung meines eigenen Bildes«, schrieben Sie in Ihrem Roman »Die Herren«. »Ich fand mich schön, und ich muss es wohl auch gewesen sein, denn es gab leider keinen Menschen, der mir das nicht gesagt hätte.«

Das stimmt, und meine Mutter hat deswegen etwas sehr Dummes gesagt: »Du wirst dich an den deutschen Männern rächen.« Das war ein Befehl für mich, eine Mission, die ich erfüllen musste.

Aber in einem Brief, 1949, klagt Ihre Mutter, dass Sie hundert Liebhaber hätten und …

Hundert? Es waren Hunderte! Ich habe diesen Rachefeldzug also mehr als erfüllt. Mein Aussehen war meine Waffe, und diese Waffe war unschlagbar. Die Männer führten mich zum Essen aus, und es endete immer im Bett.

»Eine Begierde«, schreiben Sie in den »Herren«, »pochte dumpf und ekelerregend in meinem Leib.«

Ja. Aber den Schritt von der Leidenschaft zur großen Liebe habe ich nie gewagt. Stattdessen habe ich mir Arroganz und Härte und Stolz antrainiert, beschlossen, nie etwas zu empfinden. Ich habe nie geliebt.

Das hört sich schlimm an.

Ich war ein zerstörtes Kind. Wenn man eingestuft wird als Mischling ersten Grades, sich immer verstecken muss, immer Angst hat, wenn man dann auch noch seine Mutter dahinsiechen sieht – das bringt man nie weg. In mir ist eine fürchterliche Gespaltenheit. Minderwertigkeitskomplexe. Mit 24 war ich ein Stück Dreck. Ich wollte Macht, Macht ausüben. Ich habe vielen Männern Schmerzen zugefügt. Ich habe mich verhalten wie ein Mann, und sie waren es nicht gewohnt, dass man sie einfach sitzen lässt. Ich bin ja immer plötzlich weggelaufen, keine Szene, keine Kräche, nichts, ich war einfach weg. Wenn sie dann anriefen, habe ich geschwiegen, vielleicht noch gesagt: Auf Wiedersehen.

Und nun sitzen Sie hier – ohne Mann, allein.

Das ist nur gerecht, es fällt alles auf einen zurück. Aber wenn ich die Männer in meinem Leben durchgehe, möchte ich mit keinem zusammen sein. Ich habe meine Katzen, die halten mich noch am Leben. Ich schaue zum Fenster raus, ich lebe in einer überalterten Gegend und sehe meine Zukunft vorbeigehen: Alte mit Wägelchen und Stöckchen und Krücken – beängstigend.

Gab es einen Augenblick, in dem Sie wussten: Nun bin ich alt?

Ja. Es war nach meinem 70. Geburtstag, da habe ich einen Strich gemacht und mich davongestohlen, ich hab mich kastriert, sterilisiert, so hat es auch Simone de Beauvoir getan.

Ich versteh nun kein Wort.

Ich habe die Lust abgeschnitten, das Verlangen nach sexuellen Beziehungen. Ich hatte ja mehr als genug davon. Ich sagte: Schluss mit dem Unsinn! Es ist einerseits ein wahnsinniger Verlust, aber, andererseits, die sexuellen Beziehungen, die ich hatte, waren auch eine absolute Zeitvergeudung. Im Grunde ist es ja immer wieder dasselbe. Langweilig.

Sie haben sich heftig gegen das Älterwerden gewehrt, Sie haben sich liften lassen und …

… ich habe auch meine Schenkelchen gebürstet, jeden Tag, den Gott werden ließ. Und als ich damit aufhörte, wusste ich, was die Glocke geschlagen hat. Man gewöhnt sich an die Falten, aber trotzdem ekele ich mich. Ich bin ein Oberästhet. Ich könnte mich immer noch wunderschön anziehen – aber ich weiß ja, wie ich unter den Kleidern aussehe. Eigentlich schwimme ich gerne, ich liebe das Wasser, und es gibt hier wunderbare Seen – aber ich zeige mich nicht mehr im Badeanzug. Mein Wunsch nach perfekter Ästhetik nimmt im Alter zu – das ist verrückt und schmerzhaft. Wenn ich die anderen Alten sehe, und ich bin wahrlich nicht wie sie, gegen sie könnte ich immer noch einen Preis gewinnen, dann ekelt es mich.

Wenn Sie auf Ihr Leben zurückblicken …

… sehe ich, dass ich es vergeudet habe. Ich war klug, intelligent und habe nichts aus mir gemacht. Ich habe meine Mutter entsetzlich gequält, weil ich mich von ihr brutalst losgerissen habe, habe meinen Vater, der ein Bauunternehmer und sehr preußisch war, enttäuscht, weil ich nicht die höhere Tochter geworden bin, in die er investiert hat. Ich habe mich enttäuscht, weil ich furchtbar faul bin. Ich habe alles versaut.

Sie haben doch dreizehn Bücher geschrieben, darunter mehrere Bestseller, ein paar Ihrer Bücher wurden verfilmt – Sie können doch zufrieden mit sich sein!

Nein, das Schreiben war eine Besessenheit, eine Obsession, keine Leistung von mir. Es war einfach schön, frühmorgens an der Schreibmaschine zu sitzen, Tee und Zigaretten neben sich zu haben und loszuschreiben. Ohne Konzepte, ohne Gedanken an irgendwelche Leser. Ich frage mich ja ununterbrochen, was die Leser bloß in meinen Büchern finden, sind die verrückt?

Der amerikanische Schriftsteller John Updike zieht »einen gewissen Trost« aus dem Gedanken, dass seine Bücher, auch wenn er nicht mehr lebt, gelesen werden – deswegen, so Updike, »lege ich Wert darauf, dass bei Neuauflagen Druckfehler bereinigt werden«.

Ach was, mir ist es doch scheißegal, ob da noch Fehler drin sind. Ich wünsche mir die völlige Auslöschung, die Bücher sollen auch weg. Ich will spurlos verschwinden. Ich will verbrannt und verstreut werden, ich will nichts übrig lassen, keinen Ort, wo man hingehen kann, nichts.

Sie reden so traurig und sind doch so vital.

Meine schreckliche Vitalität lässt mich nicht sterben. Und ich knipse diese Vitalität an, wenn Menschen kommen, die finden mich dann wahnsinnig amüsant. Die wissen gar nicht, wie es in mir tatsächlich aussieht. Wenn ich allein bin, bin ich traurig. Ich habe keine Worte mehr, bin einsam, leer, einsam, einsam, einsam. Ich sitze auf dem Scherbenhaufen meines Lebens.

Und Sie denken an den Tod.

Ständig. Ich hoffe auf ihn. Lieber heute als morgen wäre ich tot. Ich muss nur zuvor sehen, wo ich meine jüngste Katze unterbringe. Als Fünfjährige machte ich ein Gedicht, meine Mutter musste es für mich aufschreiben: »Was soll ich auf der Erdenwelt/Ich habe keinen Mann, ich hab kein Kind/Was soll ich auf der Erdenwelt/Ich möchte lieber ins Himmelszelt.« Mein Tod wäre für mich eine Befreiung.

Sie kokettieren.

Nein. Mein Tod wäre eine Erlösung.

Sie könnten sich ja umbringen.

Ich bin dafür – noch – zu feige. Ich kann mich auch nicht gewalttätig umbringen. Ein guter alter Freund von mir, wesentlich jünger als ich, ist auf ein Dach gestiegen und hat sich rücklings runterfallen lassen. Das schaff ich nicht. Aber ich weiß auch, dass ich in keines dieser Pflegeheime gehe mit zu wenig und total unterbezahltem Personal. Glauben Sie, ich möchte eine Windel angezogen bekommen? Ich bin in meinem Leben so entwürdigt worden, immer, von Anfang an, dass ich nun wenigstens in Würde sterben möchte. Ist denn das zu viel verlangt? Ich habe nur Angst, dass mir ein so schöner Abgang nicht vergönnt wird, und deswegen habe ich mich versichert.

Was heißt das?

Ich bin Mitglied von zwei Sterbehilfe-Organisationen, und ich habe dazu einen Arzt, der in diesem Sinne auf mich achten will. Ich möchte jemanden dahaben, falls ich das Gift ausspucke, ich will nicht wieder aufwachen und die Hälfte meines Gehirns verloren haben.

Für die Kirchen ist die aktive Sterbehilfe Sünde, für den katholischen Bischof Karl Lehmann »die Zersetzung der Menschlichkeit«.

Die Kirchen können mich – ich weiß nicht was! Ja, ja, ihr Deutschen mit eurer Euthanasie, ihr seid immer noch im Griff von Hitler! Das kotzt mich an. Die einzig barmherzige Einstellung des Menschen ist für mich, den Menschen nicht elendig krepieren zu lassen.

So wie Sie reden, müssten Sie demonstrieren mit dem Slogan: »Mein Tod gehört mir!«

Ja, all die alten Krüppel, die vielen Alten die in Pflegeheimen armselig und entwürdigt vor sich hin vegetieren und todtraurig sind, die müssten für einen Tod in Würde kämpfen.

Der Literaturprofessor Hans Mayer hat sich vor ein paar Jahren, als 94-Jähriger, zu Tode gehungert.

Das habe ich mir auch schon überlegt, aber es dauert so lange. Ich bin dafür zu hipperig.

Soll ich Sie umbringen?

Ja, das wäre es, das ist ein guter Gedanke.

Ich kann es nicht.

Ich weiß.

Angelika Schrobsdorff wurde 1927 in Freiburg geboren. Ihre Mutter entstammte dem jüdischen, ihr Vater dem preußischen Großbürgertum. Sie wuchs in Berlin auf, flüchtete 1938 mit ihrer Mutter und ihren Geschwistern nach Bulgarien, wo sie bis 1947 blieb. Ihre Großeltern wurden in Theresienstadt ermordet; ihr Bruder, der auf französischer Seite kämpfte, fiel 1945. 1962 veröffentlichte sie ihren ersten Roman »Die Herren«, der in Bayern verboten wurde. Begründung: Sie als Jüdin würde sich darin so negativ schildern, dass es Antisemitismus hervorrufe. 1971 heiratete sie in Jerusalem den Regisseur Claude Lanzmann, wohnte mit ihm jahrelang in Paris, bevor sie 1983 nach Israel zurückkehrte. Dort galt sie, weil sie mit den Palästinensern sympathisierte, als Nestbeschmutzerin. Schrobsdorff hat zahlreiche Bücher veröffentlicht, ihr größter Erfolg: »Du bist nicht so wie andere Mütter«. Vor zwei Jahren kam sie nach Berlin zurück: »Es stirbt sich leichter in der deutschen Sprache.«

Statt eines Nachworts

»Streicheln und Kratzen«
Der Dialog mach dem Interview
Ein Selbstgespräch von Martin Walser

Martin Walser ist bekannt dafür, dass er Interviews liebt und hasst. Er liebt es, gefragt zu werden, und er hasst es, auf Antworten festgelegt zu werden. Im Juli 2001 führte ich mit Walser ein mehrstündiges Gespräch, es war eine Bergsteigertour durch die Seele und das Denken von Martin Walser, ein Auf und Ab. Am Anfang warf er mich fast raus, am Ende gab es, wenn nicht Umarmung, so doch Verständnis – gleichwohl: Er verweigerte seine Zustimmung zum Abdruck und schickte dem »Spiegel« (33/2001) den folgenden Text. Die Fragen und Antworten geben nicht den Verlauf des geführten Interviews wieder, sondern wurden von Walser neu geschrieben – ein Essay, der aussieht wie ein Interview, aber ein Selbstgespräch ist darüber, wie Interviews und öffentliche Meinung entstehen. Ein Essay, der auch zeigt, wie sehr öffentliche Personen die Interpretationshoheit über ihr Handeln bestimmen möchten – und wie schwierig es sein kann, kontroverse Gespräche zu führen.

Lieber Herr Luik, Sie sind hierher gekommen, wir haben neun Stunden geredet, das Geredete haben Sie mir dann schriftlich geschickt, ich war nicht einverstanden – und zwar mit uns beiden nicht. Dann habe ich vorgeschlagen, dass ich ein Interview schreibe. Stimmt das?

Das stimmt.

Also alles, was jetzt folgt, ist von mir geschrieben. Auch Ihre Antworten.

So ist es.

Ich will zur gegenseitigen Mobilisierung ein paar Sätze aus unserem

Neun-Stunden-Gespräch zitieren, Sätze von Ihnen, Kernsätze sozusagen: »Sie haben sich ja immer wieder stammtischartig in die Politik eingemischt.« Ich habe schon lange beobachtet und es gelegentlich auch gesagt, dass Intellektuelle, die sich für links halten, alles, was sie nicht mögen, als Stammtisch bezeichnen. Dass das eine polemische Formulierung ist, sehen Sie ein.

Durch eine solche Frage gebe ich Ihnen die Gelegenheit, das darin allenfalls enthaltene polemische Potenzial zu entkräften.

Das heißt, Sie bringen mich in eine Verteidigungshaltung. Ich darf versuchen zu beweisen, dass ich mich nicht »stammtischartig in die Politik eingemischt« habe. Das heißt, ich bin angeklagt, »Stammtisch« heißt mein Vergehen. Ein paar Male habe ich mich ja provoziert gefühlt und mich dann, wie Sie sagen, eingemischt. 1961 für die SPD, dann in den Sechzigern ein paar Jahre lang gegen die deutsche Verharmlosung des amerikanischen Vietnamkriegs, dann in den Achtzigern gegen die Verharmlosung der deutschen Teilung durch unsere Politiker und Medien, dann in den Neunzigern gegen eine bestimmte Meinungsmache in den Medien. Nach so vielen Aufsätzen, Reden und auch Theaterstücken, nach jahrzehntelanger Arbeit fassen Sie zusammen: »stammtischartige Einmischung«. Und wenn ich das widerlegen will, muss ich mich zitieren und zitieren, und das wirkt dann so, als wäre Ihr Stammtisch-Satz ein sinnvoller Satz. Einen solchen Satz widerlegen heißt, ihn veredeln. Und das hat er nicht verdient.

Aber Sie haben ihn jetzt ja schon zu widerlegen versucht.

Das täte mir leid. Der Satz verdient keine Widerlegung. Sowenig wie Ihr anderer Kernsatz: »Sie sind schon stolz, ein Deutscher zu sein.«

Stimmt das denn nicht?

Herr Luik, ich habe in unserem Neun-Stunden-Gespräch gesagt, dass Sie sich informiert haben wie ganz selten ein Interview-Partner. Ich habe Ihre virtuosen Interviews mit Gore Vidal, Edmund Stoiber und anderen gelesen. Und nur darum habe ich nicht nach einer halben Stunde gesagt: Lassen wir's, es hat keinen Sinn. Aber nachträglich darf es mich doch wundern, dass ein Mann Ihres Wissensstandes und Ihrer

Intelligenz dann bei so schlichten Sätzen landet wie: »Sie sind schon stolz, ein Deutscher zu sein.«

Sind Sie's etwa nicht?

Das Interview, das ich hier schreibe, ist die Fortsetzung unseres Gesprächs als Selbstgespräch. Also: Ein ganz und gar zurechnungsfähiger Intellektueller landet bei Sätzen, die überhaupt keinen wirklichen Sinn haben. Stolz, ein Deutscher zu sein, das war ein paar Wochen lang ein Medienspiel. Einem Politiker passiert dieser Satz. Dazu gesellt sich noch so etwas wie die »deutsche Leitkultur«, die Medien freuen sich. Sie kommen sich vor wie die heilige Feuerwehr. Das geht ein paar Wochen lang. Jeder Spatz pfiff's von jedem Dach: Sind Sie stolz, ein Deutscher zu sein, gibt es eine deutsche Leitkultur? In den Talkshows hechelten sie diese Nullprägung durch, als handle es sich um einen historischen Lügendetektor, mit dessen Hilfe man jedem eine bisher verheimlichte nationale Gesinnung nachweisen könne. Der Bundespräsident war sich nicht zu fein, diesem Spiel durch Teilnahme allerhöchste Amtshilfe zu gewähren. Mir haben Sie, Herr Luik, den, medienmäßig gesprochen, inzwischen längst verstorbenen Satz serviert, weil Sie auch hofften, mich als Rechten vorführen zu können. Sie haben dann ja auch gleich entdeckerisch gesagt: »Sie stehen in der rechten Ecke.« Und höchst sensibel haben Sie hinzugefügt: »Es ärgert Sie, dass Sie in der rechten Ecke stehen.«

Diesen Eindruck machen Sie aber auch.

Moment bitte. Zuerst sehen Sie mich in »der rechten Ecke« – wenn ich etwas zu sagen hätte, würde ich sagen: Sie stellen oder schubsen mich in die rechte Ecke –, und nachdem Sie mich dort, wo Sie mich hingeschubst haben, sehen, sagen Sie dazu, dass ich mich ärgere, dort gesehen zu werden. Das ist doch eine richtige Story: Deutscher Schriftsteller wird in der rechten Ecke ertappt und wie ihn das ärgert.

Zumindest können Sie jetzt kommentieren, wie Sie sich fühlen in der rechten Ecke.

Dass mir rechte Ecken so unbewohnbar öde vorkommen wie linke, kann ich Ihnen wahrscheinlich nicht vermitteln.

Sie können es ja mal versuchen.

Rechte Ecke, das klingt bezichtigend. Begründen müssen Sie Ihre Bezichtigung nicht. Sie beziehen sich wieder auf ein mediengemachtes Fertigteil, auf eine Formel, die nicht mehr beweisen muss, dass sie einen Sinn hat. Man sieht der Formel sofort an, dass sie sich für links halten darf, also ist sie gut, wahr, legitim. Der, dem sie polemisch serviert wird, der muss sich verteidigen, mit Inhalten, ohne dass ihm Inhalte konkret vorgehalten wurden. So formelhaft wie die Polemik darf die Antwort darauf nicht sein. So ist es bei allen Ihren Kernsätzen: Stammtisch; stolz darauf, ein Deutscher zu sein; rechte Ecke …

Aber das kommt ja alles nicht von nichts.

Jetzt wollen Sie das Stichwort Paulskirche hören.

Zum Beispiel.

Was mit dieser Rede passiert ist, zeigt, dass der Zeitgeist sich einen Vorgang durch Simplifizierung so zurichtet, dass nur noch übrig bleibt, was der Zeitgeist zu seiner Selbstbestätigung braucht.

Das sagen Sie jetzt auch einigermaßen unbewiesen so dahin, und meinen damit wieder einmal Ihren Feind, die bösen Medien.

In meinem Wortschatz für den Kulturbetrieb kommt das Wort Feind nicht vor. Ich habe keine Feinde. Aber ich habe mich mit den Medien auseinandergesetzt, das stimmt. Aus verschiedenen Anlässen, in sehr verschiedenen Jahrzehnten. Wieder: Vom Vietnamkrieg, den unsere Medien legitimierten, bis zur deutschen Teilung, die unsere Medien verewigen wollten, bis zur Paulskirchen-Rede, aus der die Medien Schlagworte fabrizierten; ich habe mit keinem Wort gesagt, dass ich von der deutschen Geschichte wegschauen will, Schlussstrich kommt bei mir nicht vor, ich habe berichtet, dass ich vom Fernsehschirm (!) wegschauen muss, wenn wieder und wieder, und oft nur zur Illustration, Bilder der Gemordeten gezeigt werden. So wurde ich von den Medien in den Sechzigern zum Kommunisten gestempelt und in den Achtzigern zum Nationalisten und in den Neunzigern zum Rechten, und deshalb kommen Sie jetzt und sagen: Sie sind schon stolz, ein Deutscher zu sein. Und Sie sind nicht irgendjemand, sondern ein Hochqualifizierter.

Wenn ich mich auf Ihr Spiel einlasse, muss ich jetzt fragen: Gibt Ihnen das nicht zu denken, dass jemand, den Sie für zurechnungsfähig halten, Ihnen gegenüber zu solchen Sätzen kommt?

Der Zeitgeist.

Der große Manitu.

Wenn Sie's lieber indianisch haben, bitte.

Es muss in meiner Polemikbereitschaft Ihnen gegenüber mehr Walserisches zum Ausdruck kommen, als Sie jetzt zuzugeben bereit sind.

Ich liefere Ihnen jetzt schnell die Kurzfassung eines Vorgangs, einfach damit Sie sehen, ob ich mir das nur einbilde, dass der Zeitgeist alles zurichtet, wie er es braucht. Also: Ein Intellektueller (»Frankfurter Rundschau«) entdeckt bei mir »heidnische Neuromantik«. Der nächste in der »Zeit« nimmt das auf, reiht mich zusätzlich noch ein »in die Schar der Spätschüler Nietzsches« (rein satzbaumäßig steht da, ich hätte mich selber eingereiht). Dazu nur: Nie hat mich einer so verletzt wie der vom Liberalblatt, der meinem Roman-Johann übel nimmt, dass der bei der Firmung, als er das Chrisam kriegt, ans Sperma denkt, also die zwei heiligsten Liquiditäten in seiner Seele zusammenfließen lässt. Und so was kann einem Kirchensteuerzahler verargt werden von einem Liberalmönch. Aber bitte, schließlich formuliert ein Mitglied des Zentralrats der Juden in Deutschland bündig: »Es war Martin Walser, der, zunächst weitgehend unbemerkt, im Oktober 1998 mit seinen öffentlichen Aussagen in gefährliche Nähe zu jener neuheidnischen, naturverhafteten Ideologie geriet, von der auch der Nationalsozialismus Teile seiner Weltanschauung herleitet.« Das wurde gesagt bei würdigstem Anlass: 9. November. Im Jahr 2000. Und gedruckt wurde das in der »Süddeutschen Zeitung«. Überschrift: »Gezündelt hat er allemal«. Die »FAZ« findet zum Glück, dass es Neuheidentum gebe auch ohne mich. Zu spät. Ich war schon drauf auf der Titelseite der Liberalzeitung: Zu Recht sei ich, so stand da, vom Zentralrats-Mitglied wegen meiner »neuheidnischen Ideologie« »gegeißelt« worden. Sind Sie, lieber Arno Luik, schon einmal gegeißelt worden? Na bitte, wer nicht gegeißelt ist worden, kann überhaupt nicht mitreden. Nachträglich habe ich bei Peter Sloterdijk, der voll ist des brauchbaren Wissens, gelesen, Goethe sei von reaktionär katholischen Kreisen des Neuheidentums bezichtigt worden. Und Sloterdijk selbst ist auch des Neuheidentums bezichtigt worden. Die Bezichtiger »stehen« jetzt aber immer links. Die Kirche muss sich richtig glücklich schätzen, dass sie im Kulturkampf gegen das Neuheidentum so schön Schützenhilfe von denen kriegt, die sich immer noch im Dienste der Aufklärung sehen, und die war ja strikt gegen alles Alleinseligmachende. Zurück zu Ihnen. Aber wir waren ja, da ich Unke Gebetsmühlen zitiere, gar nicht weg von Ihnen. Sie haben also entdeckt, Nationalismus, rechte Ecke, Stammtisch. Ich frage mich, aber Sie frage ich auch: Ist dieses Heruntertransformieren von doch wohl differenzierterer Rede oder Essayistik zu Polemik-Schlagworten, ist denn nicht das Stammtisch schlechthin? Allerdings linker Stammtisch. Aber das ist ja für Sie unvorstellbar: Linker Stammtisch! Da sei Gott vor beziehungsweise Adorno.

Jetzt haben Sie sich aber doch polemisch genug verteidigt. Das heißt, was Sie in meinen Sätzen als Bezichtigung bezeichnet haben, ich würde es eher Attacke nennen, und Attacke ist mein Metier, das können Sie nicht ertragen, ohne Ihrerseits wieder zu attackieren.

Das ist das schlechthin Furchtbare, dass man auch auf etwas reagiert, dass keine Reaktion wert ist. Das ist das Lebensgesetz der öffentlichen Meinung: Andauernd wird da Unsinn produziert, der dann von denen, die damit getroffen werden sollen, durch Widerspruch in Sinn verwandelt wird.

Lieber Herr Walser, umgekehrt ging's auch: Wir Journalisten merken, wenn sich in Äußerungen von Politikern, Schriftstellern und so weiter Tendenzen abzeichnen, die nicht nur bemerkenswert, sondern auch alarmierend sind. Oder glauben Sie, die öffentliche Meinung sei nichts als ein Gesellschaftsspiel, man reizt möglichst hoch und scharf, nur um den Betrieb in Gang zu halten? Glauben Sie das?

Man reizt wegen der Quote.

Man reizt, weil es ein Recht gibt, wenn auch kein geschriebenes, aber es gibt

ein gesellschaftliches Naturrecht, wenn Sie das Paradox gestatten, ein gesellschaftliches Naturrecht, euch öffentliche Figuren nicht nur so zu sehen und zu nehmen, wie ihr euch am liebsten zeigt, von eurer schönsten beziehungsweise unangreifbaren Seite, wir sind zuständig für eure Kehrseite, für das Unvorbildliche oder gar Desaströse in aller Prominenz. Ihr seid versessen darauf, gestreichelt zu werden. Wir wollen wissen, was herauskommt, wenn wir euch kratzen, wenn der Lack weg ist.

Sie steuern zu auf meinen wichtigsten Satz, den ich hoffentlich nie widerrufen werde, der heißt: Nichts ist ohne sein Gegenteil wahr.

Eben deshalb musste ich doch so negativ auf Sie losgehen. Auf dass Sie wahrer würden.

Aber – und das ist es überhaupt – Sie sind nichts als negativ auf mich losgegangen. Wären Sie so positiv auf mich losgegangen, wäre mir das schnell peinlich geworden und ich hätte mich selbst ins Negativ-Exhibitionistische geflüchtet.

Ob Ihnen das gelungen wäre?

Probieren Sie's doch das nächste Mal.

Ich glaube nicht, dass Sie das ernsthaft versuchen könnten: das zu entblößen, was gegen Sie spricht.

Und ich behaupte: Mir fällt gegen mich mehr ein als Ihnen.

Darauf bin ich gespannt.

Nachweise:

Joschka Fischer: erschienen in der »taz«, 13. 10. 1994, © Arno Luik. Foto: Andreas Schoelzel
Otto Graf Lambsdorff: erschienen in der »taz«, 26. 8. 1994, © Arno Luik. Foto: dpa
Manfred Rommel: erschienen im »Berliner Tagesspiegel«, 9. 1. 2000, © Arno Luik. Foto: Zeitenspiegel
Angela Merkel: erschienen im »Stern« 30/2000, © Stern/Gruner & Jahr AG&Co.KG. Foto: Volker Hinz
Franz Müntefering: erschienen im »Stern« 20/2003, © Stern/Gruner & Jahr AG&Co.KG. Foto: Volker Hinz
Oskar Lafontaine: erschienen im »Stern« 4/2006, © Stern/Gruner & Jahr AG&Co.KG. Foto: Volker Hinz
Boris Becker: erschienen in »Sports« 1/1990, 2/1990, © Arno Luik. Foto: GABO, Agentur Focus
Katarina Witt: erschienen in »Sports« 3/1990, © Arno Luik. Foto: dpa
Jürgen Kuczynski: erschienen in der »taz«, 3. 2. 1995, © Arno Luik. Foto: dpa
Franz Steinkühler: erschienen im »Berliner Tagesspiegel«, 27. 6. 1999, © Arno Luik. Foto: dpa
Vincent Klink: erschienen im »Stern« 34/2001, © Stern/Gruner & Jahr AG&Co.KG. Foto: Volker Hinz
Michael Rogowski: erschienen im »Stern« 40/2003, © Stern/Gruner & Jahr AG&Co.KG. Foto: Volker Hinz
Friedhelm Hengsbach: erschienen im »Stern« 18/2003, © Stern/Gruner & Jahr AG&Co.KG. Foto: Volker Hinz
Götz Werner: erschienen im »Stern« 17/2006, © Stern/Gruner & Jahr AG&Co.KG. Foto: Volker Hinz
Günter Thews: erschienen in »tempo« 11/1992, © Arno Luik. Foto: Volker Heinze
Oswalt Kolle: erschienen in »Spiegel spezial« 5/1998, © Arno Luik. Foto: Andreas Fechner
Martin Walser: erschienen in »Stern« 1/2003, © Stern/Gruner & Jahr AG&Co.KG. Foto: Volker Hinz
Joachim Unseld: erschienen im »Stern« 11/2004, © Stern/Gruner & Jahr AG&Co.KG. Foto: Volker Hinz
Jürgen Todenhöfer: erschienen im »Stern« 31/2008, © Stern/Gruner & Jahr AG&Co.KG. Foto: Volker Hinz
Christoph Hein: erschienen in »Buchreport« April 2005, © Arno Luik. Foto: Volker Hinz
Hans Hammerstingl: erschienen im »Stern« 16/2006, © Stern/Gruner & Jahr AG&Co.KG. Foto: Volker Hinz
Thomas Buergenthal: erschienen im »Stern« 14/2007, © Stern/Gruner & Jahr AG&Co.KG. Foto: Volker Hinz
Inge/Walter Jens: erschienen im »Stern« 15/2008, © Stern/Gruner & Jahr AG&Co.KG. Foto: Volker Hinz
Angelika Schrobsdorff: erschienen im »Stern« 39/2008, © Stern/Gruner & Jahr AG&Co.KG. Foto: Volker Hinz
Martin Walser: erschienen im »Spiegel« 33/2001, © Martin Walser. Foto: Volker Hinz